| 乡村教育振兴丛论 |

雷万鹏／主编

本书是全国教育科学“十三五”规划2016年度国家青年项目“财政分权背景下地方政府教育支出行为实证研究”（CFA160174）的研究成果

地方政府教育支出行为研究

钱　佳／著

華中師範大學出版社

新出图证(鄂)字 10 号

图书在版编目(CIP)数据

地方政府教育支出行为研究/钱佳著.—武汉:华中师范大学出版社,2023.7

(乡村教育振兴丛论/雷万鹏主编)

ISBN 978-7-5769-0153-5

Ⅰ.①地… Ⅱ.①钱… Ⅲ.①地方教育—教育经费—财政支出—研究—中国 Ⅳ.①G527

中国国家版本馆 CIP 数据核字(2023)第 110687 号

地方政府教育支出行为研究

责任编辑:王 胜	**责任校对**:童 雯
编 辑 室:学术出版中心	**电话**:027-67863280/7792
出版发行:华中师范大学出版社有限责任公司	**封面设计**:罗明波
社址:湖北省武汉市洪山区珞喻路 152 号	**邮编**:430079
电话:027-67863426(发行部)	**传真**:027-67863291
网址:http://press.ccnu.edu.cn	**电子邮箱**:press@mail.ccnu.edu.cn
印刷:湖北新华印务有限公司	**督印**:刘 敏
字数:210 千字	
开本:710mm×1000mm 1/16	**印张**:14.5
版次:2023 年 7 月第 1 版	**印次**:2023 年 7 月第 1 次印刷
定价:97.00 元	

欢迎上网查询、购书

总　序

乡村要振兴，教育必先行。乡村教育是全面推进义务教育优质均衡发展和乡村振兴的重要基石，乡村教育高质量发展也是促进社会流动、推动新型城镇化发展、加快中国式现代化发展的重要力量。改革开放以来，乡村教育在经费投入、办学条件、师资队伍建设等方面有了巨大改变，乡村教育发展取得了显著成就。与此同时，随着城镇化快速发展和人口流动，乡村留守儿童关爱服务体系虚化、乡村小规模学校发展边缘化、城乡教师流动浅层化、乡村儿童家庭教育弱化、乡村家校社协同育人体系碎片化等问题集中显现。补齐乡村教育发展短板、推进城乡教育一体化发展、以人的现代化促进经济社会现代化是新时代的重大战略议题。

乡村振兴背景下农村小规模学校发展现状如何？家庭环境对城乡学生的人力资本投资产生何种影响？如何制定科学的学校布局调整政策以顺应人口流动与城镇化发展需求？城乡一体化发展进程中政府教育支出偏好与行为怎样？乡村教师流动与城乡义务教育优质均衡发展的关系如何？回答上述问题，需要在科学理论的指导下，扎根中国大地进行持续的实证研究。“乡村教育振兴丛论”运用教育学、经济学、社会学和人类学等多学科分析范式对上述问题进行了深入的实证研究。“丛论”聚焦乡村教育发展的难点焦点问题，从乡村儿童发展、教师队伍建设、家庭教育能力提升、区域教育治理等视角探讨了乡村教育发展政策选择与制度创新。研究成果有助于人们深刻反思乡村教育的定位、功能、困境与出路，有助于人们深度理解制约乡村教育发展的体制机制问题，有助于探索乡村教育发展的内生动力与发展动能。

“乡村教育振兴丛论”获 2022 年国家社会科学基金重大项目和国家出版基金项目资助。“丛论”共有 6 卷，具体包括：《城镇化进程中的教育变迁》从整体上探讨了城镇化进程中义务教育学校布局、随迁子女教育与发展、留守儿童教育与发展、教师发展政策等；《地方政府教育支出行为研究》利用宏观统计数据和微观调查数据，从财政分权理论和政府行为理论出发，对地方政府教育支出行为进行了实证研究；《农村小规模学校发展政策研究》运用量化与质化相结合的方法，从学校财政、教师发展、学校内外部关系等角度深入探讨了农村小规模学校的生存与发展问题；《教师“县管校聘”政策执行研究——以教育均衡发展为视角》基于 S 市 10 个县（市、区）的实证调查，从政策执行环境、执行行为与执行结果三个维度对 S 市“县管校聘”政策执行进行了较为全面的探讨与研究；《教师特质与学生非认知能力发展研究》从学生非认知能力发展的角度探讨了教师特质问题，实证回答了有效促进学生非认知能力发展的教师应具备的特质以及城乡教师表现出的特质差异；《家庭环境与儿童非认知能力发展研究——以城镇化进程为背景》基于家庭教育调查数据，从学习适应性、意志力和情绪稳定性三方面着手，探讨了家庭环境影响城乡儿童非认知能力发展的过程机制。“丛论”作者除了笔者，其他如张雪艳博士、钱佳博士、黄旭中博士、王浩文博士、向蓉博士，都是我指导的博士生，关心关爱乡村儿童、扎根田野研究乡村教育、坚持实证研究范式是华中师范大学乡村教育研究团队秉持的基本理念和价值观念。

乡村教育是乡村建设和乡村治理的关键，高质量教育发展有助于强化人力资本投资，阻断贫困代际传递，促进乡村人口社会流动。在全面实施乡村振兴战略、迈向共同富裕的新征程中，乡村教育大有可为。伴随着脱贫攻坚战的伟大胜利、义务教育基本均衡发展目标的实现，当前乡村教育的实践样态、政策支持以及社会环境发生了较大转变，一系列新问题正在制约着乡村教育的高质量发展。快速城镇化与大规模人口流动催生了乡土中国向城乡中国的转变，但城市与乡村不是分割的两极，而是涵盖乡村、乡镇、县城、中小城市、大城市、特大城市的多样形态，是梯度发展的空间连续体与内在关联的社会有机体。在乡村振兴时代，乡村教育、县镇教育和城市教育各有其不可替代的功能，唯有推动城乡教育协调发展、包容性发展和共同发展才是中国教育现代化的必然选择。

华中师范大学乡村教育研究团队将在“丛论”的基础上，以研究阐释党的十九届六中全会和党的二十大精神及国家社科基金重大项目“推进义务教育均衡发展和城乡一体化研究”为牵引，围绕乡村教育振兴面临的重大战略问题展开持续研究。乡村教育发展应秉持何种价值定位？乡土文化如何融入乡村教育？如何构建需求导向的义务教育财政保障机制，确保农村小规模学校经费配置充足、高效率和公平？如何规避乡村教育信息化发展中的“技术决定论”问题，充分发挥信息技术服务乡村教育的作用？如何加强乡村教师队伍建设，让优秀教师“下得去”“留得住”“教得好”？如何保障留守儿童、随迁子女等弱势群体享有公平而有质量的教育？如何发挥职业教育在服务乡村振兴、共同富裕战略中的作用？如何为乡村处境不利家庭提供更有效的社会支持？如何从城乡“二元对立”走向“互融共生”“美美与共”，实现城乡教育一体化发展？这些问题都是乡村振兴时代乡村教育发展的核心议题，也是本团队持续跟踪研究的重要方向。我们将在乡村教育研究之路上永不懈怠，勤勉努力，再攀高峰！

雷万鹏

2023年3月20日

目　　录

第一章　绪　　论

改革开放以来，在经济社会快速发展推动下，人力资本投资已经成为国家经济实现潜在发展和高质量发展的关键。作为人力资本的核心，教育在知识传播和运用过程中承担着重任。党的十九大报告提出，要优先发展教育事业，努力让每个孩子享有公平而有质量的教育。对教育的高质量发展需求必然会对基础教育财政提出新的要求。教育财政管理体制变迁及其对地方政府行为和对教育的影响，也已经成为研究教育发展的一个重要视角，亦是当前全面深化改革亟待解决的一个重大问题。本章主要通过背景分析，明确研究主题，概括本研究的主要内容。

第一节　问题的提出

一、经济社会发展

财政体制会根据经济社会发展趋势，不断进行适应性变革。因此，在探究财政体制以及地方政府支出行为之前，需要对中国经济社会发展现状有一个较为全面的了解。1978 年以来，中国以一种渐进的变革路径完成了从计划经济向市场经济的转型，实现了经济长期快速与稳定的增长。按不变价格计算，1952 年至 2018 年，我国国内生产总值从 679 亿元增长到90万亿元，年均增长8.1%[①]。我国国内生产总值占世界总值的比重从1960年的4.37%上升至2018年的近16%，经济总量稳居世界第2位，自2006年以来对世界经济增长贡献率稳居第1位[②]。1978年，我国人均国内生产总值约为156美元，不仅大大低于同期世界平均水平，甚至不到撒哈拉沙漠以南非洲国家平均水平的1/3，居全球第134位，是世界上最贫穷的国家之一[③]。2021年，全国国内生产总值达到1143670亿元，国民总收入1133518亿元，人均国内生产总值达到了80976元，稳居中上等收入国家行列，大踏步地赶上了世界发展的步伐[④⑤]。

在经济快速发展的同时，中国的脱贫事业也取得了辉煌成就。2021年2月25日，习近平总书记在全国脱贫攻坚总结表彰大会上庄严宣告，中国已经完成了消除绝对贫困的艰巨任务，中国的脱贫攻坚战取得了全面胜利。1978年末我国农村贫困人口约7.7亿，贫困发生率高达97.5%，占当时世界贫困人口近四成。到2020年11月23日，全国832个贫困县已全部脱贫[⑥]。1981年至2012年，我国减少的贫困人口占全球减少贫困人口的71.82%，是率先完成联合国千年发展目标的发展中国家，为全球减贫事业作出了巨大贡献，脱贫成效和经验赢得了世界广泛认可[⑦]。

经济的发展和国力的增强推动了中国社会整体的综合发展。中国社会状况综合调查结果显示，我国居民的幸福感从2013年的75.3%上升到2019年的83.9%。我国人类发展指数从1990年的0.499跃升到2019年

① 黄斌.中国政府间财政转移支付与县级地方义务教育财政支出[M].北京：中国财政经济出版社，2012：1.

② 中华人民共和国国务院新闻办公室.新时代的中国与世界[N].人民日报，2019-09-28(11).

③ 中华人民共和国国家统计局.国际地位显著提高国际影响力持续增强：新中国成立70周年经济社会发展成就系列报告之二十三[EB/OL].(2019-08-29)[2022-08-28].http://www.stats.gov.cn/tjsj/zxfb/201908/t20190829_1694202.html.

④ 宁吉喆.全面建成小康社会取得决定性进展 决战决胜实现目标必须加快补短板[N].人民日报，2020-07-24(11).

⑤ 中华人民共和国国家统计局.中华人民共和国2021年国民经济和社会发展统计公报[EB/OL].(2022-02-28)[2022-08-28].http://www.stats.gov.cn/tjsj/zxfb/202202/t20220227_1827960.html.

⑥ 燕继荣.反贫困与国家治理：中国"脱贫攻坚"的创新意义[J].管理世界，2020，36(4)：209-220.

⑦ 谢伏瞻.全面建成小康社会的理论与实践[J].中国社会科学，2020(12)：4-24.

的0.761，增幅超过50%，是同期世界上唯一从“低人类发展水平”跃升到“高人类发展水平”的国家①。从均衡程度来看，我国人类发展指数的东中西部差距逐渐缩小，教育和健康指标在人类发展指数中的贡献率持续增长，体现了均衡增长的态势②。

然而，随着经济社会的发展，我国城市化、人口老龄化、市场经济发展等问题对教育也提出了一些新的挑战。

第一，城市化是一个人口乡城变迁和人力资本提升的过程。教育作为人口变化的核心因素之一，自然深受影响。一方面，大规模的城市人口增长，城市产业的集聚和升级，引发了教育规模的不断扩大；另一方面，城市化带来的人口大规模迁移以及人力资本提升的客观需求，要求教育结构也随之发生变化，而传统的教育资源配置方式已难以满足城市化发展的要求。进入新时代以来，民众对基础教育的需求会面临转型与升级，特别是将从“有学上”转向“上好学”。这种转型显然会对政府教育支出努力度和支出效率提出更高要求。

第二，人口老龄化导致地方政府财政支出中民生支出竞争激烈。由于现阶段我国基础教育、社会保障和医疗卫生三大民生支出的责任主体都在地方政府，特别是在当前人口老龄化趋势已逐步显现，社会保障和医疗卫生供给需求趋于上升的情况下，基础教育支出除了面临基础建设等生产性支出的竞争外，还将面临公共财政支出中民生项目之间的激烈竞争。由于我国教育财政体制对公共财政的“汲取能力”有限，在将来一个时期内，教育支出在面临其他支出的竞争时可能会居于劣势地位。

第三，市场经济的不断发展对教育公共性无疑是一种挑战。教育作为一种超越任何利益集团，由公共价值导向的、以扩大公共利益为目的的实践，具有使社会和个人双重受益的功效。目前，部分地方政府热衷于教育市场化。市场机制能带来教育制度的灵活性、多样性、自主性，

① United Nations Development Programme. Human development report 2020: the next frontier human development and the anthropocene [EB/OL]. (2022-02-28) [2022-08-28]. https://hdr.undp.org/content/human-development-report-2020.

② 王谋，康文梅，张斌. 改革开放以来中国人类发展总体特征及驱动因素分析[J]. 中国人口·资源与环境，2019，29(10)：70-78.

满足多元教育需求，但是不能解决教育公平的问题。因此，在教育市场化的背景下，规范地方政府行为，厘清地方政府教育财政支出责任，是实现教育公平而有质量发展必须解决的问题。

二、教育发展

（一）数量与规模扩展

改革开放以来中国教育规模扩张较快，在基础教育领域取得的成效尤为显著。1978 年，我国小升初比例只有 60.5%，1982 年第三次人口普查数据显示，我国 12 岁以上文盲、半文盲达 2.3722 亿人，占全国总人数的 23.5%。经过改革开放四十多年的努力，九年制义务教育全面普及，进入均衡发展和城乡一体化新阶段。2020 年第七次人口普查结果显示，我国文盲率仅为 2.67%，小学净入学率为 99.96%，初中毛入学率达 102.5%，义务教育巩固率达 95.2%，高中阶段毛入学率达到了 91.2%，幼儿园毛入学率也达到了 85.2%①。从国际比较来看，我国基础教育的各级入学率达到同期中上收入国家平均水平，全民教育指数居于全球前 1/3，人类发展指数高于世界平均水平②。

中国教育在规模上的迅速扩张并非只局限于基础教育，而是涵盖了各级各类教育的整体性发展。除基础教育以外，2019 年我国高等教育毛入学率就超过了 50%，进入了高等教育普及化阶段③。同时，各级教育在校生人数均大幅增加，中国的教育人口规模实际上是以超过人口增长的速度不断扩张。截至 2020 年，全国共有各级各类学校 53.71 万所，各级各类学历教育在校生 2.89 亿人；专任教师由 1978 年的 899 万人增加到 1792.97 万人，全国新增劳动力平均受教育年限 13.8 年，其中，受过高等教育的比例达到 53.5%。可以说，这一全球规模最大的教育体系，

---

① 中华人民共和国教育部．2020 年全国教育事业发展统计公报[EB/OL].(2021-08-27)[2022-08-28].http://www.moe.gov.cn/jyb_sjzl/sjzl_fztjgb/202108/t20210827_555004.html.

② 张力.改革开放 40 年的中国基础教育：成就卓著再创辉煌[J].中国教育学刊，2018(11)：3.

③ 黄斌.中国政府间财政转移支付与县级地方义务教育财政支出[M].北京：中国财政经济出版社，2012：5.

为培养整体持续增强的劳动力大军做好了必要准备①。

（二）质量与财政投入

对教育进行更为全面的评价还需要考量教育质量的发展情况。测量教育质量一般有两种途径：投入取向和产出取向。国际性组织常用的教育投入指标包括升读高年级的学生比例、教育公共支出占国内生产总值或财政收入的比例、生师人数比例、生均教育支出、教师教育水平、教师工资支出以及教材和课本支出等。其中，以前三种指标最为常用②。以生师人数比例为例，2020 年小学生师人数比为 16.67∶1，初中为 12.73∶1，均达到我国制定的中小学教职工编制标准，高于世界平均水平，这一定程度上说明我国至少在基础教育方面具有较高的教育质量。此外，教育公平也是测量教育质量的重要指标。目前对教育公平的测量主要从起点、过程、结果以及群体间教育公平四个维度进行。2021 年 4 月修正的《中华人民共和国教育法》从法律层面明确要求国家应采取措施促进教育公平，推动教育均衡发展。联合国《2020 年人类发展报告》基于阿特金森不平等指数估算的中国教育不平等指数为 11.7%，低于全球 22.1% 的平均值，处于中上水平，说明中国在教育公平方面也表现出了较高的教育发展质量。

政府在教育中的投入水平也是衡量一个国家教育发展质量的重要指标。2019 年 2 月，中共中央、国务院印发《中国教育现代化 2035》，将完善教育现代化投入支撑体制作为确保实现教育现代化目标任务的三大保障之一，提出健全保证财政教育投入持续稳定增长的长效机制，确保财政一般公共预算教育支出逐年只增不减，确保按在校学生人数平均的一般公共预算教育支出逐年只增不减，保证国家财政性教育经费支出占国内生产总值的比例一般不低于 4%，从政策层面对教育经费充足性作出了明确的要求。同时，要求优化教育经费使用结构，全面实施绩效管理，建立健全全覆盖全过程全方位的教育经费监管体系，全面提高经费

① 张力.改革开放 40 年的中国基础教育：成就卓著再创辉煌[J].中国教育学刊，2018(11)：3.

② 黄斌.中国政府间财政转移支付与县级地方义务教育财政支出[M].北京：中国财政经济出版社，2012：6.

使用效益。这一系列政策具有重要的现实意义和深远的历史意义，如何调动各级政府积极性，保障教育经费可持续增长，成为摆在教育工作者面前的一项重要战略课题。

2012 年以来，我国经济发展进入新常态，经济增长速度从高速转向中高速，财政收入增长也会因此面临较大的下行压力。根据财政部统计数据，2012 年我国财政性教育支出占国内生产总值的比例实现了 4% 的历史目标，从 2013 年开始，连续八年超过 4%。2020 年财政性教育支出占国内生产总值的比例为 4. 22%，比 2019 年的 4. 04% 提高了 0. 18 个百分点。同时，2013 年至 2020 年公共教育财政支出逐年增加，且在 2015 年后高于同期财政支出增长率①（见表 1-1），但在 2018 年低于同期财政支出增长率，教育财政支出变化幅度较大，容易受到社会发展、经济波动等因素的影响，健全保证财政教育投入持续稳定增长的长效机制是教育事业发展的重要保障。

表 1-1　我国历年财政支出增长率与教育财政支出增长率

年份（年）	全国公共财政支出同比增长率	中央公共财政支出同比增长率	地方公共财政支出同比增长率	教育公共财政支出同比增长率
2013	10. 9%	9. 1%	11. 3%	3%
2014	8. 2%	10. 2%	7. 8%	4. 1%
2015	15. 8%	13. 2%	16. 3%	8. 4%
2016	6. 4%	7. 3%	6. 2%	6. 8%
2017	7. 7%	7. 5%	7. 7%	7. 8%
2018	8. 7%	8. 8%	8. 7%	6. 7%
2019	8. 1%	6%	8. 5%	8. 5%
2020	2. 8%	−0. 1%	3. 3%	4. 4%

以上数据表明，我国教育财政支出在尚未达到世界平均水平前，就

① 数据来源：中华人民共和国财政部、教育部网站。

有了“低速增长”和“低于财政收入增速”的隐患，其背后的政府行为亟待探讨。此外，中央、地方的财政数据表明，导致教育财政支出增速放缓的主要原因是地方政府支出增幅下降较快。这一方面说明了我国地方政府在教育支出达到某一水平后，存在教育支出动力减弱的趋势；另一方面也说明了在当前“以县为主”的义务教育财政体制下，义务教育支出面临的下行压力更大。

三、教育财政体制改革

教育财政体制的形成、发展、运行、变迁与社会经济其他领域的制度变迁、政策出台有着密切联系。近年来，我国政府密集出台了许多重大的社会经济改革政策、法律法规，涉及政治、经济、财政、社会、教育等各个领域，许多改革措施直接或间接地会对教育发展、教育财政体制产生影响。因此，讨论教育财政体制改革问题，有必要对与教育财政体制有关的改革措施进行简要梳理。

2013 年，党的十八届三中全会通过的《中共中央关于全面深化改革若干重大问题的决定》提出了“全面深化改革”目标任务，并在“深化财税体制改革”部分提出了未来财政体制改革的三项主要内容，即改进预算管理制度、完善税收制度和建立事权与支出责任相适应的制度。教育财政体制作为财政体制的组成部分，势必受到财政体制改革的影响。

新一轮财税体制改革中与教育财政体制有关的内容主要有两项措施：一是以规范政府预算行为为目的的政府预算管理制度改革；二是旨在理顺中央和地方的关系、调动中央和地方积极性的财力与支出责任调整的改革。2014 年，中央政治局和国务院相继颁布了《深化财税体制改革总体方案》（以下简称《方案》）、《关于深化预算管理制度改革的决定》（以下简称《决定》）和《关于改革和完善中央对地方转移支付制度的意见》（以下简称《意见》），随后新预算法出台，对预算管理制度、转移支付制度、预算约束等方面提出了明确的改革措施，这对于推动各级政府预算的科学化、民主化与法治化改革有重大影响。

在政府预算管理制度改革方面，《决定》着重强调了“着力推进预算公开透明”等原则，并在“积极推进预决算公开”部分，提出要细化政府预决算公开内容，除涉密信息外，政府预决算支出全部细化公开到功能分类的项级科目，专项转移支付预决算按项目按地区公开等。《决定》要求各地区、各部门要严格遵守预算法，自觉接受人大监督和社会各界的监督；推进预算公开，增强政府理财工作的透明度，减少政府自由裁量权，让财政资金在阳光下运行。新预算法对政府财政预算公开的范围、主体、时限等提出了明确具体的法律要求。可以预期，政策的陆续出台与实施将增强人大和社会对地方政府财政收支的预算约束，不断优化财政支出结构。

此外，党的十八届三中全会报告和《方案》在涉及预算管理制度改革的部分，提出了预算中安排的重点支出原则上应不与国内生产总值和财政收支增幅挂钩的意见。此后，学界关于财政性教育支出是否与财政增收挂钩问题进行了激烈的讨论，但尚未得出一致的结论。我国法律对教育支出与财政增收之间的“挂钩关系”曾作出了明确要求。1995 年颁布的《中华人民共和国教育法》第五十五条规定，国家财政性教育经费支出占国内生产总值的比例应当随着国民经济的发展和财政收入的增长逐步提高。第五十六条规定，各级人民政府教育财政拨款的增长应当高于财政经常性收入的增长，并使按在校学生人数平均的教育费用逐步增长，保证教师工资和学生人均公用经费逐步增长。教育支出“脱钩”的改革方向可能会打破以往教育支出同财政收入、国内生产总值挂钩的惯例，其政策效果尚不可知。

财政体制改革在转移支付制度方面也有重大突破。第一，在一般转移支付方面，《决定》提出要完善一般性转移支付增长机制，增加一般性转移支付规模和比例，逐步将一般性转移支付占比提高到 60% 以上；第二，在专项转移支付方面，要大力清理、整合、规范专项转移支付，在合理界定中央与地方事权的基础上，属地方事务的划入一般性转移支付，对竞争性领域的专项转移支付逐一进行甄别排查，规范专项转移支付项目设立，严格控制新增项目和资金规模，建立健全专项转移支付定期评估和退出机制；第三，在专项资金配套方面，要求在明确中央和地方支出责任的基础上，对属于中央承担支出责任的事项，一律不得要求地方安排配套资金，对属于中央和地方分担支出责任的事项，由中央和地方按各自应分担数额安排资金，各地区要对本级安排的专项资金进行清理、整合、规范，完善资金管理办法，提高资金使用效益。这些关于转移支付的改革动向也会对教育专项资金管理产生重大影响。

2015年2月，国务院出台了《关于改革和完善中央对地方转移支付制度的意见》，除了重申《决定》中对转移支付改革方向外，还提出了应合理划分事权，强化省级统筹推进区域内基本公共服务均等化的职责，建立事权与支出责任相适应的制度。从中可以看出，中央希望以转移支付改革为支点，切实加强省级政府推进省域内公共服务均等化的责任。这与2016年《国务院关于推进中央和地方财政事权和支出责任划分改革的指导意见》要求和措施一致，后者在这方面提出的改革重点是推进中央与地方财政事权划分，完善中央与地方支出责任划分，加快省以下财政事权和支出责任划分，要求完善中央与地方收入划分和对地方转移支付制度后，同时明确政府间财政事权划分争议的处理，减少划分争议。2021年3月，《国务院关于进一步深化预算管理制度改革的意见》出台，提出进一步完善预算管理制度，更好发挥财政在国家治理中的基础和重要支柱作用，建立国家基础标准和地方标准相结合的基本公共服务保障标准体系，由财政部会同中央有关职能部门按程序制定国家基础标准，地方结合公共服务状况、支出成本差异、财政承受能力等因素因地制宜地制定地方标准，这些表述为支出标准体系建设指明了方向。

新一轮财税体制改革涉及财政体制的方方面面，上文仅对与教育财政体制相关部分进行了简单的梳理。通过分析可以发现，预算公开、取消挂钩、加大一般转移支付、规范专项转移支付、减少专项资金配套要求和强化省级统筹推进基本服务均等化等改革方向与教育财政体制改革直接关联。财政体制改革定会影响到未来教育财政体制改革的方向和路径选择。

第二节　研究目的与意义

一、研究目的

一个拥有良好激励约束功能的地方政府是保障教育财政体制顺利运行，并有效回应民众教育需求的重要支撑力量。在财政分权体制背景下，将政府财权事权匹配、地方政府行为等因素引入教育财政研究日益受到关注。此类研究对政府教育支出长期存在的经费欠缺、教育支出激励不足、教育财政责任履行不到位等问题提供了较好的解释。三十多年来，伴随着我国财政分权改革的逐步深化，中央集权式的财政体制逐渐被打破，地方政府在政府纵向权力配置中的地位和作用日益增强。与此同时，我国财政体制中存在的一些深层次问题也逐步显现，特别是各级政府的支出责任安排与其财力不对称性矛盾突出。在特有的政治体制、官员激励机制等因素的共同作用下，地方政府不规范行为时有发生。在新的历史发展时期，如何科学合理地规范地方政府行为，构建各级政府财力与支出责任的相对均衡态势，成为当前迫切需要解决的问题。

地方政府行为如何影响教育财政体制运行？地方政府行为在教育领域又有哪些体现？其原因是什么？对这一系列问题的回答无疑是我们改革教育财政体制的前提条件。正如阿玛蒂亚·森所言：基础教育不单单是教育问题，更重要的是政治问题。在各方政治力量角逐下，最需要公共投资的教育成就低的地区往往是那些财政资源奇缺的地区①。因此，忽略政治体制、财政体制和地方政府行为激励与偏好的分析，我们难以对教育财政体制改革展开深入的研究。现有对地方政府支出行为的研究主要从行为偏好以及影响因素方面进行。偏好方面，大部分研究表明，地方政府的财政支出行为存在“轻民生”偏好，而在民生领域，教育是

① 森，德雷兹.印度：经济发展与社会机会[M].黄飞君，译.北京：社会科学文献出版社，2006：143.

更加不受重视的一个方面[①②]。关于地方政府支出偏好产生的原因，当前研究主要从财政分权导致的地方政府自利行为[③]、地方政府竞争[④]、中央财政投入对地方财政投入的挤出效应[⑤]、民众偏好[⑥]等方面进行解释。

基于以上分析，本研究试图在借鉴前人研究的基础上，利用历史分析、实证分析和比较分析相结合的研究方法，通过定性和定量的资料分析，从理论和实践相结合的角度，以财政体制变革下的地方政府行为作为研究的切入点，对我国地方政府教育支出行为的现状、影响因素以及具体影响路径进行全面深入的分析，以期引起更多的政府部门、非政府组织、研究机构和社会其他相关部门对该问题的重视。基于此，本研究主要对以下几个问题进行探讨：

（1）财政体制变迁、地方政府行为与基础教育财政体制改革间的关系如何？财政体制会对地方政府支出行为产生什么影响？

（2）省级政府在构建省内教育财政体制时受到哪些因素的影响？财政集权是否有利于教育公平问题的改善？

（3）地方政府在支出结构上具有怎样的特征？对于地方教育财政支出持何种偏好？

（4）地方政府教育支出行为受到哪些因素影响？教育财政政策、学校布局调整、教育经费在县域内的运行情况如何？

此外，本研究还尝试将计量结果和他国经验运用于我国教育财政体制改革和地方政府行为研究的设计中，并对改善地方政府行为、提高地

---

① 唐一鹏.北京市财政性教育经费的历史变动与未来趋势：2006—2025 年[J].教育科学研究，2018(12)：24-29.

② 郑磊.财政分权、政府竞争与公共支出结构：政府教育支出比重的影响因素分析[J].经济科学，2008(1)：28-40.

③ 梁平汉，高楠.实际权力结构与地方政府行为：理论模型与实证研究[J].经济研究，2017，52(4)：135-150.

④ 马浚锋，刘晖.生存与竞争：地方政府高等教育行为逻辑演化[J].教育研究，2022，43(5)：83-97.

⑤ 王宇澄，张莉，郑新业."准财政政策"能指望么：中央投资对地方投资的带动效应评估[J].管理世界，2018，34(8)：67-83.

⑥ BOYLAN R T，HO V.The most unkindest cut of all? state spending on health，education，and welfare during recissions[J].National tax journal，2017(2)：329-366.

方政府教育支出激励提出若干政策建议，从而规范地方政府教育支出行为，使我国基础教育财政体制得到进一步改革和发展。

二、研究意义

党的十八大以来，中国特色社会主义进入新时代，经济社会发展面临转型，公共财政体制不断创新改革。从地方政府行为的视角研究教育财政体制问题，不仅对改革现有教育财政体制，促进教育财政的效率、公平与充足有着重要意义，而且对规范我国地方政府行为，使之朝着更有利于提供公共服务，满足民生需求的方向发展，都具有十分重要的理论意义和实践意义。

第一，有助于理解地方政府行为，为落实各级政府教育支出责任、健全教育财政投入持续增长机制提供实证基础。根据第一代财政分权理论，在“用手投票”和“用脚投票”的机制约束下，以社会福利最大化为目标的地方政府能够有效地提供教育公共产品，促进教育发展。然而，在现实运行中，受客观因素影响，上述机制并未实现。作为一个多级政府体制的大国，如何合理划分地方政府支出职能，这一问题既是理顺权责边界、充分发挥各级政府积极性、实现组织效率的关键，也是实现政府治理现代化乃至国家治理现代化的前提。当前，我国教育领域暴露出来的诸多问题，如农村地区教师收入过低、教育支出结构不合理等，主要是政府间财力与支出责任不匹配及地方政府行为偏差所致。本研究将在财政分权背景下探索地方政府教育支出行为存在的突出问题，并寻求新的突破。

第二，有助于在“后 4%”时代保障政府对教育的投入，提高教育财政资金使用效率。20 世纪 90 年代以来，我国教育财政投入不足一直是社会关注的热点问题。为提高教育经费保障水平，政府大幅度提高了生均拨款标准，并设置各项财政专项资金来改善薄弱学校办学条件。2012 年，我国财政性教育经费占国内生产总值的比例达到 4% 以后，政界和学界不约而同地强调教育财政资金的使用效率，而对于继续增加投入的呼声不如以往那样强烈。同时，在新一轮财税体制改革背景下，教育支出与财政收入“脱钩”的学术讨论也未达成共识，下一步教育投入的方向和体制机制改革等诸多问题还悬而未决。在地方政府行为“自利”偏好下，如果这些问题得不到较好的回答，将对政府教育支出行为的制度化诱因难以有深刻认识。研究教育财政体制问题不仅有利于明确改革方向，还有利于探索约束地方政府行为问题。

第三，有助于以中国本土的实证证据丰富公共财政和教育财政理论。已有经验表明，教育财政制度的健全与完善在很大程度上取决于教育财政理论研究的状况与水平，没有理论指导的实践往往造成实践的盲目性。其他国家已有较为丰富的教育财政理论研究成果，但是利用中国本土证据进行的研究较少，并且现有研究大多采用省级数据进行量化分析，缺少对县级财政的关注，但现阶段中国的县级政府承担了绝大多数的基础教育支出职责。与更高层级的政府相比，县级政府基于信息获得上的优势，往往能够更加准确地掌握本辖区内教育资源的分布状况，获悉本地居民对教育服务的真实诉求，因此能够有效提供满足本地居民偏好的高质量教育资源，从而实现公共教育资源优化配置，提高教育财政资金使用效率。因此，以实证方法对中国地方教育财政支出展开量化研究无疑是一次有益的尝试。

第四，有助于建立事权与支出责任相匹配的地方教育财政制度。分税制改革基本厘清了中央与地方政府专有事权的支出责任范围和财力配置，将更多的事权和支出责任下放至地方政府。然而，从财政自主权来看，现有的财税体制中“财权上移-事权留置”的现象普遍存在，这会显著降低地方政府调控经济的能力。此外，区际竞争的框架下，区域间经济发展不平衡，地方政府间财政能力存在差异，这决定了地方各层级政府的专有事权范围相对清晰且规模较小。同时，由于地方行为偏好、标准制定等差异，地方政府更愿意将财力优先注入基础设施中，这对发展周期长、具有明显外部性的教育支出有明显的挤占作用，现有转移支付体系无法实现区域均衡发展。在此背景下，本研究观点与2019年国务院办公厅印发的《教育领域中央与地方财政事权和支出责任划分改革方案》的精神具有内在一致性，回应了要结合实际合理划分省以下教育领域财政事权和支出责任，加强省级统筹均衡能力，加大对本行政区域内困难地区的省对下转移支付力度的政策要求，对我国财政体制、教育财政体制改革具有重大现实指导意义。

第五，有助于明确各级政府教育支出责任，为规范地方政府教育支出行为提供有力参考。我国五级政府体制包括了省、市、县、乡（镇）四个层级的地方政府，它们在教育发展中的功能和责任存在很大区别。其中，高等教育由省级政府与中央政府共同管理，承担相应的支出责任；高中教育主要由市级政府和县级政府分担支出责任，而义务教育主要由县级政府管理和承担相应支出责任。可以看出，在现行教育财政体制下，地方政府承担了我国公共教育支出的主要责任。本研究在量化研究的基础上，进一步对地方政府教育支出的典型案例进行研究，深入剖析地方政府教育信息化财政问题、学校布局调整问题、学校专项经费绩效评价问题，有针对性地引导地方教育财政体制变革，为制定教育政策提供依据和参考。

第三节　核心概念界定

一、财政分权

财政分权是当今世界各国一个重要的经济与政治现象，但对其具体含义，理论界并没有一个明确的界定。一般认为，财政分权是由分权衍生而来，是分权在国家财政领域的具体体现。宏观意义上的分权是指公共职能相关的权力与责任由中央政府向下级政府、其他社会组织或私人部门的转移，主要可以从管理分权、财政分权和市场分权等角度来理解。

世界银行将分权按照不同的应用领域划分为四个类别，即政治分权、行政分权、财政分权和市场分权。政治分权主要是指一国宪法框架下的中央与地方政府间的政治权力分配①。在该政治制度下，宪法确立了中

① YUSUF S.China's macroeconomic performance and managerment during transition[J].The journal of economy perspectives,1994,8(2):71-92.

央与地方的基本关系并保护地方政府的一定自治权；行政分权（也称为管理分权）是指地方政府在行政事务中保有自身的决策权，还涉及了分权治理中的政府可问责性等制度安排；财政分权涉及中央与地方政府自行决定税收、收费和制定地方预算等方面的权力；市场分权主要是指涉及各类公共物品供给方面，中央与地方政府的权责分配关系。各种类别的分权虽然涉及的主体不一致，具有不同的政策含义，但其表现形式有着相似之处，都涉及中央与地方在各领域的权责分配关系（见表1-2）。

表1-2 不同类别的分权

类别	主要内容
政治分权	宪法、法律与监管框架；分权与政治参与等
行政分权	行政事务信息与监督；地方行政管理；分权化治理中的可问责性、透明性等
财政分权	支出责任安排；收入安排；政府间转移支付、拨款设计和借款等
市场分权	教育、医疗和卫生、人口与营养、基础设施建设、公共安全、环保、社会保障、自然资源管理等

资料来源：http：//www. worldbank. org/publicsector/decentralization/what. html。

在西方财政学界，财政分权与财政联邦主义的概念较为接近，在经济文献中两者具有大致相同的含义。根据《新帕尔格雷夫经济学大辞典》对财政联邦主义的定义，财政联邦主义作为财政理论的一个重要分支，利用公共物品、税收和公债影响的理论、治理过程的公共选择理论以及区位理论，对联邦制国家中产生的财政问题进行分析①。具体来讲，财政联邦主义理论试图对下述问题作出回答：采取联邦结构的理由，经济活动的分配规则和不同层级政府的收入来源，从一种权限向另一种权限自由转移的效率性质，政府间收入转移的作用及其在联邦结构中的较好形式。贾俊雪将财政分权定义为一个多级政府框架内，上级政府将一

① OATES W E.An essay on fiscal federalism[J].Journal of economic literature,1999,32(11):1120-1149.

定的征税权和支出权让渡给下级政府的过程，或者说是赋予较低级次的政府一定的财政收支自主权的过程①。毛捷等人在总结已有研究的基础上，将财政分权划分为财政收入分权、财政支出分权、财政自给程度、边际增量分成和税收分成五类②③。

结合现有文献对财政分权的分析，本研究将财政分权界定为：在多层级政府中，地方政府在财政支出、财政收入和预算管理等方面拥有较大的自主权，是经济权力在由中央政府向地方政府的过渡与转移的过程中，地方政府财政收入权、支出权及预算权逐步增加的过程。

值得注意的是，尽管财政联邦主义的理论分析主要针对联邦制国家，但众多学者将我国现阶段的财政体制视为财政联邦制或者类似于财政联邦制的结构。例如，《新帕尔格雷夫经济学大辞典》在划分各国财政体制类别时，将中国划分为"没有严格定义的联邦结构"。世界著名财政学家鲍尔也认为，中国虽然不是一个联邦制国家，但其公共财政体制具有联邦制度的一些特征。一些学者认为我国不属于联邦制，仅在财政领域存在联邦制的特征，因此将我国的财政分权称为"财政联邦制"④。此外，诸如"市场维护性联邦制""中国式财政分权""中国式联邦制"等学术概念均强调了我国财政体制具有强烈的分权特征⑤。基于此，利用财政分权理论分析我国财政体制及教育财政体制具有较好的学理基础和较强的适用性。

二、财政体制

财政体制一词有广义和狭义之分。广义财政体制不仅包含了政府间

---

① 伊特韦尔，米尔盖特，纽曼.新帕尔格雷夫经济学大辞典[M].陈岱孙，董辅礽，罗元明，等编译.北京：经济科学出版社，1996：292-390.

② 贾俊雪.中国财政分权、地方政府行为与经济增长[M].北京：中国人民大学出版社，2015：6-7.

③ 毛捷，吕冰洋，陈佩霞.分税的事实：度量中国县级财政分权的数据基础[J].经济学，2018，17(2)：499-526.

④ 鲍尔.中国的财政政策：税制与中央及地方的财政关系[M].许善达，王裕康，廖体忠，等译.北京：中国税务出版社，2000：4.

⑤ 陈抗，见海闻，姚洋.财政联邦主义与地方政府行为[R].北京大学中国经济研究中心简报，1999：3.

预算、税收管理体制，还包含了国家对行政、事业、企业单位的预算管理体制。传统财政学倾向于从广义的角度去理解财政体制。但是，随着市场化改革和财政收支关系的变化，不论是在财政实践还是在财政理论上，人们都倾向于使用狭义财政体制概念，即财政体制是针对政府间财政关系而设立的制度。

事实上，西方财政学理论并无财政体制这一称谓。财政体制这一词源于计划经济时代的苏联，被我国沿用至今。西方财政学的惯用称谓是财政制度或财政体系[①]。王玮认为，西方财政学中与我国使用的财政体制最接近的概念是财政联邦主义，而崔运政认为，与财政体制更接近的概念是政府间财政关系[②]。楼继伟在《中国政府间财政关系再思考》一书中将政府间财政关系与财政体制作为等价的概念交叉使用[③]。

我国财政学界的著名学者邓子基认为，所谓财政体制，是财政管理体制的简称，它是在特定的行政体制下，通过一定的方式调节政府间财力分配的制度。它是国家在中央与地方以及地方各级政权之间，划分财政收支范围和财政管理职责与权限的一项根本制度。财政管理体制的实质是正确处理国家在财政资金分配上的集权与分权的问题。财政管理体制中集权与分权问题，主要是通过中央与地方政府之间的收支划分来解决的。因而，在各级政府之间的收支划分就成为财政管理体制的核心[④]。许正中等认为，财政体制，就是国家管理、规范财政分配关系，划分各级财政主体之间财政管理权限及确立预算组织原则的基本制度[⑤]。胡书东认为，预算体制在财政体制中居于主体地位，而预算体制中最为核心的部分是处理中央政府和地方政府之间以及各级地方政府之间的财政集权与分权的关系[⑥]。也有学者从财政体制包含的内容上对其作了界定。

---

① 马大英.社会主义财政体制问题初探[J].财政研究,1981(1):20-36.

② 王玮.地方财政学[M].武汉:武汉大学出版社,2006:47.

③ 崔运政.财政分权与完善地方财政体制研究[M].北京:中国社会科学出版社,2012:7.

④ 邓子基.财政学[M].北京:中国人民大学出版社,2001:316.

⑤ 许正中,苑文睿,孙国英.财政分权:理论基础与实践[M].北京:社会科学文献出版社,2002:4.

⑥ 胡书东.经济发展中的中央与地方关系:中国财政制度变迁研究[M].上海:上海三联书店,上海人民出版社,2001:3.

高培勇和杨志勇认为，财政体制即为规定和处理政府间财政关系的基本制度，通常包括政府间支出责任划分、收入划分和转移支付等方面的内容①。高利红提出，所谓财政体制，即政府间财政关系的制度安排，财权、事权和财力是其三要素②。谢贞发则认为，财政体制的基本要素包括财政层级、财政间事权划分、财政间收入划分和政府间转移支付制度③。

综上所述，本研究认为，财政体制是国家对政府间财政收支范围和财政管理职责与权限进行划分的制度，反映了中央政府和地方政府的事权和财权划分，尤其是政府间的财政集权与分权的关系。具体来讲，财政体制主要内容包括了“支出责任划分”“收入划分”和“转移支付”三个方面。

三、地方政府行为

由于各国的政治体制和政府层级划分不一，地方政府所指的政府层级也存在一定的区别。美国的地方政府指的是州政府以下的政府（不含州政府)，而我国地方政府是指除了中央政府以下的各级政府，包含了省、市、县、乡（镇）四级政府。本研究将地方政府界定为“中央政府之外的各级政府”，但行文中若涉及其他国家的不同体制时，会予以专门说明，以便进行对应和比较分析。

地方政府行为涵盖的内容相当宽泛，是一个涉及多学科、多视角的概念。对政府行为的讨论主要集中在经济学领域，探讨政府对市场的干预行为，新政治经济学、公共选择理论、博弈论等理论都对地方政府行为有过零散的讨论。本书主要考察的是地方政府的财政支出行为。

在现代公共管理和政府理论中，政府行为是政府行政职能的展开和

---

① 高培勇，杨志勇.世界主要国家财税体制：比较与借鉴[M].北京：中国财政经济出版社，2010：105.

② 高利红.论财政体制与我国环境法的实施责任：以丹江口市为例[J].法学杂志，2016，37(3)：8-18.

③ 谢贞发.基本公共服务均等化建设中的财政体制改革研究：综述与展望[J].南京社会科学，2019(5)：27-33.

延伸，主要指政府自身的计划、组织、实施和控制等活动。从研究范畴上看，政府行为还可以被视为“组织行为”或者“集体行为”。鉴于此概念的复杂性，有关政府行为的理论与实证研究后文会专门予以讨论，详见文献综述部分。

四、公共教育支出

公共教育支出是政府公共财政支出的重要方面，公共支出一般是指政府为完成其职能、取得所需商品和劳务而进行多种活动的财政资金的支付，国际货币基金组织强调，公共教育支出是市场经济国家公共支出的内容①。联合国教科文组织将其界定为：政府对于公立和私立在内的教育机构、院校、教育行政部门的资金支出，以及对学生、家庭等其他个体的补贴。在经济合作与发展组织的定义中，公共教育支出包括对教育机构的直接支出以及给予家庭、由教育机构管理的与教育相关的公共补贴。公共教育支出包括学校和其他提供或支持教育服务的公共和私人机构的支出。该指标显示了政府相对于其他投资领域（如医疗保健、社会保障、国防和安全）给予教育的优先权②。这些定义旨在强调政府对公共教育的投资主体作用，公共教育支出是多元化经费来源的一种，区别于其他来源于社会、家庭等渠道筹措的教育经费。

《教育大辞典》（第六卷）将公共教育支出作为教育投资来源的一种，多数国家教育投资来自政府、社会、学校、受教育者个人和家庭，一般以政府为主。公共教育支出是指该国教育经费的主要部分，大都通过政府对国民征税来筹集。国民从教育发展中获得利益，因而都有义务和责任以纳税等形式来负担教育支出，并由政府或其他法律认可的机构组织实施，即教育经济学家提出的“利益获得原则”，教育对社会发展的正外部效应惠及每个社会成员，公民有义务通过纳税等形式负担教育投资③。同时，公共财政理论将教育认定为准公共产品，其中，义务教

① 马志强，刁云薇.公共支出管理[M].天津：南开大学出版社，2005：2.

② OECD. Public spending on education [EB/OL]. (2009-02-09) [2022-07-21]. https://doi.org/10.1787/f99b45d0-en.

③ 顾明远.教育大辞典：第六卷[M].上海：上海教育出版社，1992：255-256.

育具有公共产品属性，而高等教育和课外补习机构等具备竞争性和排他性的私人产品属性。教育投资的正外部性和教育的准公共产品属性决定了教育投资的主体是政府，公共财政支出对于稳定教育事业发展、引导教育发展方向具有重要的作用。国外对公共教育支出比较主流的概念界定是年度预算教育资金安排，《中国教育统计年鉴》主要以财政性教育经费为口径进行计算，国家财政性教育经费大于一般公共预算教育经费（包括教育事业费、基建经费和教育费附加）。但是，基于数据的准确性和获取便利性，本研究将公共教育支出界定为预算内教育经费。

第四节　结构安排

作为公共财政制度的重要组成部分，教育财政体制必然受制于财政体制的约束。一方面，财政体制从制度上划分各级政府的收支范围，在赋予地方政府一定财权的同时，也对教育事权与支出责任进行了确认；另一方面，财政体制既是中央与地方关系的核心要素，又是影响政府行为的最重要的因素之一，它在很大程度上决定了地方政府教育支出行为和教育财政运转效果。从某种程度上讲，财政体制改革是教育财政体制改革的最大制度约束，它决定着后者制度变革的范围与进程。事实上，我国历次教育财政体制变革都是在财政体制改革的背景下实施的。比如，1985 年确立的“地方负责、分级管理”的基础教育财政体制就是以财政包干制的实施为背景，而分税制后县乡财政困难，地方政府向农民乱收费、乱摊派等行为导致农民负担过重则是中央政府推行农村税费改革的直接原因。同样，税费改革又是 2001 年“以县为主”基础教育财政体制确立的制度背景。

不断改革的财政体制和政治体制，二者共同构成了影响地方政府行为的制度激励。而财政决策过程本质上来说是一个政治过程，是各方力量博弈的结果。因此，探索教育财政体制问题时，将地方政府行为纳入分析框架之下是十分必要的，这也是本研究独特的分析视角。

一、研究内容

学术界有关财政分权、地方政府行为与教育支出的研究大致有两种路向：一是从“政治集权、经济分权”的制度视角，论证了我国地方政府存在“重建设、轻民生”“重经济、轻教育”的财政支出偏好，但是此类研究仅讨论了财政支出中教育与非教育支出的差异性，未能探讨教育系统内部的结构性差异；另一类研究从教育财政内部探讨教育支出结构与偏好问题，但这类研究未将地方政府的利益偏好与行为模式纳入考虑范围，对现阶段教育财政支出中的诸多问题的解释力稍显欠缺①②。

基于以上分析，本研究拟利用宏观统计数据和微观调查数据，从财政分权理论和政府行为理论出发，对地方政府教育支出行为进行实证研究。本研究的内容包括研究综述、理论研究和实证研究三个部分。第一章为绪论，主要是确定本书所要研究的问题，对相关概念进行界定，拟定本书基本研究思路和研究方法。第二章为文献综述，主要对国内外已有的地方政府教育支出行为研究进行总结和述评；第三章为研究设计，主要介绍本书研究方法以及量化研究的模型、数据；第四章为理论研究，主要为地方政府教育支出行为提供理论依据；第五章为量化研究，主要用量化的方法对地方政府教育财政支出行为现状、影响因素及影响路径等进行研究；第六章为个案研究；第七章为结语。

1. 地方政府教育支出行为理论研究

地方政府是教育投资的主体，教育财政体制是影响其行为的核心因素。本书主要从财政分权理论和政府行为理论出发，对第一代、第二代财政分权理论进行深入分析，进而归纳集权、分权体制下公共物品供给的优劣势及地方政府行为模式差异。在此基础上，以我国财政分权改革与地方政府行为变化为制度背景，对教育财政体制与地方政府教育投资行为的历史脉络进行梳理，进而总结各历史阶段地方政府教育投资行为的特征，分析和解释地方政府教育支出行为。

---

① 乔宝云，范剑勇，冯兴元.中国的财政分权与小学义务教育[J].中国社会科学，2005(6)：37-46.

② 傅勇.财政分权、政府治理与非经济性公共物品供给[J].经济研究，2010，45(8)：4-15.

2. 地方政府教育支出行为量化研究

地方政府教育支出行为研究涉及了省、市、县三个不同层级的地方政府，我国大部分教育财政支出责任在省及省以下的地方政府，省以下财政体制直接决定了教育财政体制，也间接决定了教育财政的充足、效率及公平。本部分将省以下财政体制作为省级政府“选择行为”与省以下政府“互动行为”的结果，从省以下财政体制的特征出发，探讨其与教育财政体制的关系，并对省以下财力与事权匹配情况进行一定分析，在此基础上通过计量方法分析教育财政努力程度的决定因素。同时，本部分也将对地方政府财政支出的教育偏好问题进行分析，回答政府“民生支出中更偏好哪一类支出”的问题。

3. 地方政府教育支出行为案例研究

在“以县为主”的基础教育财政体制下，本部分将使用案例研究对地方政府教育投资行为进行研究。地方政府教育支出行为受到哪些因素影响？教育财政政策、学校布局调整、教育经费在县域内的运行情况如何？本部分将以问卷调查、访谈和政策文本收集等多种途径收集研究数据，通过对典型地方政府教育支出行为的研究，揭示财政政策、教育经费的具体运行情况，挖掘学校布局调整等政策的财政作用机制，分析地方政府在教育支出过程中所面临的复杂制度环境以及支出偏好与激励。

二、研究框架

本书在借鉴前人研究的基础上，从教育学、经济学、管理学等学科视角出发，以实证主义和人文主义方法论相结合为指导，以调查研究和文本分析有机结合为研究方式，以大量案例分析、问卷调查和结构性访谈等方法为资料收集手段，通过定性和定量的资料分析，从理论和实践相结合的角度，对地方教育财政支出行为进行全面、深入的分析，并结合对国外财政改革基本经验的分析和我国现实国情，进一步提出了改革和完善我国教育财政体制的政策建议（见图 1-1）。

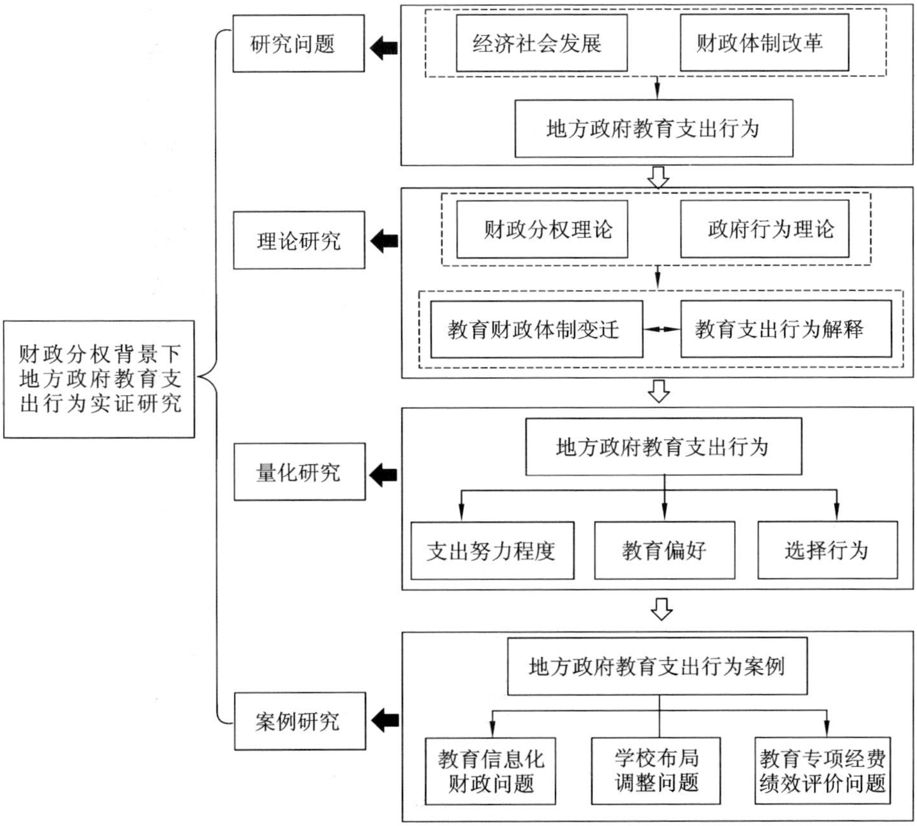
研究问题
经济社会发展
财政体制改革
地方政府教育支出行为
理论研究
财政分权理论
政府行为理论
教育财政体制变迁
教育支出行为解释
财政分权背景下地方政府教育支出行为实证研究
量化研究
地方政府教育支出行为
支出努力程度
教育偏好
选择行为
案例研究
地方政府教育支出行为案例
教育信息化财政问题
学校布局调整问题
教育专项经费绩效评价问题

图 1-1 研究内容框架图

第二章　文献综述

本研究涉及各级政府在公共教育资源的筹集、分配和使用中的权责问题，其核心是教育支出责任在政府间的划分。此外，由于不同财政体制下中央和地方政府、地方政府之间的关系不同，加之地方政府的行为存在较大差异，这种差异在很大程度上决定教育财政体制的形成、发展、变革过程和运转效果。因此，本研究对地方政府行为与教育财政体制之间的互动关系也给予适当关注。本章将对财政分权背景下多层级政府公共物品供给、地方政府行为和教育财政体制的研究进展进行述评。

第一节　财政分权与地方政府行为研究

财政分权作为中央-地方关系的制度安排，从一个角度上表征了地方政府的财政自主性的大小（傅勇、张晏，2007）①。如何界定中央和地方政府在国家财政活动中的权力和职责，如何划分政府间财政收入和支出，如何使用财政资源以更好地为民众提供公共物品成为国家财政体制的主要内容。其核心体现在中央政府和地方政府事权财权划分、财力与支出责任匹配的问题上。针对上述问题，财政分权理论从公共物品供给的视角对政府财政职能问题作出了有益的探索，取得了相当丰富的理论成果。

---

① 傅勇，张晏.中国式分权与财政支出结构偏向：为增长而竞争的代价[J].管理世界，2007(3)：4-12.

一、第一代财政分权理论

传统的财政支出与公共物品供给关系是在单级政府财政体制下的理论分析，但现实中绝大部分国家的财政运作机制是由各级政府的多级单位共同执行的（Musgrave，1959）①。财政分权理论正是将多级政府财政体制引入对公共物品供给的分析中形成的。

第一代财政分权理论由20世纪50年代及60年代流行的公共财政理论演变发展而来（武金陵，2013）②。其代表人物主要有Samuelson、Musgrave和Arrow等经济学家，其后Oates和Buchanan也对第一代财政分权理论的建立起到了重要作用。第一代财政分权理论主要针对公共物品领域的市场失灵现象，其理论假设基于政府是“仁慈的公共利益的守护者”，政府官员无条件地寻求社会福利的最大化，认为为了避免“公共的悲剧”，应该由政府提供公共物品服务。该理论特别关注公共部门职能和财政在不同层级政府之间的划分问题（King，1980）③。Oates（2005）认为，基本的财政联邦制理论以一般的方式奠定了一个有关财政职能在不同政府层面的划分，以及适用于履行这些职能的财政工具的规范框架④。Musgrave（1959）与Oates（1972、1999、2005）等人从公共支出的角度发展并完善了传统财政分权理论（或称第一代财政分权理论）。其对财政分权的合理性、必要性作出了理论分析，关注公共部门职能和财政在不同层级政府之间的划分，强调如何在各级政府间划分税收和支出责任以提高居民公共物品供给效率。该理论认为，如果居民的偏好是同质的，由中央政府统一提供公共物品可以满足全体居民的公共物品需求；但当不同区域的居民偏好不一致时，集中式的供给势必会造

① MUSGRAVE R.The theory of public finance：a study of public economy [M].New York：GcGraw，1959：22.

② 武金陵.财政分权视角下地方政府的教育投入行为研究[J].会计之友，2013(31)：119-123.

③ DAVID K.Fiscal tiers：the economics of multi-level government [M].London：Taylor & Francis，2016：30-32.

④ OATES W E.Toward a second-generation theory of fiscal federalism[J].International tax and public finance，2005，12(4)：349-373.

成福利的损失。

图 2-1 描述了公共物品集中式供给的福利损失。假定在一个中央政府下，存在两个地方政府：A 和 B。两个地方政府辖区内人口数量一致，

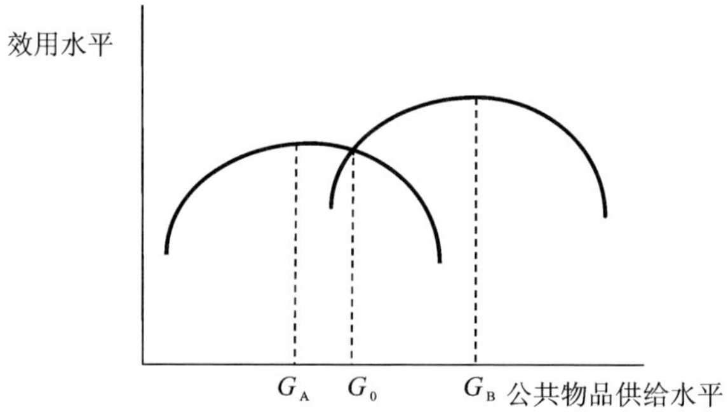

图 2-1　公共物品集中供给的福利损失

但地区 B 对某项公共物品偏好更强，因此其效用曲线相对靠右。在分散供给下，地区 A 的最优供给量是 G_A，地区 B 的最优供给量是 G_B，其中 $G_A<G_B$，全国最优供给量为 G_A+G_B。如果该项公共物品由中央政府统一供给，并假设均等的供给水平 G_0 介于两个地方政府供给水平之间，在这种情况下地区 A、B 均未达到该地区的最优供给量，社会存在福利损失。集中供给下的福利损失为①：

$$L=n_A[u_A(G_A)-u_A(G_0)]+n_B[u_B(G_B)-u_B(G_0)]。$$

其中 L 为全社会的福利损失，n_A、n_B 为效用与福利损失之间的转换系数，为正值。u_A、u_B 分别为地方政府 A 和地方政府 B 辖区内居民的公共物品效用函数。

即使考虑到 u_A 的函数形式可能存在 $u'_A>0$，$u_A(G_A)-u_A(G_0)<0$ 的情况②，但此时的社会福利损失仍会为正值，而且地区间差异越大，福利损失也越大。因此，对于存在偏好差异的公共物品采用集权式的供给模式会带来福利损失，而选择分权式供给的方式，只要其收益大于成

① 一般来说，经济学假设下，若公共物品是无成本的，那么其效用曲线的形式应该是递增的。但公共物品的效用曲线之所以设定为开口向下的二次曲线形式，是因为其财政来源为税收，即在某项公共物品上的支出如果过多则会向居民征收更多的税收，这也会导致其他公共物品的不足。

② 该式表示地方政府 A 辖区居民的公共物品消费是递增函数。

本则是可行的。另外，根据 Oates（1972）的分析，分权的成本主要来自“分散决策成本”“外部性成本”和“要素流动成本”，分权的收益主要是对偏好信息的全面性和对偏好的匹配性①。

在规范性分析方面，Hayek（1945）较早地对分权的效率进行了分析。他指出，由于信息传递存在成本，而地方政府比中央政府能更准确地利用地方信息来作决策，因此能更有效率地提供地方性公共物品。分权的好处本质上在于地方拥有相对信息优势，由于地方政府和消费者对辖区内的情况有更加完备的信息，因此可以作出更好的决策。在此假定下，只有由地方政府来提供地方性公共物品，社会福利才可能达到最大②。此后 Stigler（1957）的研究也表明，与中央政府相比，地方政府更接近公众，从而对辖区居民的偏好和公共物品需求拥有信息优势。同时，不同地区的居民对公共物品的数量和种类的需求是不同的，中央政府统一供给公共物品就无法适应这种异质性③。根据这种居民的异质性，理论上存在一个政府的“职能最优配置”，即必须由代表享受某一公共物品的特定群体的政府来承担该公共物品的供给职能。进一步地，Tiebout（1956）阐述了财政分权实现公共物品供给社会福利最大化的机制——“用脚投票”和“用手投票”理论。假定居民可以自由流动，具有相同偏好和收入水平的居民会自动聚集到某一地方政府周围，居民的流动性会带来政府间的竞争，一旦政府不能满足其要求，那么居民可以“用脚投票”，迁移到自己满意的地区，结果地方政府为了吸引选民，就必须按选民的要求供给公共产品，从而可以达到帕累托效率④。

此外，Oates（1972）对分权和集权的财政体制在公共资源配置、分配和稳定三大职能上具有的利弊进行了详细分析，并对政治学与经济学

---

① OATES W E.Fiscal federalism[M].New York:Harcourt Brace Jovanovich,1972:20-29.

② HAYEK F A.The use of knowledge in society[J].American economic review,1945,35(4):519-530.

③ STIGLER J E.Tenable range of function of local government[M].Washington,D.C.:Joint Economic Committee on Fiscal Policy,1957:213-219.

④ TIEBOUT C M.A pure theory of local expenditure[J].Journal of political economy,1956,64(5):416-424.

领域内的“联邦制”进行了区分①。他认为，在稳定与分配职能上，集权化的效果要优于分权化，而在资源配置方面，分权化和集权化的作用则各有优劣。他特别指出，对于地方性的公共物品，分权化供给更能满足不同地区多样化的需求偏好。同时，分权化所带来的对地方政府更加硬化的“预算约束”能够增进地方政府在地方公共物品生产上的配置效率和技术效率②。同时，Stigler（1957）提出了府际间财政关系的处理可以采用一种所谓的“最优分权模型”，该理论模型致力于从两个方面论证地方相对独立财权和事权存在的合理性和必要性。他首先将中央政府与地方政府进行了经济学效能的对比，认为地方政府相较于中央政府而言，更加贴近其管辖区中的民众，更加了解和熟悉辖区内居民对公共物品选择的偏好和期待，为了更好地实现政府的目的，国家应该允许地方政府的相对独立的财权③。他还从政治决策的过程和公共物品的不同类型的角度认为，一国领土内的公民在法律上有权对公共物品的提供和选择进行政治意义上的投票表决，而且，公共物品本身有种类和数量上的不同，最优化的方案是，将这些种类和数量不同的公共物品交由不同级别、不同区域的政府来提供。因此，理想的政府财政体制应该是一种在集权与分权之间取长补短的混合体制。上述研究表明，第一代财政分权理论不主张对地方性公共物品进行集中供给，更加倾向于遵循受益原则和效率原则，让地方政府去完成辖区内的公共物品供给。

通过以上分析可知，第一代财政分权理论在公共物品的供给方面的基本观点是，各种公共物品的受益范围受到空间上的限制，所以每种服务应当由获得利益的辖区来决定，并在辖区范围内支付费用，即全国性

---

① OATES W E.Fiscal federalism[M].New York:Harcourt Brace Jovanovich,1972:6-34.

② Oates 指出“财政联邦制”与“财政分权”是相互联系又有一定区别的概念。他认为政治学对于联邦制的定义更注重权力分配和决策过程，强调分权化与权力下放之间的区别，而他所提出的经济学定义则更注重公共决策的结果，强调公共物品供给能在多大程度上符合地方居民的利益。Oates 在总结“分权化定理”时，设定了两个假设：第一，集中供给和分散供给成本一致；第二，公共物品供给范围与受益人群完全对应。第一个假设排除了集中供给的“规模效应”问题，第二个假设排除了“外部性”问题。在这两个假设成立的条件下，地区为其辖区提供公共物品将比集中供给更加有效。

③ STIGLER G J.Perfect competition,historically contemplated[J].Journal of political economy,1957,65(1):1-17.

的公共物品由中央政府提供，地方性公共物品由地方政府提供，同时具有地方与全国公共物品性质的应由地方和中央政府按比例共同提供。

二、第二代财政分权理论

第一代财政分权理论除了从集权、分权利弊的角度对公共物品供给进行分析外，在论证分权供给的有效性时，还由 Tiebout（1956）发展出了被后来的研究者称为蒂布特机制（Tiebout Mechanism）或蒂布特模型（Tiebout Model）的理论。该理论的主要观点是：由于信息优势及竞争机制，在“用手投票”与“用脚投票”机制能发挥作用的情况下，地方政府在提供诸如基础教育等地方性公共物品上会更有效率，更能满足当地居民的偏好。在确立了一系列假设的前提下，财政分权可以促使地方性公共物品的供给与需求达到帕累托最优（Tiebout，1956）[①]。根据蒂布特模型，分权化的财政支出能够引发地方政府间为了争取政治支持而在公共服务领域展开支出竞争，并且辖区居民可以根据地方政府提供公共服务的质量、类别和水平自由选择居住区域。因此，由地方政府提供与居民相关的公共服务总是更有效率。应该说，蒂布特模型在建立财政分权、地方政府行为与公共物品供给之间关系上作出了非常有益的理论尝试。

但是，蒂布特机制的逻辑推演是建立在“仁慈政府”假设之上的，该假设认为政府的功能是维护民众权利，为民众谋求福祉，未将政府行为纳入分析框架。这种假设与现实状况有着较大的差距，这就凸显了第一代财政分权理论的理论缺陷。由于信息的不对称以及居民流动性的限制，“仁慈政府”的假定遭到了一些学者的批判[②③]。这些学者提出各级政府并不是利益一致的整体，每一层级的政府官员也有相应的物质利益，如果缺乏相应的制度激励，各级政府官员会对政策的制定和执行产生分

---

① TIEBOUT C M.A pure theory of local expenditures[J].Journal of political economy,1956,64(5):416-424.

② QIAN Y Y,WEINGAST B R.Federalism as a commitment to preserving market incentives[J].Journal of economic perspectives,1997,11(4):83-92.

③ QIAN Y Y,ROLAND G.Federalism and the soft budget constraint[J].American economic review,1998,88(5):1143-1162.

歧，而且官员并不会根据社会福利的最大化来制定和执行相关政策。针对该理论缺陷，学者们提出并完善了第二代财政分权理论。第二代财政分权理论仍然延续了第一代理论在集权与分权利弊上的分析模式，其主要观点仍是倾向于基于效率原则的地方公共物品供给分权化。不同的是，第二代财政分权理论引入了政府行为和官员激励等因素。改变前提条件后，财政分权与公共物品供给之间的关系也变得更加复杂。

事实上，关于政府利益与社会、民众利益对立的问题在早期的政治哲学领域就有广泛的讨论，较具代表性的是 Hobbes 对“利维坦”（Leviathan）的讨论，其核心观点认为国家（政府）追求的利益与社会相分离，这些利益要求国家不停地扩张国家自身的作用或责任，而且官僚在自身利益的驱动下始终会支持“大政府”，因为这样有利于官僚群体确保工作的安全、提高报酬、开启升职的前景并提高公职人员的地位①。

许多学者将政府及官僚的自利性纳入财政分权理论分析，改变了第一代财政分权理论的前提假设。钱颖一和 Weingast（1997）将政府内部运行机制与官员激励引入财政分权理论，提出了“市场维持型联邦主义”（Market-preserving Federalism），正式构建了第二代财政分权理论②。该理论强调政府行为与官员激励的重要性，超越了单纯的作为经济问题的财政分权理论，实现了“财”与“政”的结合。在“市场维持型联邦主义”理论框架下，财政分权提高了地方政府发展经济的积极性，地方政府偏好与经济增长相关的财政支出，而对民生相关的财政支出偏好较弱。此外，与财政分权伴生的还有地方政府之间的竞争，这种竞争会形成一系列对地方政府行为产生约束的经济与政治制度。

由于钱颖一和 Weingast（1997）的研究主要是针对转型国家，而在成熟的民主市场国家，政府的公共物品供给行为可能会不一样。Dethier（1999）认为，即使是考虑政府行为，蒂布特机制仍可以发挥作用，这

① 海伍德.政治学:第二版[M].张立鹏,译.北京:中国人民大学出版社,2006:116.

② QIAN Y Y,WEINGAST B R.Federalism as a commitment to preserving market incentives[J].Journal of economic perspectives,1997,11(4):83-92.

主要是因为财政分权能改进对地方政府的评估，使政府直接置于居民的监督之下①。Besley（2003）也认为，地方政府之间的竞争可以改善选民的信息，可以参考其他地方政府行为来评价本地政府效率②。

此外，第二代财政分权理论还强调官员参与政治的自利行为，认为在中国体制下，官员晋升激励源于上级政府对下级官员的考核目标而非居民偏好。沿着第二代财政分权理论分析官员激励的思路，Blanchard 和 Shleifer（2001）研究认为，地方官员之所以有着强烈发展经济的激励，是由于中央政府利用人事权激励地方官员，即地方官员的偏好来源于中央政府偏好③。有关我国政府体制与公共物品供给关系研究中较有代表性的是围绕“锦标赛”模式的讨论。周黎安（2004）利用“锦标赛”博弈模型分析了官员间的激励与合作行为模式。该模型认为，政治晋升激励下，官员关心的核心问题是自己与竞争者的相对排名。因此，官员不仅有激励去做有利于本地经济发展的事，也有激励去做不利于其他竞争对手的事④。另外，针对地方政府和官员激励，林毅夫等学者（2007）也指出，在中国现有制度框架下扩大地方民主是增加地方政府公共物品供给“问责性”的一个有效途径⑤。

上述自利行为主要存在两方面影响。从经济因素的层面上看，财政分权体制造成了同级地方政府之间追求经济增长的竞争，而且分权程度的增加使竞争变得愈发激烈。与此同时，伴随着贫富地区之间不对称的竞争，要素和资源逐渐向发达地区集中，经济发展不均衡的问题持续恶

① DETHIER J. Governance and economic performance: a survey [R]. ZEF discussion paper on developing policy,1999(5):62.

② BESLEY T,COATE S. Centralized versus decentralized provision of local public goods: a political economy approach[J].Journal of public economics,2003,87(12):211-237.

③ OLIVIER B,ANDREI S. Federalism with and without political centralization: China versus Russia [J].IMF staff papers,2001,48:171-179.

④ 周黎安.晋升博弈中政府官员的激励与合作:兼论我国地方保护主义和重复建设问题长期存在的原因[J].经济研究,2004,39(6):33-40.

⑤ LIN J,TAO R.Rural taxation and local government reform in China's economic transition: original, policy responses and remaining challenges[R].Peking University,working paper,no,E2007001,2007.

化。这一事实不仅存在于省级或省级以上层面，省份内各县之间亦是如此（魏海伦、刘勇政，2022）[①]。从政治因素的层面上看，经济发达地区相较于欠发达地区更有可能对上级政府的决策产生影响，从而使它们有更多机会获得资源和政策上的倾斜。这构成了异质性地方政府竞争导致地区经济差距扩大的另一重要原因。在中国过去几十年的分权实践中，各级政府之间形成了以“互惠问责”为主要特征的行为模式。上级政府的财政收入和政策推行在很大程度上取决于下级政府的行动，而“自上而下”的政治考核机制又相对有效地激励了地方政府行为。

根据第二代财政分权理论，地方政府行为对于财政体制的确立和运行结果有着至关重要的影响。分权的财政体制是否有利于促进公共物品的供给也变得不确定，它还取决于财政体制下的政府及官僚的行为等因素。也就是说，财政分权下的蒂布特机制能否改善地方公共物品供给还要取决于政府行为。第二代财政分权理论将政府行为、官员激励纳入了财政体制的分析框架，更加贴近现实的政治环境，对财政支出行为及效果的解释也更加合理。

三、财政分权与公共物品供给

随着财政分权理论的发展和各国财政分权实践的推进，关于财政分权与公共物品供给的实证研究也取得了较大进展。一方面，根据蒂布特模型，一般认为，财政分权会促进地方公共物品的供给水平和供给效率的提高。傅勇和张晏（2007）也认为，财政分权是指给予地方政府一定组织财政收入的权利和履行一定支出范围的责任，并允许其自主决定预算支出规模与结构，以便使地方政府能够提供更多更好的有效物品和服务[②]。然而另一方面，地方竞争会进一步加剧分权对政府支出结构的扭曲，易形成“闭锁”循环。辛冲冲和周全林（2018）指出财政分权下公共物品供给结构存在一定程度的偏向性，尤其是关于教育、环境保护等

① 魏海伦，刘勇政.收入分成、竞争与中国的省份内经济差距[J].经济理论与经济管理，2022，42（4）：70-83.

② 傅勇，张晏.中国式分权与财政支出结构偏向：为增长而竞争的代价[J].管理世界，2007（3）：4-12.

公共物品供给被相对忽视了①。

基于此，许多学者利用经济数据对财政分权对各类公共物品或公共服务的影响进行了实证研究。例如 Brown 和 Jackson（1990）发现，财政分权导致配置在卫生和教育的公共支出减少，它恶化了辖区居民特别是贫困地区居民的福利状况。学界一般认为财政分权会激发地区间财政竞争，进而促使地方政府为吸引资本流入，增加生产性财政支出（例如基础建设）而忽视地区居民的消费性财政支出（例如公共教育），进而导致地方在财政投入水平和构成上的非效率②。Liu 和 Mills（2002）针对中国医疗财政分权的研究表明，政府预算支出比重太低，成为制约医疗卫生效率提升的主要因素，另外也导致了区域间的医疗资源差异增大。Bardhan（2002）针对巴西的实证研究发现，财政分权改革在 1989 年至 1996 年推动了地方基本卫生、饮用水供给、城市下水道普及率，基础教育各阶段的入学率增加了接近一倍，而地方财政收入仅增加了不到 50%③。

已有关于中国财政分权的研究多集中在省级层面，且其对财政分权的效应并未形成一致的结论。乔宝云等学者（2005）利用 1979 年至 2001 年省级面板数据，发现中国小学入学率与地方财政分权程度，以及教育支出与地方经济增长之间皆呈现出显著的负相关关系④。同时，崔志坤和张燕（2017）从理论层面阐述财政分权、转移支付和地方财政支出之间的关系，以教育和医疗卫生两方面支出效率代表中国地方福利性财政支出效率，在 DEA-Tobit 两阶段分析方法的框架下利用 2002 年至 2013 年 31 个省份面板数据，重点考察财政分权和转移支付对地方福利性财政支出效率的影响。研究表明随着财政分权的加强，地方福利性财

① 辛冲冲，周全林. 财政分权促进还是抑制了公共环境支出：基于中国省级面板数据的经验分析[J]. 当代财经，2018(1)：24-35.

② BROWN C V，JACKSON P M. Public sector economics[M]. London：Basil Blackwell Ltd.，1990：36.

③ BARHAN P. Decentralization of government and growth[J]. Journal of economic perspectives，2002，16(4)：185-205.

④ 乔宝云，范剑勇，冯兴元. 中国的财政分权与小学义务教育[J]. 中国社会科学，2005(6)：37-46.

政支出效率是下降的，而转移支付则与其显著正相关。另外，提高地方财政收入，加快城镇化发展水平，增大地区人口密度对于提高地方政府福利性财政支出效率有显著的正向效果①。

有学者进一步探究了上述机制。陈志勇等②（2012）、李祥云等③（2010）的研究认为，县级政府基于自身政绩考核和升迁的需要，会将有限的财政资源优先安排给不断扩张的财政供养人口，以确保社会稳定，其次是有利于经济增长的基建支出，这种财政支出倾向挤占了教育支出。该研究认为，由于官员激励的存在，财政分权不利于义务教育财政支出扩大。但是，李祥云等（2010）的研究并不主张通过财政集权的方式予以纠正，他们认为将义务教育的事权与支出责任上收并不是解决问题的最好办法，因为这样会存在信息不对称和道德风险而使得上级政府的决策成本太高，进而导致义务教育服务供给的效率损失。

另一方面，王蓉和杨建芳（2008）发现，省内财政支出分权化对于各省教育财政投入比例有显著的正影响。其主要原因在于，省内分权度越高意味着县级政府的收入和支出比例便越大，那么在“以县为主”的基础教育财政体制下，基础教育经费支出会越有保障。此外，储德银等（2018）构建了一个财政分权与公共服务供给效率之间非线性关系的理论框架，并在对中国式分权进行重新测度的基础上，以义务教育为例，运用 Malmquist-Luenberger（ML）生产率指数测度中国地方政府公共服务供给效率，研究发现，中国式分权与义务教育服务供给效率之间具有显著的非线性效应，而且这种效应是一个不断凸显的渐进过程④。

部分学者进一步探究影响财政分权的因素。例如，潘虹（2020）基于理论文献构建了公共服务财政支出影响因素经验模型，以 1998 年至

---

① 崔志坤，张燕.财政分权、转移支付和地方福利性财政支出效率[J].财政研究，2017(5)：24-37.

② 陈志勇，张超.财政分权对我国地方政府教育支出的影响研究：基于省级面板数据的实证分析[J].教育与经济，2012(4)：6-10.

③ 李祥云，陈建伟.财政分权视角下中国县级义务教育财政支出不足的原因分析[J].教育与经济，2010(2)：51-56.

④ 储德银，韩一多，张同斌，等.中国式分权与公共服务供给效率：线性抑或倒“U”[J].经济学，2018，17(3)：1259-1288.

2017 年 31 个省份面板数据为样本，实证研究中国地方政府公共服务财政支出及其影响因素。研究发现，中国地方政府公共服务财政支出省际、区域差异显著；公共服务财政支出影响因素包括经济水平、财政需求、财政供给 3 个层面的 11 个因素；各影响因素的重要性不同，其中地区产业结构、居民受教育水平具有显著正向效应，财政分权、财政竞争具有显著负向效应①。

财政分权与公共物品供给效率的关系在不同的国家所呈现的差异表明，蒂布特机制发挥作用需要严格的假定条件。特别是针对我国的实证研究，大部分人得出了与理论假设相反的结论。理论与实证结果的反差说明，还需要对财政分权与公共物品供给中关键中介——地方政府行为进行深入的分析，这样才能更契合现实。

第二节 地方政府教育支出行为研究

一、委托-代理理论与政府行为

由于地方政府在经济发展、社会治理、公共服务等领域扮演极其重要的角色，我国地方政府行为一直都是经济学、社会学、政治学等学科的研究重点。各学科从不同视角、运用不同方法对我国地方政府行为进行了分析与解释。现有关于地方政府行为的研究文献可谓汗牛充栋，研究的侧重点也各有不同，但在对大量文献回顾的基础上，我们可以发现，委托-代理是研究地方政府行为的主流视角。在民主制国家，地方政府的委托-代理关系主要发生在选民和地方官员之间。由于中外政治制度的区别，中央政府和地方政府间的委托-代理关系是理解我国地方政府行为的重要理论框架。

第二代财政分权理论将地方政府行为引入财政分权的分析框架。换一个角度讲，也是将财政分权引入了地方政府行为的分析框架。前者侧

---

① 潘虹.中国地方政府公共服务财政支出影响因素实证研究：基于 1998—2017 年省际面板数据的分析[J].经济问题探索，2020(6)：120-131.

重地方政府行为与财政体制运行效果的关系，而后者关注财政体制安排对地方政府行为的影响。由于财政体制是中央-地方关系的核心内容，因此，从财政分权角度解释地方政府行为亦属于委托-代理理论研究的内容。

委托-代理理论源于经济学对信息不对称条件下公司管理体制的讨论。该理论关注这样一类问题：委托人想使代理人按照前者的利益行事，但委托人无法直接观测到代理人的具体行动，只能观测到由外生因素和代理人行为共同促成的一些其他结果，这些行为结果所反映出来的信息只是有关代理人的不完全信息。委托人只能根据这些可观测的变量信息来奖惩代理人，以激励代理人按照委托人的利益行动①。

利用委托-代理理论对政府行为的研究强调制度对地方政府的约束与激励。在西方代议制民主制度下，满足选民需求是地方政府的行为的重要目的。地方政府行为对选民需求的回应性呈现一种循环过程：（1）选民对自身的需求了若指掌，并能根据自己的偏好选择代表。（2）代表获选人或政党根据选民的偏好设计竞选方案。（3）选民通过投票选择与自己政策倾向一致的候选人。（4）当选的代表或政党按照选民的意愿颁布法律、政策等。（5）有觉悟的选民会关心选举的过程和结果，并知道哪些候选人能代表他们的利益。（6）选民如果对选举结果和政府政策满意则会继续投票给在任者，否则会投票给新的候选人以满足自身的偏好②。这样一个基于选民与地方政府的委托-代理民主制度，建立了政府行为与选民需求之间的纽带，对政府行为形成了强有力的制度约束。它可以在较大程度上促使地方政府与官员的行为符合地方居民的偏好，体现出了蒂布特模型中的“用手投票”机制。虽然一些政治理论和经济研究对直接民主与公共物品供给之间的关系提出了挑战③，但是对于在委托-代理制下的民主制度以及与此相关的民众监督、舆论自由等问题的看法，以及这些因素在促进地方政府更好地满足居民公共物品需求方面存在相当

① 张维迎.博弈论与信息经济学[M].上海:上海三联书店,上海人民出版社,2004:239.

② 福克斯,米勒.后现代公共行政:话语指南[M].楚艳红,曹沁颖,吴巧林,译.北京:中国人民大学出版社,2002:12.

③ 这些挑战主要来自公共选择理论、利益集团理论、政治精英理论等。

程度的共识。

我国地方政府的全部权力来自中央政府的让渡和授予①。在这样的政治体制下，与西方国家的选民-政府之间的委托-代理关系不同的是，我国是中央和地方政府之间形成的委托代理关系。假设中央政府与地方政府之间具有完全的信息，即中央政府能够观测到地方政府的所有行为并据此做出评价，从而决定地方政府主要领导人的晋升，此时不存在对地方政府的监督难题；但现实中，中央政府对地方政府的行为无法完全掌握，也就是说中央政府很难根据完全的信息对地方政府的政绩做出客观准确的考核，这时就会存在监督上的困难。倘若地方政府的任务是单一的，此时中央政府依然可以通过契约的设置观测到代理人获得的收益，从而部分解决监督问题。

但事实上，代理人面对的往往是多重任务的委托-代理情况。在多重任务委托-代理关系下，作为代理人的地方政府从事着多项任务，而中央政府的监督能力是有限的，无法对地方政府的不同任务指标进行有效的评价与考核，存在着中央与地方之间的信息不对称问题（徐鹏庆等，2016）②。Holmstrom 和 Milgrom（1991）曾详细地分析了多项任务的委托-代理关系，指出任何工作的代理关系不仅取决于此项工作指标的可测性，还取决于其他工作指标的可测性③。当代理人从事多项任务时，如果对其中一项任务的指标可测性大于其他任务的可测性，也就是该项任务测度指标的方差小于其他任务指标的方差，那么代理人就会把更多的精力和资源投入可测性大的任务中。

正因为如此，地方政府在理论上作为中央政府的“代理机构”，应该“不折不扣地”执行中央的政策方针。但在实际行动中，地方政府和中央政府的目标一般来说是不一致的。特别是在中央政府对地方政府行为的信息掌握不完全的情况下，地方政府行为极有可能会出现“道德风

① 周振超.当代中国的“条块关系”研究[M].天津:天津人民出版社,2009:71.

② 徐鹏庆,杨晓雯,郑延冰.政治激励下地方政府职能异化研究:以基础教育的供给为例[J].财政研究,2016(5):39-53.

③ HOLMSTROM B,MILGROM P.Multitask principal-agent analyses:incentive contracts,asset ownership,and job design[J].Journal of law,economics & organization,1991(10):24-52.

险”和“逆向选择”等问题，产生与中央目标不一致的行为。并且，中央政府在许多情况下难以对这些行为进行有力的控制和防范。值得注意的是，委托-代理理论的一个基本假设是地方政府是自利的组织，这与经济学中关于理性的经济人的假设是类似的。

有学者进一步尝试将政治集权纳入委托-代理理论的分析框架，力图证明经济上的财政分权必须和政治上的集权相结合才能发挥分权体制所带来的收益并限制地方保护主义。傅勇和张晏（2007）指出，经济分权同垂直的政治管理体制紧密结合正是中国式分权的核心内涵①。实际上，在我国动态的经济转型和体制转轨进程中，我们确实可以观察到我国中央政府确实始终保持了政治上的集中制，尤其是重要官员人事任命上的集中制（冯俏彬、李贺，2020），以及对各地方政府的经济决策进行战略利益协调甚至是在某些层面进行直接干预的权力②。例如，中央政府颁布的许多重要经济政策法规只赋予了地方政府有限的政策制定权，中央政府可以介入大额度的地方投资决策以对宏观经济走势进行规制，一些重大经济项目的审批仍然需要得到中央的认可才能执行（Canfei，2006）③。

总之，委托-代理理论为解释地方政府行为提供了一个较好的分析视角，它强调权力来源和制度对政府行为的激励与约束。分析地方政府行为不仅需要考虑委托方的目标函数、激励制度设置和双方权力划分，还要考虑代理方所面临的其他约束条件。这些变量对思考教育财政体制改革问题有重要参考作用。

二、地方政府教育支出行为偏差

地方政府教育支出行为是政府行为在教育领域的具体体现。现有研究除了从财政分权角度论证了地方政府财政支出中存在“生产性偏好”

---

① 傅勇，张晏.中国式分权与财政支出结构偏向：为增长而竞争的代价[J].管理世界，2007(3)：4-12.

② 冯俏彬，李贺.中国式财政分权与地方税体系建设[J].税收经济研究，2020(2)：20-28.

③ CANFEI H.Regional decentralization and location of foreign direct investment in China[J].Post-communist economics，2006，18(1)：33-50.

导致基础教育支出不足，学者们也深入教育系统内部，对具体教育问题中的地方政府行为进行了研究。

地方政府教育财政支出行为是研究者关注的重点，许多学者关注到地方政府教育支出中的行为偏差。边恕和刘为玲（2020）指出，从全国整体情况看，国家财政性教育经费投入受分税制改革的影响，在各级各类教育中，中央财政教育投入占地方总教育财政投入的比例较低①。杨海华等（2022）指出，改革开放以来，我国三级教育层级在总量上都取得了显著的增长，但是在结构上呈现出对高等教育支出明显的偏向性特征②。陈华（2004）指出，由于我国不同地区经济、科技、文化等方面差异较大，这就导致教育支出的地区差距拉大，具体表现在教育规模、教育结构、教育条件等方面③。柯佑祥（2010）认为，我国的教育财政偏好存在很强的功利性，教育财政投入倾向于追求短期效用最大化、显性化。教育财政投入倾向排序中不仅存在对城市教育、公办教育、普通教育的投入偏好，还存在偏好教育规模、偏离教育质量，偏好重点高校、偏离地方院校，偏好高校科研短期项目、偏离长期项目等问题④。此外，雷万鹏等人（2015）还指出，财政支出中生产性支出比重过高；财政转移支付对地方政府财政支出产生“挤出效应”等现象；中西部地区农村教师收入陷入长期的“低水平陷阱”以及由此导致的教师队伍不稳定现象，均折射出政府教育支出行为之偏差⑤。

部分学者主要是利用省级数据测算财政分权对教育支出的效用。例如，史桂芬等（2016）基于2007年至2013年中国省级面板数据，运用非线性面板门槛方法实证分析发现，财政分权对地方政府公共教育支出影响存在非线性双重门槛特征，当财政分权度提高跨越门槛值，其对教

---

① 边恕，刘为玲.东北地区教育公平度分析与政策选择：基于财政投入视角[J].地方财政研究，2020(10)：90-100.

② 杨海华，刘玉拴，赵础昊.教育财政分权对公共教育支出层级结构的影响及对策[J].地方财政研究，2022(5)：67-75.

③ 陈华.有关财政教育支出偏差与矫正[J].山东社会科学，2004(9)：114-116.

④ 柯佑祥.教育财政偏好及其规范[J].教育研究，2010，31(3)：23-28.

⑤ 雷万鹏，钱佳.财政分权背景下地方政府教育支出行为研究[J].华中师范大学学报(人文社会科学版)，2015，54(2)：148-157.

育支出的负向影响程度随之降低。同时，中央对地方的转移支付对教育支出呈现显著负向影响，回归系数为-0.015，且教育需求指标对地方政府教育支出的影响不显著，说明地方政府财政支出未有效回应居民需求，导致公共服务供给出现供需不匹配问题①。同时，曹可成（2020）基于中国2007年至2017年的省级面板数据研究发现，财政分权与基础教育支出效率间呈现显著的“倒U形”关系，即财政分权度较低时，中央和地方政府信息的不对称性以及转移支付的“粘蝇纸效应”，使得基础教育支出效率由于供需错配而偏低。而对于财政分权度较高的地区，基础教育的支出责任过多地划归地方政府，使得地方政府的职能定位与其财力保障之间的错位愈加突出，进而供给不足导致效率偏低②。

也有研究进一步探究财政分权对地方政府教育支出行为影响的作用机制。例如，范先佐（2000）指出，由于政府官员在制定政策时会根据个人利益最大化的准则进行选择和判断，并通过“政治市场”追求“政绩”，因此官员会优先考虑那些利益集团压力较大或能促进官员个人利益的公共需求，在行为上会热衷于基础设施，而不愿意对教育这种周期长的项目进行投资。由于教育的需求刚性和对官员的压力不如国防和行政强烈，政府对教育的投资很可能会被放在不太重要的地位上③。进一步地，雷万鹏等（2015）通过对财政分权背景下地方政府行为的分析研究认为，中央政府通过绩效考核、人事安排及转移支付等形式对地方政府形成了强有力的控制，中央与地方的博弈是地方政府教育支出偏好的重要影响因素。同时，民众对地方政府教育支出缺乏强约束，也是教育支出行为偏差产生的重要诱因。中央与地方、省与省以下政府财力事权不匹配也影响了地方政府教育支出行为④。

---

① 史桂芬，刘欢，王佳.中国式财政分权对公共教育支出影响的实证分析：基于非线性面板门槛模型的回归[J].教育科学，2016，32(5)：11-15.

② 曹可成.财政分权视角下基础教育支出效率测度及影响因素研究[J].统计与信息论坛，2020，35(3)：113-121.

③ 范先佐.关于政府教育投资的行为分析[J].河北师范大学学报(教育科学版)，2000(2)：1-9.

④ 雷万鹏，钱佳.财政分权背景下地方政府教育支出行为研究[J].华中师范大学学报(人文社会科学版)，2015，54(2)：148-157.

此外，还有学者关注到官员个人特征和社会背景对教育支出行为的影响。就前者而言，江依妮等（2017）通过2000年至2013年浙江省县级面板数据分析发现，经济导向的晋升考核某种程度影响着地方教育支出，不同特征的县级地方官员对当地教育支出影响不同。与官员升迁密切相关的官员年龄与地方教育支出呈正相关关系，官员任期并未给教育支出带来消极影响，而地方财政自主是影响县级政府教育支出的积极因素[①]。就后者而言，顾昕和赵琦（2019）基于中国1998年至2016年省级面板数据，运用空间计量模型分析发现，投资开放度对省域生均财政教育支出水平及增量都呈现非线性的U形关系，即先有压低后有增加之效；贸易开放度对生均支出水平没有显著影响，但对支出增量也呈现出U形关系[②]。

三、地方政府教育支出行为成因

上述研究对我国教育财政支出行为及偏好进行了深入分析，强调政府教育支出背后的制度背景和政治逻辑。这说明政府教育支出并非独立的教育问题，其在一定程度上受到政治过程和财政体制的强烈影响。教育财政支出多寡主要受财政预算和转移支付两方面影响。具体而言，首先，在教育财政预算方面，王蓉（2004）的分析较有代表性。该研究通过对三个国家级贫困县的县级政府预算决策机制过程的分析，发现县级预算只有少数人能够真正参与。研究认为，因为公民需求与政府支出重点之间相脱离，在某种程度上导致了公共服务供给中社会公平性缺失，那些最贫困、最需关注的公民需求被置于视界之外，因此他们必须在政府预算范围之外自筹自办解决其公共物品需求问题，如果地方政府的公共开支重点不变，如果其背后的政治决策架构不变，上述这些问题将继续存在[③]。

---

① 江依妮，易雯，梁梓然.官员晋升激励与地方教育支出行为：基于浙江省县级面板数据的实证研究[J].教育与经济，2017，33(6)：38-44.

② 顾昕，赵琦.经济全球化与中国地方政府教育支出：基于省级面板数据的实证分析[J].教育研究，2019，40(10)：109-123.

③ 王蓉.中国县级政府教育财政预算行为：一个案例研究[J].北京大学教育评论，2004(2)：50-57.

其次，在教育转移支付方面，张欢等（2004）对税费改革后109个县（市）级教育经费分析发现，在县级财政获得上级转移支付大幅增加的同时，教育经费占全县财政支出的比例反而下降了。由于农村义务教育经费存在“挤出效应”，增加转移支付并不能促使县级政府把更多资源投入教育，县级政府对教育投入的目标达到一个基本水平后，不会因本地经济实力的增长而提高教育投入的努力程度①。罗晓华（2006）利用一个博弈模型对税费改革后地方政府争取义务教育转移支付的行为进行了分析。研究表明，地方政府为获得较多的义务教育转移支付量，倾向于“制造”更大的财政缺口，富裕的地区“藏富不露”，而真正需要转移支付的地区却得不到资金，最终导致各地区都不努力增加收入，而中央也无法将义务教育资金分配到最需要的地方②。周飞舟（2012）通过义务教育的案例分析了专项资金在基层社会的分配和使用中出现的问题，研究发现，项目和专项资金会导致基层政府行为的问题，就是财政学上所说的“溢出效应”，即项目资金虽然指定了专门用途，但是基层政府会通过改变自己预算支出结构的方式，在一定程度上抵消上级部门的意图。此外，过于依赖项目和专项资金，最终反而会使资金难以实际到达农村基层③。

整体而言，财政分权背景下教育支出行为偏差可能存在以下机制：第一，在对上负责、以国内生产总值为中心的政绩考核制度下，地方政府存在生产性支出偏好（尹恒、朱虹，2011）④，导致地方政府的治理绩效在内容和结构上可能偏离民众偏好。财政分权下的地方政府主要关心经济增长和财政税收（陶然、杨大利等，2008），这是因为生产性公共物品对经济发展有巨大促进作用⑤。中央政府对地方公共物品的供给需

---

① 张欢，张强，朱琴.农村义务教育经费“挤出效应”研究[J].清华大学教育研究，2004(5)：54-59.

② 罗晓华.农村税费改革后义务教育财政转移支付的博弈分析[J].当代财经，2006(6)：54-56.

③ 周飞舟.财政资金的专项化及其问题：兼论“项目治国”[J].社会，2012，32(1)：1-37.

④ 尹恒，朱虹.县级财政生产性支出偏向研究[J].中国社会科学，2011(1)：88-101.

⑤ 陶然，杨大利，张光，等.财政收入需要与地方政府在中国转轨和增长中的作用[J].公共行政评论，2008，1(5)：6-40.

要地方政府的支持与配合，这种生产性公共物品大多体现为公路、铁路和电信设施，也涉及“三农”、城镇化等中央政府关注的重点问题（章韬等，2022）①。而教育虽然能在长期内改善人力资本并促进经济增长，但在短期内无助于地方经济产值和财政收入的显著增长，因此会受到地方官员的忽视。同时，地方政府为了在地区间的招商引资竞争中胜出，往往不惜牺牲教育投入（傅勇、张晏，2007）②。

第二，蒂布特模型无法在中国发挥积极作用（杨良松，2013）③。蒂布特模型中，地方居民的“用手投票”与“用脚投票”以及地区间竞争将有助于提高公共物品供给水平。但由于我国缺乏“用脚投票”与“用手投票”制度，该模型在中国难以发挥积极作用（Zhang，2006）④。具体而言，由于中国财政分权制度是建立在中央与上级政府委任制的框架基础上的，这在一定程度上限制了地方政府对当地居民需求的重视程度。同时，“用脚投票”的人口跨区域迁移，尤其对缺少劳动技能的农村劳动力来说，是比较困难的，且当前中国的人口迁移在绝大多数情况下并不能改变户口身份。事实上，对进城打工的农村劳动力来说，他们没有被认为是正式的城市居民，也没有享受到与城市居民同样的义务教育、医疗卫生等公共物品，他们依然是流出地的农民身份。因此，西方的“用脚投票”机制在中国并不存在，中国也没有出现通过居民与地方政府的双向选择而在地理空间上进行类聚的由多个俱乐部式的地方社区组成的社会，因此，一般说来，居民对公共物品的偏好和需求并不在地方政府的优先考虑范围内（乔宝云等，2005）⑤。

第三，在以分税制为代表的财政分权体制和以晋升锦标赛为代表的

---

① 章韬，李世林，苏慧.地区竞争下县域政府治理偏好与差异[J].经济科学，2022(4)：78-91.

② 傅勇，张晏.中国式分权与财政支出结构偏向：为增长而竞争的代价[J].管理世界，2007(3)：4-12.

③ 杨良松.中国的财政分权与地方教育供给：省内分权与财政自主性的视角[J].公共行政评论，2013，6(2)：104-134.

④ ZHANG X.Fiscal decentralization and political centralization in China：implications for growth and inequality[J].Journal of comparative economics，2006，34(4)：713-726.

⑤ 乔宝云，范剑勇，冯兴元.中国的财政分权与小学义务教育[J].中国社会科学，2005(6)：37-46.

政治激励之下，地方政府倾向于将可支配的财政收入运用到对经济发展有直接驱动作用的生产性领域（如基础建设等），而会相对忽视以教育为代表的民生领域，导致教育资源供给不足（金红昊、马奔，2022）①。实证文献研究也发现，财政支出分权减少了地方政府的教育事业费（郑磊，2008；张光、江依妮，2010；王蓉、杨建芳，2008）②③④或教科文卫事业费（傅勇、张晏，2007；邓可斌、丁菊红，2009）⑤⑥；降低了小学入学率（乔宝云等，2005）和小学师生比（傅勇，2010），增加了成人文盲率（傅勇，2010）⑦。同时，地方政府财政决策也呈现出明显的任期效应，地方官员出于晋升方面的考量，倾向于在任期内的不同时间节点采取不同的资源分配策略（董志霖、闫泽华，2020），这可能带来教育财政支出的波动⑧。

四、专题研究

由于地方政府在中小学布局调整中存在诸多行为偏差，该问题也引起了学者的关注。李祥云等（2013）分析指出，地方政府为追求自身政绩的最大化，不愿意将有限的财政资金过多用于任期内对政绩作用不大的教育，而试图通过学校合并产生规模效应来降低生均教育财政支出，

① 金红昊，马奔.政治激励、主官任期与地方教育财政支出波动：来自地级市面板数据的证据[J].重庆高教研究，2022，10(3)：72-87.

② 郑磊.财政分权、政府竞争与公共支出结构：政府教育支出比重的影响因素分析[J].经济科学，2008(1)：28-40.

③ 张光，江依妮.为什么财政教育投入达不到占GDP百分之四的目标：一个基于跨省多年度数据分析的实证研究[J].公共行政评论，2010，3(4)：68-84，203-204.

④ 王蓉，杨建芳.中国地方政府教育财政支出行为实证研究[J].北京大学学报（哲学社会科学版），2008(4)：128-137.

⑤ 傅勇，张晏.中国式分权与财政支出结构偏向：为增长而竞争的代价[J].管理世界，2007(3)：4-12，22.

⑥ 邓可斌，丁菊红.转型中的分权与公共品供给：基于中国经验的实证研究[J].财经研究，2009，35(3)：80-90.

⑦ 傅勇.财政分权、政府治理与非经济性公共物品供给[J].经济研究，2010，45(8)：4-15，65.

⑧ 董志霖，闫泽华."倒U形"关系可靠吗？对官员任期与经济绩效关系文献的荟萃回归分析[J].公共管理评论，2020，2(2)：44-64.

这是导致地方政府断章取义地执行中央农村中小学布局调整政策的主要原因①。庞丽娟（2006）认为地方政府之所以对中央政策的理解和执行存在问题，是因为地方政府将布局调整视为“政绩工程”，片面追求调整速度和数量的结果②。姚佳胜（2016）认为中小学布局调整政策实施的矛盾归因于民众政策参与权缺失，对国家政策顺从的历史惯习和国家赋权偏斜是造成民众政策参与缺失的根源③。也有学者研究了撤点并校的影响，雷万鹏（2014）在研究中指出，在新一轮学校布局调整中，许多地方政府就表现出了极强的“撤点并校”冲动，由此导致学生上学路途变远，交通安全隐患增加，学生家庭经济负担加重等问题④。对此，李汉学（2016）也提出城区中小学布局调整“腾笼换鸟”实施过程中，应遵循政府主导、规划先行、民主决策和就近置换等原则，特别强调要协调各方利益，注重对群众的宣传解释，加强民主参与和监督等⑤。

地方政府偏好建设重点学校的问题也引起了学界关注。有学者指出，重点学校制度之所以今天还能延续，是因为它能给重点学校和政府官员带来很大利益，很大程度上是学校和政府官员寻租、设租的结果⑥。一些地方在办学指导思想上对义务教育均衡发展关注不够，没有树立起面向所有学校、面向所有学生的观念，在制定教育政策措施、配置公共教育资源时，往往注重锦上添花，忽视雪中送炭，个别地方甚至把建设所谓“窗口学校”作为政绩工程⑦。王善迈（2008）也指出，我国义务教

① 李祥云，田文宠，徐淑丽．中小学布局调整中的地方政府行为扭曲：财政分权视角[J]．教育导刊，2013(4)：23-27.

② 庞丽娟．当前我国农村中小学布局调整的问题、原因与对策[J]．教育发展研究，2006(4)：1-6.

③ 姚佳胜．农村中小学布局调整政策问题微探：基于权利视角的分析[J]．教育科学，2016，32(3)：13-17.

④ 雷万鹏．义务教育学校布局调整：研究进展与难题破解[J]．华中师范大学学报(人文社会科学版)，2014，53(5)：147-154.

⑤ 李汉学．“腾笼换鸟”：城区中小学布局调整的一种模式探索[J]．教育理论与实践，2016，36(7)：35-38.

⑥ 袁连生．我国教育财政问题的政治经济学解释[Z]．北京：2007 年中国教育经济学年会，2007：15-20.

⑦ 中华人民共和国教育部．教育部就如何推进义务教育均衡发展答记者问[EB/OL]．(2003-12-11)[2005-06-01]．http：//www.cbe21.com.

育重点学校政策是社会经济非均衡发展战略在教育中的体现，导致了教育公平的缺失，使得义务教育群体间入学机会不公平，尤其是接受优质教育不公平①。以上研究表明，地方政府偏好建设重点学校是地方政府追求自身利益的一个具体表现。

在教育专项经费使用方面，刘红梅等（2020）指出，在专项经费使用中存在挤占、挪用的情况，存在虚列会议费、差旅费等虚报冒领、套取财政资金的行为，存在超预算、超范围支出专项经费的行为，存在形成小金库的潜在风险②。对此，有学者指出，这可能是由于教育投入具有过程的长期性、价值的潜隐性、效果的迟滞性等特点，一些地方政府往往将工作重点和主要资金聚焦在能够凸显政绩的领域，甚至通过压缩教育经费、挪用专项经费追求经济效益、打造形象工程（张旭刚，2019）③。进一步地，戴国庆认为，经费监督是政府科技专项经费管理中的薄弱环节，通过分析美国联邦政府对科研经费分配和使用的监督管理，以期为提高我国科研经费使用效益提供借鉴（张川、张涛，2019）④。

此外，部分学者还通过计量方法对地方政府教育财政支出中的“竞争”与“模仿”等行为进行了实证检验。周亚虹等（2013）研究发现，教育支出存在显著的“标尺竞争”：当省内其他竞争对手增加教育支出时，该地方官员出于政绩考虑，也会增加教育投入以免给上级政府传递“自己不够努力”的信息，从而导致了同一省内的不同地市级政府之间教育支出的正相关，并且距离相近地区之间标尺竞争的模仿激励要高于地理相邻地区⑤。刘珊珊（2014）应用空间面板计量模型分析了福建省政府在教育支出比重上对各市（县）政府的决策的影响。计量结果表

---

① 王善迈.基础教育“重点校”政策分析[J].教育研究，2008(3)：64-66.

② 刘红梅，许江波.基于巡视报告的高校风险管理审计实践与探索：以S学校为例[J].财会通讯，2020(9)：122-125.

③ 张旭刚.乡村振兴战略下农村职业教育产教融合发展动力机制研究[J].教育与职业，2019(20)：19-26.

④ 张川，张涛.预算控制系统对科研经费支出绩效的影响[J].科研管理，2019，40(4)：135-144.

⑤ 周亚虹，宗庆庆，陈曦明.财政分权体制下地市级政府教育支出的标尺竞争[J].经济研究，2013，48(11)：127-139.

明，地方政府在教育财政支出上存在“纵向追随效仿的行为特征”，这说明当省级政府财政支出不偏向教育时，地方政府在教育财政支出上会存在模仿省级政府的情况，致使地方政府普遍缺乏教育经费[①]。李振宇和李涛（2020）从财政分权视角，使用2010年至2016年省级数据，采用空间面板计量方法，对地方政府高等教育投入可能存在的竞争效应进行分析，并进一步采用数据包络分析方法探讨地方高等教育投入的产出效率。研究表明，由于财政分权体制下高等教育领域存在中央与地方委托-代理关系，在本地区经济发展需要和外部政策影响下，临近地区的高等教育投入会影响地方政府决策，导致支出竞争[②]。这些研究说明了地方政府之间关于教育支出中存在横向的“竞争攀比”和纵向的“上行下效”行为。以上研究对我们思考地方政府教育支出行为有较大帮助。

第三节　基础教育财政体制研究

一、集权-分权视域中的基础教育财政体制

为进一步明确中央政府和地方政府在基础教育层级的财政事权界限，2019年，国务院印发《教育领域中央与地方财政事权和支出责任划分改革方案》，规定学校日常运转、校舍安全、学生学习生活等经常性事项中所需经费，要根据国家基础标准，明确中央与地方财政分档负担比例，中央财政承担的部分通过共同财政事权转移支付安排；涉及阶段性任务和专项性工作的事项所需经费，由地方财政统筹安排，中央财政通过转移支付统筹支持。政府支持基础教育的理论依据主要有以下几点：第一，教育具有外部性，对技术进步、经济社会发展、文明传播等有着重要意

① 刘姗姗.大国治理结构下地方政府教育财政支出行为特性识别：以厦漳泉城市群为例[J].地方财政研究，2014(8)：33-38.

② 李振宇，李涛.财政分权视角下地方政府高等教育投入的竞争效应分析[J].中国高教研究，2020(3)：39-43.

义；第二，假设教育完全由私人部门或者家庭承担，由于投资风险与融资障碍的存在，可能会导致家庭或个人的教育支出不足；第三，从社会公平的角度，保证教育特别是基础教育的公益性可以减轻贫困家庭背景对孩子发展的不利影响①。这些理由提供了政府对教育实施财政干预的理论依据，而且在当前各国的财政实践中，各国政府也将教育发展作为政府责任的重要组成部分。雷万鹏（2007）在对经济学家观点梳理的基础上，还从“外部性”“教育公平”和“家长主义关爱”三个方面总结了政府投资教育的理由②。

上述研究回答了政府为何应该为教育提供资金支持，但多层级政府体制下，应该由哪一级政府来提供，目前在理论上与实践中都存在争议。一般来说，分权的基础教育财政体制在教育财政效率上表现更好，但对于教育公平问题的解决能力有限；集权的基础教育财政体制更具能力去解决公平问题，但效率有所欠缺。因此，明确教育财政责任在政府层级中的划分问题，不仅关系教育投入的充足性，还会影响教育管理的效率与教育发展的公平性。责任划分不明晰必然导致各级政府对教育财政责任的相互推卸，进而导致教育投入的不足。

一般认为，若根据财政分权理论的地区收益原则和效率原则，基础教育主要惠及的人群为地区居民，故其应当属于地方公共物品③，因此基础教育的供给支出职责应主要安排在地方一级政府。不过，由于基础教育存在外部性，中央政府应当通过一定的政府间转移支付来承担部分支出。但 Oates（2005）在肯定这些原则的同时也指出，这些原则应被视为一种“行动指南”，而并非“确信无疑”。财政分权理论并未对特定的公共物品支出责任作出具体划分，而对于一些消费具有空间特征的公共

---

① 杨海华，刘玉拴，赵础昊.教育财政分权对公共教育支出层级结构的影响及对策[J].地方财政研究，2022(5)：67-75.

② 雷万鹏.中国农村教育焦点问题实证研究[M].武汉：华中科技大学出版社，2007：192.

③ 应该说，基础教育既可以是全国性公共物品，又可以是地方性公共物品，其性质由财政责任体决定。这里认为其是地方公共物品，主要是基于世界上绝大部分国家都不是中央政府统包义务教育经费这一事实基础之上的。

服务（诸如教育和健康）的职责安排，现实中确实存在着诸多争议[①]。

产生这些争议的原因较为复杂，但主要原因一方面在于经济学对公共物品理论的演绎是基于很多模型假设，而这类假设与教育现实存在着较大出入，例如人口无成本自由流动的假设；另一方面，经济学在讨论分权制度安排时秉持的是效率至上的理念，一定程度上忽视了社会对于公平和自由的诉求。教育与商品不同，具有独特的社会功能和政治功能，所以在研究教育财政的集权分权时，价值判断的引入是必要的。当前学界主要存在以下观点：

第一，部分学者认为最优的教育财政分权化（或集权化）水平应当是一种能够使得社会福利最大化的制度安排。例如，Winkler（1989）认为应当基于一定政治和制度的现实背景，并运用社会效率、技术效率和公平三个原则性标准对教育最优分权化水平进行分析。假设以社会效率为评判原则，分权化优势在于能够满足多样化的教育需求；而集权化优势则在于能够较好地解决教育供给的外部性问题。若以技术效率为评判原则，分权化优势在于地方政府要比高层级政府更能灵活供给，并且分权化更有利于促进地区间公共物品供给竞争，刺激教育技术变革；而集权化优势则在于高层级政府要比地方政府更加便于实现教育的规模生产。若以公平为评判原则，分权化会因为家庭和地方的收入和财富不均而导致教育支出的横向和纵向非公平，而高层级政府则在解决教育非公平方面具有相对优势[②]。

第二，也有学者认为侧重效率和自由时分权模式是相对较优的选择。例如，Monk（1990）主张在不同地区运用不同的分权模式以提高支出效率，并运用地方控制、基层决策来保证自由。在关于公平标准的论述中，他指出分权化的教育支出模式没有考虑到人口流动和外部性，并且对同

① OATES W E.Toward a second-generation theory of fiscal federalism[J].International tax and public finance,2005,12(4):349-373.

② WINKLER D R.Decentralization in education:an economic perspective[R].Population and Human Resources Department,the World Bank,1989:12.

一地区不同个体未能区别对待，特别是不同地区教育支付能力存在差别，会导致受教育机会的不均等。上述观点事实上对教育领域的财政集权提供了某种程度的支持。按照 Monk 提出的标准，教育财政体制的划分不存在唯一的标准，要根据具体的制度环境和教育目标，对教育支出的责任主体进行划分①。

第三，还有学者指出了财政分权对教育发展的不利影响。例如，Homme（1995）认为分权化不仅会导致地区间财政收入与支出差距加大，而且在一些民主不健全的发展中国家还会引起效率的损失。他认为，在政府决策时，核心问题不在于是否要进行分权化，而在于在哪些地区、哪些部门、以何种方式分权化。Homme 认为，在其评估的 15 种地方公共服务中，小学教育的可分权化程度应位列中等，因此小学教育供给职责应十分谨慎地下放至地方。该研究表明，不同层级、不同类别的教育，在进行分权化操作时应予以区别对待②。

关于教育领域财政分权优劣势的研究较为丰富，而且绝大部分研究仍然秉承了“集权/分权”“优势/劣势”的分析范式。在该范式下，一方面在对教育领域的分析中引入了公平、自由等社会价值取向；另一方面对不同层级、类别的教育，对教育管理的不同方面（如 Costrell③，1997，关于毕业标准的讨论），以及对教育支出的不同构成（如 Levin④，1985，关于教育财政资助的讨论）进行了区别对待与分类研究。

以上文献从理论上对教育财政体制的集权-分权的效果进行了讨论，但其研究假设都是基于效率与公平相互替代的基础之上，仍然是将短期内效率公平不可兼得的思路照搬到了教育投资领域。部分学者的研究表明，只要政策得当，教育财政的公平和效率在长期来看并不冲突（Hoxby，

---

① MONK D H.Educational finance:an economic approach[M].New York:McGraw-Hill,1990:52.

② HOMME R P.The dangers of decentralization[J].The world bank research observer,1995,10(2):201-220.

③ COSTRELL R M.Can centralized educational standards raise welfare?[J].Journal of public economics,1997,65(3):271-293.

④ LEVIN H M.Are block grants the answer to the federal role in education?[J]. Economics of education review,1985,4(3):261-269.

1996)[①]。丁维莉、陆铭（2005）利用基础教育财政的一般均衡分析，澄清了“财政分权导致不公平”等错误观念，认为基础教育财政的分权体制不失为激励地方政府提高教育供给质量和效率的有效机制，在引入一定中央政府干预后，才发现基础教育的公平与效率是不矛盾的[②]。

值得注意的是，现有文献对教育财政的研究对教育目的的关注略显不足。正如Hanson（1998）所指出的，无论是教育集权化抑或分权化，它们本身都不是变革目标，而只是实现特定变革目标的手段而已[③]。所以不论是集权化抑或分权化的变革，其指向应为教育发展本身，变革的根本目的应为建立更有利于教育发展的教育财政体制。

二、教育财政体制的多元化评判标准

（一）分权与基础教育财政充足

关于财政分权与教育财政支出的研究认为，从蒂布特模型的分权框架出发，财政分权将有利于地方政府致力于提供符合地方居民需要的公共物品。来自发达国家及部分发展中国家的经验印证了该种假说，证实了财政分权有利于扩大教育支出以满足居民需求。例如，Zhuravskaya（2000）的研究表明，财政分权对地方政府教育支出起到了一定的促进作用[④]。不过，现有研究对政府的基本假设是“仁慈政府”，这并不符合第二代财政分权理论的激励相容假说，对此也有国外研究得出了相反结论。Busemeyer（2008）使用混合数据分析了OECD各国财政分权与公共教育支出的关系，研究发现财政分权在国家层面上减少了公共教育支出，

---

① HOXBY C M.Are efficiency and equity in school finance substitutes or complements?［J］.Journal of economic perspectives,1996,10(4):51-72.

② 丁维莉,陆铭.教育的公平与效率是鱼和熊掌吗:基础教育财政的一般均衡分析［J］.中国社会科学,2005(6):47-57.

③ HANSON E M.Strategies of educational decentralization:key questions and core issues［J］.Journal of educational administration,1998,36(2):111-128.

④ ZHURAVSKAYA E V.Incentives to provide local public goods:fiscal federalism,Russian style［J］.Journal of public economics,2000,76(3):337-368.

在地区层面上增加了公共教育支出[①]。Faguet（2004）通过对玻利维亚各地区数据的分析，认为地方政府由于存在过多的腐败、制度执行力弱以及容易被地方利益集团“捕获”等因素，在基础教育供给上存在重大缺陷，分权事实上降低了教育财政的效率与效果[②]。West 和 Wong（1995）研究发现，财政分权导致配置在卫生和教育的公共支出减少，它恶化了特别是贫困地区居民的福利状况[③]。学界一般认为分权化会激发地区间财政竞争，进而促使地方政府为吸引资本流入，增加生产性财政支出（例如基础建设）而忽视地区居民的消费性财政支出（例如公共教育），进而导致地方在财政投入水平和构成上的非效率。类似的分国别、分地区研究还有很多，其结论存在较大差异，这可能与财政分权的模式不一，社会经济条件差别较大相关，这里不做赘述。

我国的大量实证研究认为，我国分权化的基础教育财政体制并未促进教育财政的充足与公平，也未能推动基础教育质量及均衡的改善。例如，田志磊等（2015）聚焦教育的直接提供者，在讨论公共教育的产品属性以及地市和县支出偏好的基础上，重新审视中国式财政分权对地方教育支出的影响。结果发现，在地市-县教育职责同构和财政分权的背景下，县级政府边际教育支出倾向递减，而在以私人物品和俱乐部性质教育供给为主的地市政府，教育支出并未呈现边际递减的倾向[④]。董俊燕和宗晓华（2021）利用 2002 年至 2013 年河南省县级面板数据，采用双重差分法研究发现，“省直管县”财政改革显著降低了财政支出用于教育的份额。可能是由于受“以县为主”的基础教育财政政策影响，县级财政对教育的负担一直比较重，“省直管县”财政改革加大了县级政府的财政自主权，增加了来自上级的转移支付，但由于省级政府管理幅度

---

① BUSEMEYER M R.The impact of fiscal decentralization on education and other types of spending[J].Swiss political science review,2008,14(3):451-481.

② FAGUET J P. Does decentralization increase government responsiveness to local needs? evidence from Bolivia[J].Journal of public economics,2004,88(3-4):867-893.

③ WEST L A,WONG C P.Fiscal decentralization and growing regional disparities in rural China:some evidence in the provision of social services[J].Oxford review of economic policy,1995,11(4):70-84.

④ 田志磊,杨龙见,袁连生.职责同构、公共教育属性与政府支出偏向:再议中国式分权和地方教育支出[J].北京大学教育评论,2015,13(4):123-142.

过大，县级政府受到的监控弱化。县级政府一旦掌握了财政自主权，更偏好与经济建设相关的基建类公共物品的提供，最终导致县级政府财政中用于教育的比例显著下降[①]。

（二）分权与基础教育财政均衡

研究者进一步探究了财政分权对基础教育均衡发展的影响。首先，部分研究者发现，地区经济变迁与教育分权化改革之间存在着相互推动关系。Fernandez 等（2003）通过对美国高中学校的案例考察指出，一方面，经济发展能够促动地方学校教育体制朝着更加分权化的方向变革；另一方面，教育的分权化变革亦可以通过更有效的资源配置和利用，更好地适应地方社会经济变迁的需要，从而推动地方经济增长。此外，他们还发现地方教育分权化不仅加大了学校间的教育资源差异，而且还导致了不同学校之间的学生学业和社会分化问题[②]。

其次，研究者探讨了教育分权对教育区域均衡的影响。例如，魏后凯等（1997）探讨了分权制与基础教育经费的区域差异问题，认为分权化改革后，地区经济的不平衡发展必然会引起地区间教育投入的严重失衡，这种失衡又势必导致地区间教育发展机会的不平等。为此，中央和省级政府有必要通过某些途径平衡地区之间的教育财政，以逐步缩小地区间教育发展的差异[③]。严雅娜等（2017）指出，现行财政分权体制在加大地方财政自主权的同时并没有带来义务教育水平的显著提高，致力于缩小义务教育地区差距的转移支付制度对义务教育均衡性的提升作用有限，这导致义务教育现状与均衡发展目标仍存在一定差距[④]。

此外，林挺进（2009）的研究用财政依存度代表财政分权度，通过分省考察财政依赖度与省内教育均衡度改进之间的关系，发现两者之间

---

① 董俊燕，宗晓华．“省直管县”财政改革与县级财政教育支出：基于河南省县级面板数据的双重差分估计[J]．教育经济评论，2021，6(1)：38-55.

② FERNANDEZ R，ROGERSON R.Equity and resources：an analysis of education finance systems[J]. Journal of political economy，2003，111(4)：858-897.

③ 魏后凯，杨大利．地方分权与中国地区教育差异[J]．中国社会科学，1997(1)：98-113.

④ 严雅娜，谭建立．财政分权对义务教育均衡化发展的影响及对策研究：基于2004—2013年省级面板数据[J]．江西财经大学学报，2017(4)：24-31.

存在着显著的倒U形曲线的影响模式。他认为，在改革政府间财政关系的同时，改革教育评价制度才是改变教育不均衡的根本出路①。李波（2017）使用1989年至2015年省级面板数据，运用FGLS和DGMM模型，重点探讨了财政分权对基础教育领域生均教育支出公平性的影响，研究发现，财政分权能够同时改善生均教育支出的效率和公平②。

大部分文献都认为基础教育的财政分权体制是导致地区教育财政差距的重要因素，认为应该通过集权式的改革予以纠正，只有少部分文献对该项改革呼声持审慎态度。

（三）分权与基础教育财政效率和质量

研究者进一步围绕财政分权与基础教育财政效率展开探讨。首先，相当一部分研究聚焦财政分权与教育产出（结果）之间的关系。在教育质量与教育发展方面，郑磊（2010）的研究表明，如果利用初中升学率表示教育质量，财政分权对教育服务提供效率和质量具有显著的负效应③。傅勇（2010）认为，财政分权显著地降低了基础教育的质量；反腐败力度的增强，改善了基础教育的质量。中央政府的向下转移支付促进了非经济性公共物品的供给，并且基础教育存在明显的规模经济效应，这支持了中央财政在公共部门具有发挥更大作用的必要性的结论④。

在学生成绩方面，Hoxby（1995）的实证研究发现，当支出比例上升、财政集权程度提高时，师生比、教育的生均成本、教师工资、教师参加工会比例都会上升而学生成绩则会下降⑤。Courant等（1997）通过对美国密歇根州学生成绩追踪数据分析，也认为集权式教育财政改革是导致学生成绩下降的重要原因⑥。Huang等（2002）对学区间学生学业

---

① 林挺进.分税制改革、财政依赖度与教育均衡度改进[J].复旦教育论坛,2009,7(2):61-67.

② 李波.财政分权、财政中立性和基础教育均衡发展:基于1989—2015年中国省级面板数据的经验研究[J].教育科学,2017,33(5):7-15.

③ 郑磊.财政分权对教育服务提供效果的影响[J].财经科学,2010(11):108-115.

④ 傅勇.财政分权、政府治理与非经济性公共物品供给[J].经济研究,2010,45(8):4-15.

⑤ HOXBY C M.Are efficiency and equity in school finance substitutes or complements?[J].Journal of economic perspectives,1995,10(4):51-72.

⑥ COURANT P N,LOEB S.Centralization of school finance in Michigan[J].Journal of policy analysis and management,1997,16(1):114-136.

成绩进行了研究，他们认为学校竞争对学区内学生成绩提高有利。该研究隐含的改革倾向是降低财政支出级别、扩大学校自主权等分权化改革有利于学业成就的提高[①]。关于分权与学业成绩关系的文献也较多，大部分文献强调“自由”“竞争”与成绩之间的关系，该类文献认为，为了提高学生成绩，政策指向应该是分权式的。

其次，还有一些研究是对上级政府履行教育财政均等化政策效果的考察。例如，Hoxby（2001）认为，在教育经费基于财产税以及税率地方核定的条件下，学区倾向于减少自有资金的支出以将自己置于标准以下从而获取补助金。这类均等化政策无益于教育财政均等化的实现[②]。许多文献认为，上级政府与教育管理部门对辖区内教育财政均衡应负起责任，但问题的关键不在于是否要进行平衡，而在于如何平衡。武艺扬（2021）利用2010年至2018年省级面板数据，实证检验我国财政分权体制对地方公共医疗卫生服务供给的影响，并检验了城乡之间的供给差距。结果显示，总体来说，我国财政分权对医疗卫生服务的供给有较为显著的负向影响，并扩大了医疗卫生服务供给的城乡差距。因此，需要淡化国内生产总值增长指标在地方政府考核体系中的位置，建立财权与事权相匹配的财政体制，坚持推进城乡统筹和协调发展，提高公共医疗卫生服务的供给水平[③]。

通过对国内外实证研究的简要回顾，可以得出以下几个结论：第一，财政分权对教育投入的水平、效率的影响是不确定的，社会、经济、政治、文化因素和政府教育努力程度、政府支出偏好对教育投入有着重要影响；第二，低层级的教育支出有利于鼓励学校间、地区间的竞争，有利于学生学业成绩的提高，在效率方面更具有优势；第三，旨在改善教

① HUANG G G, YU B. District fiscal policy and student achievement: evidence from combined NAEP-CCD data[J]. Education policy analysis archives, 2002, 10(1): 1-38.

② HOXBY C M. All school finance equalizations are not created equal[J]. Quarterly journal of economics, 2001, 116(4): 1189-1231.

③ 武艺扬. 财政分权对地方公共医疗卫生服务供给的影响：基于省级面板数据的分析[J]. 卫生经济研究, 2021, 38(4): 16-20.

育财政均衡的政策不一定最终能改善教育财政均衡；第四，分权化的教育财政体制在促进教育结果与绩效方面存在比较优势。

三、基础教育财政体制改革研究

除了从财政学的角度对分权与教育财政的充足、效率、公平问题进行研究外，来自教育领域的研究文献也相当丰富。前者将教育财政视为国家财政的一部分，讨论财政制度安排和政府行为对教育财政的影响；后者深入教育财政内部，讨论基础教育财政体制安排对基础教育的影响。

许多学者对我国现有的“在国务院领导下，由地方政府负责、分级管理、以县为主”的基础教育财政体制进行了分析。研究认为，应该加大中央政府和省级政府的基础教育财政责任，在上移基础教育事权方面，也达成了基本共识。我国现阶段推行的“省级统筹义务教育发展”等就是支出重心上移趋势的表现。不过，不论是理论抑或实践层面，由于教育财政体制的集权与分权各有其优劣势，部分学者也对中央政府和省级政府介入基础教育尚存一定疑虑[①]。下文就正、反两方面的观点进行简单梳理。

（一）支出重心上移

现有关于基础教育财政体制变革的文献对“以县为主”体制进行了批判性反思，并分析了财政体制中各级政府间财力与事权不匹配问题。

部分学者针对“以县为主”财政体制的不足之处展开研究。例如，曾满超等（2003）从政府间组织结构、如何筹措更多资源、如何分配转移支付资金以及有关决策过程等四个方面提出了我国基础教育财政的改革方案，其中的一个基本导向是加强上级政府的支出责任[②]。钟宇平、

① 事实上，这种质疑的声音不仅在我国学术界存在，在20世纪中期美国的州政府和联邦政府加大对基础教育支出责任时，也产生过许多质疑的声音。这种质疑主要从地方发展教育的自由、分权下教育竞争的效率和上级加大支出责任后，对下级的官僚式控制会影响基础教育的绩效等角度出发，对上级的介入对效率与自由的影响提出了建议。

② 曾满超，丁延庆.中国义务教育财政面临的挑战与教育转移支付[J].北京大学教育评论，2003(1):84-94.

雷万鹏（2002）在对我国各省（市）基础教育生均经费进行测算之后，发现我国教育生均经费差距不断扩大，并从教育公平的角度提出了重新划定各级政府对基础教育投资责任，扭转教育财政过度分权的趋势，加大中央和省级政府教育投资力度是维护教育公平目标的重要举措的建议[①]。此外，靳卫东和徐银良（2015）也认为“以县为主”和“省级统筹”两次改革虽然都提高了农村义务教育经费保障水平，但“以县为主”体制改革中，地方政府对义务教育投入普遍具有“卸责”冲动；“省级统筹”新机制改革则使得地方政府义务教育支出更依赖于中央转移支付资金而不是本级财政资金[②]。

也有学者针对上述财政体制的不足提出政策建议。部分学者从财政责任划分方式出发，例如高如峰[③]（2004）与范先佐[④]（2006）提出要按照经济发展水平划分区域，制定不同的财政责任划分方式，高层级政府应该承担更多的责任。其中，范先佐还提出构建“以省为主”的农村基础教育财政体制，他的立论依据主要集中在四个方面：第一，许多地区县级政府无力承担基础教育财政；第二，省级政府拥有更好的财力；第三，省内教育支出差距大于省际教育支出差距；第四，国外少有由基层政府承担主要责任的基础教育财政体制。

还有学者关注教育财政投入的区域公平性，指出要重点关注农村教育财政投入。例如，张晏等（2013）认为，以“县级管理”为主的教育财政体制的确存在缺陷，不利于义务教育水平的提高，教育财政需要向上集权，这一点与我国2006年修订《中华人民共和国义务教育法》时明确的“省级统筹”改革方向一致。但他们指出，在向上集权过程中，要对农村和城镇进行区别对待。地方政府对城镇义务教育投入的激励较

① 钟宇平，雷万鹏.公平视野下中国基础教育财政政策[J].教育与经济，2002(1)：1-7.

② 靳卫东，徐银良.“以县为主”体制和“新机制”的农村教育财政投入改革绩效评价[J].当代财经，2015(12)：33-45.

③ 高如峰.重构中国农村义务教育财政体制的政策建议[J].教育研究，2004(7)：18-25.

④ 范先佐.构建“以省为主”的农村义务教育财政体制[J].华中师范大学学报（人文社会科学版），2006(2)：113-118.

强，而对农村较弱。因此，在实施义务教育投入省级统筹的同时，要适当加大中央对农村义务教育的投入力度，增加农村义务教育支出中中央政府的投入比例①。

此外，也有学者关注到了各级政府的财政支出责任划分。例如，李世刚、尹恒（2012）同样提出了增强省级和中央基础教育财政责任的建议。他们认为，从长期来看，合适的选择是进行更具结构性的体制调整，将基础教育公共支出事权上收到更高层级的政府。同时，他们对该问题作出了进一步的思考：上收到哪一级政府更为合适？是整体上收还是部分上收？基础教育支出的不同部分，可能具有不同的外部性特征，是应该提高公用经费财政拨款的层级，还是增加事业费？教师工资由更高层级政府统筹，还是其仅统筹教育基本建设经费？②

关于基础教育财政集权-分权的研究成果较为丰富，也提出了众多有价值的政策建议，基本倾向是要加强中央政府和省级政府的支出责任，扩大省级政府的统筹权。然而，正如前文中 Homme（1995）所指出的那样，在政府决策时，核心问题不在于是否要进行分权化，而在于在哪些地区、哪些部门、以何种方式分权化，即在强化省级责任的改革中，统筹的内容是什么，边界在哪里。现有研究在该议题上的研究还略显欠缺，特别是缺乏实证研究。

（二）对支出重心上移的质疑

2001 年“以县为主”体制确立后，政府加大了基础教育财政责任。特别是在农村义务教育经费保障新机制实施后，中央政府和省级政府加大了对基础教育的投入，基础教育财政体制出现了重心上移的趋势。许多研究表明，这种支出重心上移的趋势确实对基础教育财政公平的改善发挥了作用，支出重心上移改善了城乡之间的教育差距，但对改善区域间教育支出差距的作用不显著③。而且此项改革对于经费总量并没有产

---

① 张晏，李英蕾，夏纪军.中国义务教育应该如何分权：从分级管理到省级统筹的经济学分析[J].财经研究，2013，39(1)：17-26.

② 李世刚，尹恒.县级基础教育财政支出的外部性分析：兼论“以县为主”体制的有效性[J].中国社会科学，2012(11)：81-97.

③ 赵力涛.中国义务教育经费体制改革：变化与效果[J].中国社会科学，2009(4)：80-92，206.

生明显的效果，这些结果说明，地方政府并没有随上级政府转移支付的增加而相应提高本级的教育投入[①]。

一些学者从教育的公平与效率之间的矛盾关系角度出发，认为二者并非完全对立，一味追求义务教育的公平不仅不利于教育的效率和充足，还可能会危及公平本身。丁维莉、陆铭（2005）指出，人们会简单地认为，在基础教育投入方面，地方财政有利于效率，中央财政有利于公平，只要中央政府实施财政转移，就可以缓解地区间基础教育支出的不均等。实际上，在中央财政支出模式下，地方政府作为追求本地利益最大化的行为主体也会有相应的反应。例如，地方政府可能会故意减少教育支出，争取被中央政府列为补贴对象，这样的话，中央集权的教育财政体制甚至可能造成教育总支出下降。即使中央财政能够实现公平的教育支出，也可能不利于提高教育（学校）本身的“生产效率”[②]。为此，陈纯槿、郅庭瑾（2017）强调，在保证教育财政投入充足性和使用效率的基础上，更重要的其实是建立以公平、科学为核心价值取向的教育体制，这是当前深化我国教育领域改革发展最重要的目标之一，也是深入推进义务教育均衡化发展战略的必由之路，义务教育均衡化发展有利于促进教育结果的公平性[③]。

还有学者着眼于完善财政体制、充实落后地区的县级财力方面去解决基础教育经费。例如，宗晓华、丁建福（2013）就认为，分权取向的“省直管县”财政改革也具有显著的正面效应。更重要的是，集权取向的改革虽然在保障经费供给上效果显著，但也带来了最初制度设计者所未预料到的潜在负面影响，那就是经费供给主体与经费需求主体之间的信息不对称情况日益严峻。在这种情况下，经费的持续增加并不能带来经费配置效率的改进与教育质量的显著提升，以致与实现义务教育城乡

① 孙志军，杜育红，李婷婷. 义务教育财政改革：增量效果与分配效果[J]. 北京大学教育评论，2010，8(1)：83-100.

② 丁维莉，陆铭. 教育的公平与效率是鱼和熊掌吗？基础教育财政的一般均衡分析[J]. 中国社会科学，2005(6)：47-57，206.

③ 陈纯槿，郅庭瑾. 教育财政投入能否有效降低教育结果不平等：基于中国教育追踪调查数据的分析[J]. 教育研究，2017，38(7)：68-78.

均衡发展的目标相去甚远①。

还有一些学者认识到，在现有体制下导致部分地区基础教育财政不充足的根本原因不在于现有的“低重心”的基础教育财政体制，而在于地方政府的“财力和激励不足”，因此，不能一味要求中央或省级政府收权。例如，李祥云（2007）就认为，一味要求中央收权，并不符合构建我国公共财政体制的总体要求。高度集权的义务教育财政体制不仅存在效率损失，也不会带来公平结果。适度义务教育财政分权也不失为我国义务教育财政制度安排的一个合理选择②。进一步地，黄斌等（2016）基于 2009 年中国市和县两级数据的经验研究表明，市和县财政分权的加大会减少县自有财力对义务教育的投入，而县财政自主权的加大则会提高县自有财力对义务教育的投入，并提出政策建议：在未来的财政体制改革中应进一步增大地方财政自主权，并在转移支付中加入有关维持地方自有财力对公共物品投入努力水平的约束性条款③。

相比其他学者对集权-分权优劣势的讨论，黄斌（2010）则提出了基于转移支付的相对“折中的方案”。他提出要将财政支出责任和教育管理责任分开，并且针对中国目前的情况，在维持义务教育管理事权分权化的同时，加强省级和中央政府对地方义务教育的财政转移支付力度，并以此来实现支出职责的集权化调整，这可能是一种较为有利的制度安排。其原因在于，此种安排既能够通过办学管理体制的分权化，最大限度地发挥地方政府在了解地方教育需求信息，满足地区居民多样化教育需求等方面的效率优势，又能够通过多样化和经常化的教育财政转移支付手段，提高地方的教育财政能力，引导地方政府的义务教育财政支出行为，以保证地方义务教育充足和公平的供给④。

---

① 宗晓华，丁建福.我国义务教育财政制度变革与城乡差距：基于 1999—2009 年省级面板数据的实证分析[J].教育发展研究，2013，33(11)：50-56.

② 李祥云.公共财政框架下我国义务教育财政制度合理安排探讨[J].教育与经济，2007(3)：40-45.

③ 黄斌，王璇，张琼文.市-县财政分权与地方义务教育财政支出：基于全国县级数据的多层分析[J].教育经济评论，2016，1(3)：24-39.

④ 黄斌.现实与政策意图之间的偏差：中国义务教育财政制度变革的历史与展望[J].教育与经济，2010(4)：6-11.

通过对以上多元观点的梳理可以看出，当前学界对“低重心”基础教育财政体制无法保证基础教育财政的充足、无法改善教育公平的事实和加强中央与省级政府的财政责任基本达成了共识，但对具体的改革路径仍存在争论，对教育财政集权化的后果尚存疑虑。事实上，在我国政治体制、财政体制背景下，要保证基础教育财政的充足、促进基础教育财政公平远非仅仅加强中央和省级政府支出责任、提高基础教育财政支出重心就可以达成改革目标，而需要对此议题进行更深入的分析。

第四节 文献述评

随着公共财政体制的改革和发展，地方政府行为尤其是教育支出行为发展受到经济学家、教育学家的关注，财政分权理论和政府行为理论为分析和理解地方政府教育支出行为的过程机制提供了理论视角和依据，构建了一个基于政府行为的教育支出分析框架，并将决策中各方博弈过程纳入分析和考量。相关研究取得了较为丰硕的成果，对我国地方政府“重建设、轻民生”的财政支出行为提供了较强的解释力，也为本研究的设计和开展奠定了理论基础和方法论基础，但仍有几点不足，值得进一步探讨。

第一，从研究视角看，对地方政府教育财政决策过程的探讨主要集中于行为背后的政治因素，对于其政治过程的形成机制尚未进行深入讨论。事实上，财政决策过程本质上来说是一个政治过程，是各方力量博弈的结果，教育财政体制一方面对该过程有着一定的约束，另一方面又受到政治过程的强烈影响。地方政府教育支出行为的形成是一个复杂的过程，受到包括财政体制、地方财政支出偏好、竞争等多种因素的影响，需要学者深入探讨才能厘清其发展的机制，而专门对此予以关注并给出解释的文献相对较少。

第二，从研究内容看，涉及财政支出中各个项目的相互关系及互动过程的理论与实证研究已有了较丰硕的成果，揭示了我国在“财政分权、政治集权”的体制下，教育、医疗、环保等民生支出受到抑制的现实。但这些研究仅停留在公共财政层面讨论政府对生产性与民生性支出的偏好问题，未深入教育财政领域进行分析。教育财政支出与民生等其他支出存在怎样的互动关系？地方政府财政支出对教育存在怎样的偏好？目前针对民生支出的竞争、互动关系的研究需要特别关注，财政分权背景下地方政府教育支出行为的差异、影响因素等问题尚未进行深入讨论。

第三，从研究方法看，现有研究使用的研究方法对财政支出的动态过程关注较少。地方政府预算是一个年度渐进变化的过程，各项支出间不仅具有竞争性，还具有动态演进的特征，特别是在财政收入增速不同阶段可能会呈现出不同特征。因此，单一使用量化研究和质性研究方法均很难完整反映地方政府财政决策的过程，同时对地方政府教育支出行为的形成和发展的过程讨论不足，需要在数据实证分析的基础上，进一步补充具体的案例研究，以便更深入地探讨财政分权背景下地方政府教育支出行为的实践演进、不足和对策建议。

第四，从研究数据看，我国大部分的教育财政支出由地方政府完成，而现有财政支出竞争的研究大多采用全国或省级数据进行分析，存在一定局限。教育财政体制改革问题涉及了省、市、县三个不同层级的地方政府，并且根据研究主题和数据特点，也需要采用省级面板数据或市县级面板数据回归分析对变量间的经济关系进行研究。

基于以上分析，本研究将在充分吸收已有研究成果的基础上，运用实证研究方法探讨财政分权背景下地方政府教育支出行为问题。

第三章 研究设计

第一节 研究方法

对地方政府教育支出行为的探讨不仅需要从政治学的视角切入，同时需要经济学、教育学等多学科理论和分析范式的综合运用，具体探讨政府决策行为背后的各方博弈过程，这就要求不仅要有量化的数据分析，还要有深刻的案例分析与讨论，不断彰显地方政府教育支出现象的广度与深度。本书坚持从多学科视角出发，以实证分析法[①]为主，结合规范分析法、历史分析法和案例分析法，通过文献分析、问卷调查、结构和非结构式访谈、个案分析、实地考察等调研方法，分析探讨地方政府教育支出行为的普遍规律和发展趋势，发掘隐藏在现象背后的真实问题，深入理解数据背后的意义，形成对研究议题全方位、立体化的解释。一方面，实证分析和规范分析相互补充；另一方面，利用统计年鉴等资料分析宏观面板数据的动态特征，结合实地调查数据，为不同行政区划范围或地理单元内的地方政府教育财政支出行为提供实证描述。具体而言，本书主要运用了以下三种研究方法。

---

① 这里的“实证分析”与通常所指的“经验分析”(empirical study,也常被称为“实证研究”)略有差别,后者是更为具体的研究范式,文中的实证分析主要是利用统计数据进行描述性统计和计量分析。

一、实证分析法

实证分析也叫实地研究，与规范研究相对应。实证分析法是基于当前社会或学科现实，揭示客观现象内在构成因素及其普遍联系，归纳概括现象本质及其运行规律的研究方法。本书中的实证分析主要回答财政分权背景下，我国的地方政府教育财政体制、地方政府行为“是什么”“怎么样”，属于实然问题。研究采用描述性统计分析、聚类分析和多元回归分析等多种统计分析方法，具体来说：（1）采用省级面板数据和市县级面板数据回归分析对变量间的经济关系进行研究。在利用面板数据进行分析时，计量检验中还利用 Hausman 检验方法对随机效应或固定效应模型进行选择。（2）采用面板数据的截面固定效应消除不随时间变化的不可观测的地方政府特征；寻找影响地方政府教育支出偏好但不直接影响结果的工具变量。义务教育财政政策改革的效果研究拟采用双重差分等识别策略对政策与行为进行评估。（3）考虑到省级政府和市县级政府在基础教育中定位的差异，本研究在计量模型设定时对基于省级和市县级的面板数据分别采用不同的计量模型，分别讨论现有基础教育财政体制下省级和市县级政府不同的教育支出行为。

二、规范分析法

规范分析也被称为规范研究，由美国管理心理学家 S. 皮尔尼克提出，是对事物运行状态做出是非曲直主观价值判断的一种方法①。《政治学辞典》介绍的规范分析法的基本研究途径有两种：（1）先验推理法，即研究者从能够用理智或直觉认识的一般理论开始推论得出合乎逻辑的结论。（2）后验推理法，即研究者通过寻求对各个事件的理解，确定事件的原因并得出一般性结论②。规范分析法起初被用于进行会计理论研究，后逐渐扩散至政治学、教育学、财政学等各个领域。在会计领域中，

① 于子明.管理心理学辞典[M].北京:解放军出版社,1990:195.

② 王邦佐.政治学辞典[M].上海:上海辞书出版社,2009:15-20.

规范分析法有广义和狭义之分，广义上把在实证分析法出现之前的所有方法都称为规范分析法，狭义规范分析法是通过提出问题、收集资料、加工资料、分析资料后，以文字叙述相应研究成果的方法①。若将规范分析法应用于我国的财政税收学，就是指根据社会主义经济是市场经济这一制度前提，以公平与效率为两大基本社会准则，判断当前所运行的财政制度是否与上述前提和准则相一致，并进一步对财政制度的改革问题进行探讨和分析②。本研究运用规范分析法，回答我国的地方政府教育财政体制、地方政府行为"应该是怎样的"的应然问题，是对现实问题的回应。具体而言，本书关于财政分权与地方政府教育支出行为的研究，以第一代财政分权理论、第二代财政分权理论为基础，运用规范分析判断义务教育财政分权及地方政府行为存在的问题，对存在的行为偏差进行解释，并据此提出改善我国地方政府教育支出行为的基本措施和思路。

三、历史分析法

历史研究涉及对过去所发生事件的了解和解释，需要以上下贯通的眼光，动态考察我国地方政府教育支出行为不同时期的成就、变化等内容，将之放在全局之中上下联系起来分析③。历史分析法正是借助于对相关社会历史过程的史料进行分析、破译和整理，以认识研究对象的过去、研究现在和预测未来的一种研究方法④。历史分析法是社会科学研究的重要方法，尤其是在对宏大社会现象进行研究或者对社会现象进行历史性考察时，历史分析法都是不可缺少的⑤。运用历史分析法，不仅

① 郭宇思，刘满，邬宗稳.浅析会计理论研究的规范方法和实证方法[J].商场现代化，2015(13)：255-256.

② 姜欣然.论财税法学学科研究思路之独特性：以财税法学与财政税收学的比较为中心[C]//刘剑文.财税法论丛：第13卷.北京：法律出版社，2013：273-288.

③ 陈其泰.历史分析法在史学史研究中的运用[J].史学理论研究，2018(1)：37-44.

④ 裴娣娜.教育研究方法导论[M].合肥：安徽教育出版社，2006：136.

⑤ 付卫东.我国义务教育学校教师绩效工资制度改革研究[M].北京：中国社会科学出版社，2018：70.

有助于全面了解事件的真相和预测事件未来的发展趋势，还能透视不同时期我国地方政府教育支出行为的时代特点，从而更恰当地评判其价值。而教育科学中的历史研究法，顾名思义，是以历史研究法来研究教育科学，是通过搜集某种教育现象发生、发展和演变的历史事实，加以系统客观的分析研究，从而揭示其发展规律的一种研究方法①。本书运用历史分析法，通过收集国内关于地方教育政策文件及地方教育志，以及地方义务教育学校财政绩效评价报告文本等资料，总结地方政府教育支出行为的典型模式、注意力关注等特征，解释和分析地方政府教育支出行为等。此外，本书通过梳理我国财政体制变迁、地方政府行为和基础教育财政体制改革之间的历史演变，全面了解基础教育财政体制改革的历史背景，并预测我国地方政府教育支出行为的发展趋势。

四、案例分析法

案例分析法，又称个案研究法，最初是由哈佛大学于1880年开发完成，后被哈佛商学院用于培养高级经理和管理精英的教育实践，后来又被许多企业借鉴过来作为培养员工的一种重要方法，逐渐发展为今天的案例分析法②。案例分析法要求把实际工作中出现的问题作为案例，并进行深入分析，从案例中提取关键要素③。除此以外，案例分析法在理论建构、研究议题和研究方法等方面对教育研究均具有启示作用，在教育领域的研究中具有重要的实践意义。为深刻解释地方政府教育支出行为，挖掘政府行为背后的社会、经济、组织等影响因素，本课题组通过多途径搜集政策文本、国家和地方统计年鉴等相关资料，并使用结构化访谈、问卷调查等方式进行补充和印证，对地方政府教育支出行为进行个案研究。通过学习典型案例、分析典型案例，为理解地方政府行为、落实各级政府教育支出责任、健全教育财政投入持续增长机制提供实证基础。

---

① 付卫东.我国义务教育学校教师绩效工资制度改革研究[M].北京：中国社会科学出版社，2018：70.

② 倪海珍.案例分析法在心理健康教育中的应用[J].教学与管理，2012(6)：137-139.

③ 吴艳华.案例分析法在经济法教学中的应用[J].教育探索，2010(5)：80-81.

第二节 模型设定

本节将对量化分析的计量模型进行介绍。省级面板数据主要考察省内教育财政决定因素和省内教育财政支出差距的决定因素，分别设定如下几个计量模型。

模型 3.1：市级政府教育支出努力程度的基本计量模型

$$Y=\beta_0+\beta_1 DT+\beta_2 NC\times DT+X\gamma+\lambda+\varepsilon。$$

其中，β_0 为回归常数项，β 为回归系数，DT 指的是时间变量，NC 指的是空间效应。β_1 为时间变量的回归系数，β_2 为空间效应的回归系数。Y 是因变量，X 是自变量，γ 为 X 的回归系数，λ 是系数，ε 为随机扰动项。

若β_2显著为正，则说明中央政府的教育财政支出行政命令对增加县域内基础教育投资的影响更大；否则，教育财政增量投入更多地投向市辖区。此外，我们还将时间变量替换为年份虚拟变量检验了县域内各年份的基础教育投入情况。

X 为其他影响地方政府教育财政支出的控制变量，如反映财政支出自由程度的财政自给率①、经济发展水平②、作为地方政府对基础建设投资偏好的代理指标外商直接投资、人均转移支付量③等外部经济指标。

---

① 本级预算内收入除以本级一般预算内支出，它也能部分地反映地方政府的财政支出结构。考虑到财政自给率对支出影响的非线性影响，最终模型还加入了其平方项。

② 国内生产总值对教育财政支出影响的主要理论依据是瓦格纳定律（Wagner's Law），其核心观点是：公共支出会随着人均产出的增长而增长。作为公共财政支出的重要类目，教育经费支出理论上也应受其影响。

③ 由于“粘蝇纸效应”（Flypaper Effect）的存在，上级的转移支付对下级政府的支出具有较大的影响。“粘蝇纸效应”的提出源于财政理论预测与实际数据的偏差。如果一个地方的财政收入是其居民收入的 5%，而收入对地方公共物品的需求弹性为 1（即增加 1 单位收入则增加 1 单位公共支出），那么，上级对地方的拨款中将会有 5% 用于公共支出。但是该理论预测得不到经验数据的支持，实证研究发现，各地方政府的开支增长从财政拨款的 25% 到 200% 不等，而平均估计超过 50%（缪勒，2010）。

中小学在读学生数占人口比例、市辖区和县域内人口占比等变量①均是基于基础教育需求方面的考虑。

模型 3.2：市级财政支出偏好基本计量模型

$E\ (edue,\ sise,\ mdie) = f\ (fr,\ ftr,\ pop,\ gdpp,\ arg,\ dens,\ urr)$。

其中，因变量 *edue*、*sise*、*mdie* 分别表示地级市教育支出、社会保障支出和医疗卫生支出。自变量中，*fr* 为地级市的一般预算收入（不含转移支付），*ftr* 为地级市接受的上级转移支付额度，这两个变量的系数用于后期测量地方政府的财政偏好。

控制变量中，*pop* 表示地级市的人口总量，*gdpp* 代表人均国内生产总值，*arg* 表示第一产业占国内生产总值比重，*dens* 代表人口密度，*urr* 代表城市化率。

模型 3.3：省内教育财政体制的影响因素基本计量模型

$$EdFD_{it} = c + \alpha\ FD_{it} + \beta\ FS_{it} + \gamma\ Ftr_{it} + X_{it} + \varepsilon_{it}。$$

其中，c 为常数项，i 表示第 i 个省，t 表示第 t 年，α 为省内财政分权的系数，β 为财政自给率的系数，γ 为两类转移支付的系数，ε为随机扰动项。

因变量 *EdFD* 为省内教育财政分权度，用以表示各省教育财政体制的差别，在文中也被视为省级政府关于教育支出的行为选择。*FD* 为模型的核心自变量之一，它表示省内财政分权度，以县级财政支出占全省财政支出比例衡量；*FS* 表示省级财政自给率，它是指省级政府在所有的财政支出中有多少比例来自省内的各项财政收入，它不仅在一定程度上代

---

① 人口因素对教育财政产生至关重要的影响，Alesina 和 Wacziarg 的研究表明，由于公共物品供给存在规模效益，人口越多的国家，政府支出的规模（政府财政支出占国内生产总值的比例）则越小；跨国数据的经验证据也显示了人口规模和政府支出总量以及教育支出之间的负向显著关系（Alesina & Wacziarg，199）。同时，人口结构对公共教育支出产生显著的影响，产业结构、城市化程度等都影响公共教育财政支出行为模式（Burney，2002）。ALESINA A，WACZIARG R.Openness，country size and government[J].Journal of public economics，1998，69(3)：305-321；BURNEY N A.Wagner's hypothesis：evidence from Kuwait using cointegration tests[J].American economic association：applied economics，2002，34(1)：49-57.

表了省级政府财力的情况，还能反映出一省对财政资金使用的自由程度。*Ftr* 代表中央政府对省级政府的转移支付。我国中央对省级政府的转移支付主要包含了税收返还、一般转移支付、专项转移支付和原体制补助等四个部分，如果仅利用财政支出减去财政收入，不能反映转移支付的结构。不同转移支付结构对下级政府的财政支出行为的影响是不一样的。

变量 *X* 是控制变量，主要包含以下几个指标：（1）中小学学生数量占人口比重。从历史上看，县级政府负担了大部分基础教育财政支出，一般来说中小学学生占比越大，对教育需求则越高，县级政府须承担更多的支出责任。（2）每万人口在校大学生数。省内高等教育主要由省级政府负担，在校大学生比例越高，则需要省级政府拿出更多的教育财政资金①。（3）城市化率。该变量主要基于城市化推动教育需求提高的考虑。（4）经过价格指数调整后的人均国内生产总值的自然对数。该变量的引入主要是为了控制经济发展水平对教育财政分权的影响。（5）人口总量。

第三节　数 据 描 述

本研究涉及了大量的宏观数据和众多经济、社会、财政和教育等方面的指标，数据主要来源于各类统计年鉴和政府统计资料。笔者历时一年多，对宏观数据进行整理，最终形成了本研究中的两个主要数据集，即省级（1995 年至 2007 年）和市级（2007 年至 2012 年）数据集，前者包含了除北京、上海、天津、重庆四个直辖市外的 27 个省份的数据，后者涵盖了 282 个地级市②（包含省会城市）的数据。

研究中使用的统计资料主要有历年《中国统计年鉴》《全国地市县财政统计资料》《中国县（市）社会经济统计年鉴》《中国城市统计年鉴》《中国区域经济统计年鉴》《中国教育经费统计年鉴》《中国教育年鉴》等，涉及国外的数据主要来源于经济合作与发展组织的数据库和美

---

① 在我国高等教育财政体制框架下，部属高校的财政经费主要由中央财政承担，因此在统计万人在校大学生数时，我们将部属高校大学生人数予以剔除。但各地方财政补助部属高校的经费，由于数据不可获得，未予排除。

② 本研究将市级数据视为各县级单位的汇总，具体选择原因在对应章节会作出详细说明。

国教育部数据库。计量模型中的数据来源见表3-1，案例研究的数据和资料来源见具体章节。

表3-1 数据来源

文献资料	数据收集者	选取的变量
《中国统计年鉴》	国家统计局	各省（不含直辖市）的国内生产总值、人口、人口密度、辖区面积、下辖县级单位数量等
《新中国六十年统计资料汇编》	国家统计局	各省万人中小学数量、万人大学生数、城市化率等
《中国县（市）社会经济统计年鉴》	国家统计局	各县人口数、县城人口数、中小学生数等
《中国城市统计年鉴》	国家统计局	各市地方政府一般预算内收入、一般预算内支出；市辖区一般预算内收入、一般预算内支出和教育支出；普通中学生数量、普通小学生数量、产业结构、房地产信息、辖区面积、全市及市辖区人口数等
《中国区域经济统计年鉴》	国家统计局	各市一般预算中教育支出、医疗卫生支出、社会保障支出等
《全国地市县财政统计资料》	财政部	各省内省本级、市本级、县本级财政支出与教育财政支出；各省转移支付及其结构
《中国教育经费统计年鉴》	教育部	各省各层级生均经费相关数据
《中国教育年鉴》	教育部	各省中小学生数、危房率等

3个主要计量模型使用的是面板数据，这里对研究中的数据选择的时间作出一定说明：

模型3.1、模型3.2使用的是2007年至2012年的市级面板数据，该数据集时间跨度为6年，涵盖282个地级市，合计1692个观测值。

模型3.3使用的数据是1995年至2007年的相关统计数据，建立了一个时间跨度为13年，包含27个省份，样本量为351的省级面板数据集。之所以选择1995年为研究的时间起点，主要是考虑到1994年的分税制改革后我国财政体制和省以下财政体制发生了较大变化；以2007年为研究时间截止点，主要是受到《全国地市县财政统计资料》的出版时间所限。

第四节　变量说明

研究中的计量模型包含了众多变量，本节中笔者将就各模型中的各个变量的可操作化定义进行具体的说明。

模型3.1的主要目的是考察市级政府教育支出努力程度的影响因素。被解释变量教育支出努力程度包括四个指标，其中，三个为比例指标，一个为水平值。而这四个指标中，教育经费在年度预算内财政支出中的比重、在国内生产总值中的比重是主要的度量指标，教育经费支出较上一财政预算年度的环比增长率和生均支出这两个变量仅做稳健性检验用。

时间变量和空间效应是核心解释变量，除了用时间变量标记政策话语表述的强度外，我们也以虚拟变量的形式将时间趋势项加入模型，考察各年度的相对强度。此外，我国的市辖区通常为城市中心地区，而且发展程度、基础设施等方面更具优势，而县域内空间包括发展程度相对较低的广大农村或远郊及县（区）①。鉴于此，我们通过虚拟变量的方式识别“市辖区”和“县域内”。而在检验政策时效内的空间分布效应时，直接利用时间变量与空间效应的交互项即可获得具有经济意义的估计参数。

模型3.2的主要目的是考察市级政府民生支出中的偏好问题。文中分别以教育支出、社会保障支出和医疗卫生支出为因变量建立3个计量模型，3个模型的自变量保持一致。自变量中，*fr*为地级市的一般预算收入（不含转移支付），其估计系数表示当一般预算收入（不含转移支付）增加1元时，基础教育、社会保障和医疗卫生的增加值；*ftr*为地级

① 在欧美国家，城市市中心反而是不受欢迎的地方，经常是流动人口、贫困人口集中的地方，社会治安差、生活环境更加恶劣。

市接受的上级转移支付额度，其估计系数表示当转移支付增加 1 元时，基础教育、社会保障和医疗卫生的增加值，这两个估计系数将用于后期测量地方政府的财政偏好。

模型 3.2 引入控制变量的目的主要是尽量排除其他因素对核心自变量的影响。

模型 3.3 中的因变量为省内教育财政分权度，在计量过程中采用县级教育支出占全省教育支出比重予以表示。选择利用县级支出占比描述教育财政分权度，主要是借鉴了现有文献中关于财政分权指标的界定。现有研究中，对财政分权的度量问题一直都存在一定的争论，实际操作中度量方法也不尽相同，但是大部分文献均采用“地方政府支出占政府总支出比重”来衡量财政分权的程度。具体到本模型中定义的教育财政分权度，它表示县级教育支出占全省教育支出的比重越大，则说明该省的教育财政体制支出重心越低，同时也越“分权”。相反地，省本级教育支出占全省教育支出比重越大，则说明该省的教育财政体制重心越高，越“集权”。

自变量中，省内财政分权度用县级财政支出占全省财政支出比重进行测量，该方法与傅勇（2010）、张晏（2013）等的方法一致，也是现阶段大多数文献用以测量财政分权度的方法。并且该变量的引入主要是考虑到省以下财政体制对教育财政体制的重大影响作用。

代表省级财政自给率的变量有两个。第一个指标是全省财政自给率，其计算方法为：（全省一般预算收入-中央转移支付）/全省财政支出；第二个指标是县级财政自给率，其计算方法为：（县级一般预算收入-上级转移支付）/县级财政支出。这两个变量描述了一省财政收入的结构和财政支出的自由程度。

代表中央政府对省级政府的转移支付的变量在计量中被分为了三个类别，分别是不含税收返还的中央转移支付、专项转移支付占转移支出总额比重和人均净转移支付，三者从不同的角度描述了中央政府对省级政府的转移支付情况。笔者在考虑转移支付时剔除掉了税收返还，主要是因为税收返还本身就具有自有财力的性质，在省级支出行为中一般将其视为自有收入。不含税收返还的中央转移支付是转移支付的总量指标，描述了中央政府对一省的支持力度；专项转移支付占转移支出总额比重是转移支付结构指标，描述了中央政府对一省的转移支付是否以专项转移支付的形式居多；人均净转移支付是转移支付的人均指标，主要是考虑到各省的人口数量差距较大，特别是西部地区、民族地区省份人口较少，但获得的转移支付相对较多等因素，这里取自然对数。

模型 3.3 的其他控制变量主要包含了社会经济和教育需求方面的变量，主要有国内生产总值、人口、人口密度和学生数量等。

第四章　地方政府教育支出行为理论研究

自20世纪80年代财政分权改革以来，我国省及省以下政府承担了基础教育发展的主要支出责任①。在义务教育实现由“人民教育人民办”向“人民教育政府办”的历史性转变后，不同区域政府教育支出行为与努力程度呈现出较大的差异，这种差异与财政分权制度改革有着直接关联②。在“财政分权、政治集权”背景下，地区间教育支出的差异性在一定程度上反映出地方政府教育支出行为偏差性。比如，财政支出中生产性支出比重过高、财政转移支付对地方政府财政支出产生“挤出效应”等现象。此外，中西部地区农村教师收入长期陷入“低水平陷阱”以及由此导致的教师队伍不稳定现象，均折射出政府教育支出行为的偏差。

在政府教育支出偏好上，当前普遍存在“重物轻师”“重生轻师”的问题。各级政府对于校舍、设施设备等投入的热情远远大于对人投入的热情；在对人的投入中，政府主要关注减轻家庭和学生负担，对教育中最活跃的劳动力——教师，长期以来缺乏真正的关注。我们一直用道德感召和职业标准要求教师勇于奉献，却在物质条件保障上没有为教师，尤其是农村中小学教师提供相应的收入。这些问题的引发机制很复杂，但政府角色错位、央地关系博弈及财政分权改革与此有直接关联。在

---

① 杨良松.中国的财政分权与地方教育供给：省内分权与财政自主性的视角[J].公共行政评论，2013，6(2)：104-134.

② 张晏，李英蕾，夏纪军.中国义务教育应该如何分权：从分级管理到省级统筹的经济学分析[J].财经研究，2013，39(1)：17-26.

2012年我国财政性教育经费占国内生产总值的比例达到4%的目标实现后，构建财政性教育经费持续增长机制固然重要，但更重要的是关注教育经费合理配置问题，以推动教育改革和发展目标的顺利实现。在此意义上，探讨财政分权背景下地方政府教育支出行为具有重要意义。

学术界有关财政分权与地方政府教育支出的研究大致有两种路向。一种从财政分权与政治集权的角度论证了地方政府存在“生产性偏好”而忽视教育支出，此类研究仅讨论了教育与非教育支出的差异性，未能探讨教育系统内部教育资源配置的结构性差异；另一种从教育系统内部探讨地方政府教育支出行为，但这种研究忽略了地方政府的利益偏好与行为模式。本研究试图结合上述两种研究视角，从理论与实践层面对财政分权背景下地方政府教育支出行为进行探讨。

第一节 财政分权与地方政府行为的理论审视

半个多世纪以来，财政分权一直是政治经济学、财政学研究的重点议题，学者们从地方政府行为、公共物品供给和经济增长等视角对此进行了大量的研究。一般认为，财政分权理论兴起的标志是 Tiebout[①] 对地方政府支出理论的研究，此后经由其他学者的修正与完善，围绕多层级政府体制下地方政府公共物品供给与财政职能划分问题，形成了较完整的第一代财政分权理论。该理论认为，相对于中央政府，地方政府在辖区居民公共物品偏好上具有信息优势，因此有必要赋予地方政府独立税权，并在中央与地方政府间就公共物品供给确立一定分工原则。在地方政府行为方面，由于“用手投票”的选举机制和“用脚投票”的人口流动机制的存在，地方政府间会为争取政治支持而围绕公共物品供给展开竞争，而竞争将提高社会公共物品的供给效率与水平，这种机制被称为蒂布特机制或蒂布特模型。

财政分权推动地方政府改善公共物品供给的逻辑推演，是建立在

① TIEBOUT C M.A pure theory of local expenditures[J].Journal of political economy,1956,64(5):416-424.

“仁慈政府”假设之上的。该假设认为政府的功能是维护民众权利，为民众谋求福祉。由于该理论假设与现实情形有着一定差距，学者们在吸收委托-代理与公共选择理论的基础上形成了第二代财政分权理论。钱颖一和 Weingast 将政府内部运行机制与官员激励引入财政分权理论，提出了“市场维持型联邦主义”，正式构建了第二代财政分权理论①。该理论强调政府行为与官员激励的重要性，超越了单纯的作为经济问题的财政分权理论，实现了“财”与“政”的结合。在“市场维持型联邦主义”理论框架下，财政分权提高了地方政府发展经济的积极性，财政支出偏好有利于经济增长而非与民生相关的公共物品的供给。

第二代财政分权理论还强调官员参与政治的自利行为，认为在中国体制下，官员晋升激励源于上级政府对下级官员的考核目标而非居民偏好。沿着第二代财政分权理论中官员激励的思路，Blanchard 和 Shleifer 研究认为，地方官员之所以有着强烈发展经济的激励，是由于中央政府利用人事权激励地方官员，即地方官员偏好来源于中央政府偏好②。周黎安运用一个“锦标赛”博弈模型分析了官员间的激励与合作行为模式。政治晋升激励下，官员关心的核心问题是自己与竞争者的相对排名，因此官员不仅有激励去做有利于本地经济发展的事，也有激励去做不利于其他竞争对手的事③。另外，针对地方政府和官员激励，林毅夫等学者指出，在中国现有制度框架下，扩大地方民主是增加地方政府“合意性”的一个有效途径。

大部分关于我国地方政府财政支出行为的实证研究得出了与蒂布特机制相反的结论，即我国财政分权并未促进地方政府对包括基础教育在内的地方公共服务需求的有效回应。其原因在于：第一，由于户籍制度的存在与选举制度的差异，“用手投票”和“用脚投票”的制度基础不

---

① QIAN Y Y, WEINGAST B R. Federalism as a commitment to preserving market incentives[J]. Journal of economic perspectives, 1997, 11(4): 83-92.

② BLANCHARD O, ANDREI S. Federalism with and without political centralization: China versus Russia[J]. IMF staff papers, 2001, 48: 171-179.

③ 周黎安.晋升博弈中政府官员的激励与合作:兼论我国地方保护主义和重复建设问题长期存在的原因[J].经济研究,2004(6):33-40.

存在，蒂布特机制难以发挥作用①；第二，财政分权下地方政府形成了各自的利益主体，其主要关注经济增长与财政收入，基础教育发展由于对短期内经济增长作用不大而被忽视②；第三，政治集权导致地方官员更关注与自身晋升相关的考核指标，例如国内生产总值增长等，而教育发展与官员晋升关系不大，所以基础教育财政投入激励不足③。

现有研究揭示了在“财政分权、政治集权”的体制下，地方财政支出中存在较强的生产性支出偏好，由此导致基础设施建设发展较快而教育、医疗、环保等民生支出受到抑制。但是，这些研究仅停留在公共财政层面讨论政府对生产性与民生性支出的偏好问题，未深入教育财政领域进行分析。从财政分权与地方教育支出行为看，以下三个方面的问题必须予以关注：首先，基础教育支出责任虽然主要由地方政府承担，但我国地方政府包括了省、市、县和乡（镇）四个层级，不同层级政府有着不同的行为模式，省及省以下政府在教育发展中的权责划分及其相互博弈也有待深入探讨；其次，现有研究对教育财政转移支付中“挤出效应”问题的分析，缺乏对地方政府行为及其所面临约束条件的深度分析；最后，城镇化发展、人口流动引发的随迁子女的教育财政问题使属地化的教育管理体制和财政体制面临挑战，探讨流入地与流出地教育财政责任亦是分析地方政府行为的重要内容。基于以上考虑，本研究从财政分权视角剖析地方政府教育支出行为及偏差问题，希望对我国基础教育财政体制改革有所帮助。

第二节 财政分权改革与地方政府行为分析

改革开放初期，高度集中的财政体制严重制约了地方政府的积极性。为改变这一局面，中央政府适时推动了财政分权改革，这项改革主要经

---

① 乔宝云，范剑勇，冯兴元.中国的财政分权与小学义务教育[J].中国社会科学，2005(6)：37-46，206.

② 傅勇.财政分权、政府治理与非经济性公共物品供给[J].经济研究，2010，45(8)：4-15.

③ 周黎安.中国地方官员的晋升锦标赛模式研究[J].经济研究，2007(7)：36-50.

历了财政包干制（1980年至1993年）和分税制（1994年至今）两个阶段。在此过程中，央地财政关系变化、地方政府利益主体形成及政府激励等因素对地方政府行为产生了深刻影响。

一、财政包干制与地方政府行为

1980年试点的财政包干制的基本思路是中央对省级政府财政收支进行包干，地方收入增量可按一定比例留下，地方收入减少则不予补助或减少补助。财政包干制是典型的分权化改革，它比较清晰地划分了中央与地方的收支范围与利益边界，在将更多财权与财力下放给地方政府的同时也将部分事权划给了地方。财政分权改革重新厘定中央和地方利益关系，深刻地改变了地方政府的激励机制。

首先，财政分权强化了“一级政府一级财政”的格局，地方政府形成了明确的利益主体意识。地方政府积极与上级政府就财政分配讨价还价，利益边界也在中央与地方博弈中逐渐清晰。地方政府可以根据自身的利益边界，明确自身的财政预期，在能从财政增收中获取较多好处的条件下，提高地方发展经济的积极性。但是，由于包干形式是中央与地方政府一一谈判确定的，没有统一标准，地方政府财政留存的数量在很大程度上取决于其谈判能力。张闫龙的研究指出，地方政府谈判的筹码就是地方经济发展，并且地方政府的利益主体意识逐渐增强，表现在下级政府可以严格地划分上级的利益和自己的利益，同时能够就改革政策对自身造成的影响进行系统周密的计算。当感到利益受损时，地方政府不但敢于向上级要求应当属于自己的利益，而且不惮于表达对上级政策的不满①。

其次，财政分权加速了地方政府间竞争，地方政府逐渐成为追求地方经济与财政收入增长的利益主体。地方政府在“放水养鱼”的目标下大力招商引资，发展乡镇企业以扩大税源，积极推动地方工业化②。地

① 张闫龙.财政分权与省以下政府间关系的演变：对20世纪80年代A省财政体制改革中政府间关系变迁的个案研究[J].社会学研究，2006(3)：39-63.

② 张闫龙.财政分权与省以下政府间关系的演变：对20世纪80年代A省财政体制改革中政府间关系变迁的个案研究[J].社会学研究，2006(3)：39-63.

方政府积极介入企业发展、开辟预算外收入，这种行为模式被称为“地方国家公司主义”①。财政包干制按企业隶属关系划分企业所得税，按属地原则划分流转税，地方财政对企业税收依赖加强，这就导致地方政府倾向于多办自己的企业，低水平重复建设现象严重。地方政府对市场和商品流通的干预还在一定程度上推动了地方保护主义的形成。

最后，财政包干制赋予了地方政府特别是省级政府安排域内财政体制的权力。虽然省以下财政体制各有不同，但在财政包干制的思路下，各级地方政府均产生了强烈发展经济、扩张本级财政收入的冲动，省及省以下三级政府（省、市、县）之间的互动博弈也日趋激烈。伴随着中央向省级政府下放财权与事权，省级政府也将与民生相关的事权下放到市县和乡镇，逐步形成了公共服务支出的“低重心”局面。

财政包干制是为适应改革开放需要而进行的一次财政分权化改革尝试，它在推动经济体制转型的同时，也对中央-地方关系产生了重要影响，进而导致了地方政府行为的巨大变化。通过对财政包干制下地方政府行为的分析，我们可以看出，地方政府行为符合第二代财政分权理论有关自利型政府的假设。

二、分税制与地方政府行为

中央政府于 1994 年开始推行的分税制是在中央财政出现困难，财政包干制弊端逐步显现的背景下提出的。在实行了多年的财政包干制以后，地方政府积累了大量财力，中央财政比例过小，造成了中央对经济的调控乏力，中央权威受到了一定损害。另外，20 世纪 90 年代初期，深化市场经济改革，要求摈弃以政府调控为主的模式，转向以市场调控为主的模式。应运而生的分税制改革在税制、收入范围、支出责任、转移支付制度等方面进行了较为彻底的变革，是一次全新的财政体制改革，既是中央和地方关系的一次重大转折，又是厘清政府与市场关系的一个重要拐点，对地方政府行为产生了重大影响。

① OI J C.Fiscal reform and the economic foundations of local state corporatism in China[J].World politics,1992,45(1):99-126.

从税制角度看，第一，中央和地方对企业税收的划分不再考虑企业隶属关系，而是将所有地方企业的税收以增值税的形式进行分享（中央占 75%、地方占 25%）。增值税导致了地方政府兴办企业收益减少，其积极性遭到打击。在这种情况下，地方政府逐步从直接参与企业经营管理转向了培育地方经营环境和招商引资上来。第二，营业税作为地方税收的重要构成，其主要来源是第三产业和建筑业，这导致地方政府对基础设施建设格外青睐，不仅积极鼓励建筑业发展，其自身也作为投资主体积极参与基础设施投资建设。第三，国有土地有偿使用收入被列为地方政府固定收入，在 20 世纪末土地与房地产市场改革后，地方政府对于土地、房地产开发的热情进一步高涨，逐步形成了地方政府的土地财政依赖。

从中央地方收支划分角度看，1994 年以后中央政府财政收入占比达到了 50% 以上，但包括基础教育支出在内的大部分事权仍由地方政府承担，形成了“收入集权、支出分权”的局面。这一方面强化了地方政府对中央转移支付的依赖，另一方面迫使地方政府通过各种方式增加预算外收入。在财权弱化与事权下移的双重作用下，县乡财政困难重重，为转嫁财政压力，县乡政府不得不向农民征收税费，因税负过重导致农民怨声载道，直接诱发了农村税费改革。此外，地方政府在事权与支出责任不匹配的条件下，还会通过以一些行政性和事业性收费、罚款以及变卖国有资产等方式获取其他收入。

从转移支付看，分税制改革后中央增强了财政再分配的能力，地方政府特别是中西部地方政府对中央转移支付依赖性不断提高。相对而言，西部地区对中央转移支付的依赖性最强。1994 年西部地区财政支出的约 20% 来自中央转移支付，在 20 世纪 90 年代后期西部大开发战略实施以后，中央加大了对西部地区的转移支付力度，转移支付占西部地区财政支出比重于 2000 年以后均在 50% 以上。中部地区自有财力也较弱，与西部地区有着同样的增长趋势，只是在比重上略低于西部地区。东部地区对中央转移支付依赖程度不高，其财政支出中仅 10% 来自中央财政。由于中央政府转移支付中专项资金占比较高，在信息不对称的情况下，专项转移支付具有一定的人为性和随意性，上述制度安排引发了地方政府为争取项目资金“跑部钱进”以及“等政策、要资金”等行为模式。

以上分析表明，尽管地方政府的行为表现存在差异，但追求地区经济增长与财政收入增加仍然是不同时期其不变的行为模式。分税制前地方政府主要参与地方企业发展；分税制后地方政府主要采取投资基础设施、发展房地产、开辟新的预算外收入、“跑部钱进”等方式拓展地方财政资金。从历史视角透视财政分权与地方政府行为，进一步验证了第二代财政分权理论中有关政府自利性的假设。经济增长与财政增收是地方政府目标中的重要变量，而央地关系和地方利益是理解财政分权对地方政府行为影响的核心要素：当中央政策符合其利益时，地方政府显现出极大的热情；当二者利益冲突时，地方或另辟蹊径或转嫁成本，采用策略灵活应对。只有理解地方政府行为方能深刻理解政府教育支出行为。

第三节　地方政府教育支出行为分析

在“财政分权、政治集权”背景下，地方政府偏好经济增长目标，教育发展易被忽视。在“地方政府负责、以县为主”的基础教育管理体制下，地方政府的支出偏好势必影响其教育财政支出行为。现实中普遍存在的“重物轻教”“重城轻乡”“重物轻师”“上进下退”“地方保护”等现象，充分显示了地方政府教育支出行为偏好。

一、“重物轻教”偏好

我国地方政府教育支出行为存在较强烈的“重物轻教”偏好，即财政决策偏向生产性支出，地方政府对基础设施等与生产性相关的公共物品有较强偏好，相对忽视教育等公共服务。这种现象被 Keen 和 Marchand 称为“支出结构的系统性扭曲”，即在整个公共支出中，花费在公共投入上的太多，而花费在消费者能够直接受益的项目上的却很少[①]。除此

① 吕炜，郑尚植.财政竞争扭曲了地方政府支出结构吗：基于中国省级面板数据的实证检验[J].财政研究，2012(5)：36-40.

以外，章韬等对1994年至2003年分税制下受到中央政府约束的县域政府治理行为偏好进行分析，结果发现地方政府倾向于为本地提供生产性公共品而非福利性公共品[①]。也就是说，政府更倾向于将财政资源投资于见效快、政绩显著的基本建设支出，民生支出虽然在总量上有较大幅度提高，但在相对增长上仍然落后于财政支出总量和经济建设支出增长速度。

许多研究从省级政府层面证实了地方政府生产性偏好的存在，普遍发现中国的财政分权以及基于政绩考核下的政府竞争造就了地方政府公共支出"重基本建设、轻人力资本投资和公共服务"。已有文献也支持了以上结论。例如，乔宝云等的研究通过比较委任制下中国财政分权与西方财政分权思想的显著差别，以小学义务教育为例，发现地方政府存在资本投资偏好，中国财政分权可能忽视了地方的社会福利，并没有增加小学义务教育的有效供给，也没有带来地方小学义务教育水平的提高[②]；傅勇在研究财政分权背景下的财政体制和政府治理对非经济性公共物品供给的影响后发现，财政分权降低了基础教育的质量，降低了非经济性公共物品供给的效率[③]。此外，曹可成的研究发现，财政分权与基础教育支出效率间呈现显著的"倒U形"关系，财政分权水平较低时，基础教育支出效率由于供需错配而偏低，而对于财政分权度较高的地区，基础教育支出供给不足导致效率偏低[④]。郑磊的研究也指出，财政分权度和政府竞争度影响了地方政府的支出结构，对地方政府的教育支出比重具有显著的负效应，且分权的负效应会随着地方政府竞争程度的提高而更趋明显[⑤]。

县级政府是基础教育支出的主体，教育支出往往占据县级政府支出

---

① 章韬，李世林，苏慧.地区竞争下县域政府治理偏好与差异[J].经济科学，2022(4)：78-91.

② 乔宝云，范剑勇，冯兴元.中国的财政分权与小学义务教育[J].中国社会科学，2005(6)：37-46.

③ 傅勇.财政分权、政府治理与非经济性公共物品供给[J].经济研究，2010，45(8)：4-15.

④ 曹可成.财政分权视角下基础教育支出效率测度及影响因素研究[J].统计与信息论坛，2020，35(3)：113-121.

⑤ 郑磊.财政分权、政府竞争与公共支出结构：政府教育支出比重的影响因素分析[J].经济科学，2008(1)：28-40.

的较大份额。本研究所指的“重物轻教”偏好并不意味着生产性支出比例高于教育支出占比，而是指在财政增量中政府投资于教育的份额较少。尹恒等运用县级财政数据，发现在其他条件相同的情况下，县级财政每增加 1 元，在预算中会多支出 0.19 元用于生产性支出，高出正常情况 142%，而在教育和社会保障方面则要少支出 0.12 元，低于正常情况的 43%。县级政府不太愿意在教育、医疗和社会保障等福利性项目上支出，存在明显的生产性支出偏向①。还有研究者以公共教育的产品属性以及地市和县支出偏好为基础，重新审视中国式分权对地方教育支出的影响，结果发现在地市县教育职责同构和财政分权的背景下，县级政府边际教育支出倾向递减②。另外，有研究表明，预算内支出和预算外支出结构存在差异，预算内支出主要用于教育等公共物品，而预算外支出则主要用于满足当地基础设施等项目的资金需求③。因此，考虑预算外支出，财政增量中生产性偏好将体现得更加明显。

二、“重城轻乡”偏好

“城市偏向”是发展中国家经济社会发展中的普遍现象④。一般认为，我国在城乡发展政策、财政投入及公共服务等领域存在较明显的“城市偏向”。目前我国已经进入城镇化快速发展的新阶段，城市人口过密和乡村人口过疏问题日益突出。与之相对应，县市大班、大校与乡村小班、小校的两极化现象越发明显，乡村学校基本办学条件配置也越发困难。总之，我国农村义务教育各项投入均落后于城镇，城乡义务教育

① 尹恒，朱虹.县级财政生产性支出偏向研究[J].中国社会科学，2011(1)：88-101.

② 田志磊，杨龙见，袁连生.职责同构、公共教育属性与政府支出偏向：再议中国式分权和地方教育支出[J].北京大学教育评论，2015，13(4)：123-142.

③ 平新乔，白洁.中国财政分权与地方公共品的供给[J].财贸经济，2006(2)：49-55.

④ “城市偏向理论”(Urban Bias Thesis)是由 Lipton 于 1977 年在 *Why Poor People Stay Poor：A Study of Urban-Bias in World Development* 一书中提出的。其主要观点是：在大多发展中国家，由于城市阶层的组织性、游说能力和政治影响力远高于农村阶层，加之发展模式上倾向于“城市工业化”发展模式，政府实行了一系列偏向于城市发展的投资、税收、价格以及其他政策，城市享有了大部分资源，造成了城乡关系的扭曲和农民生活困境。

发展水平离均衡化发展还有一定的距离。财政分权改革后，基础教育领域的“重城轻乡”偏好更趋显著。

财政分权改革后中央将基础教育发展的事权下放给了地方，但对城乡教育发展支出责任主体采取区别对待政策。1985 年《中共中央关于教育体制改革的决定》指出，义务教育的要求和内容应该因地制宜。随后颁布的《中华人民共和国义务教育法实施细则》第五条规定，实施义务教育的过程中，城市以市或者市辖区为单位进行组织；农村以县为单位进行组织，且要落实到乡（镇）。第三十条规定，对于实施义务教育的学校新建、扩建、改建所需要的资金，在城镇应当由当地人民政府列入基本建设投资计划，或通过其他渠道筹措；在农村，由乡、村负责筹措，县级人民政府对有困难的乡、村可酌情予以补助。

按照上述规定，城市与农村义务教育支出的政府层级是不一样的，城市是市、县，而农村则是乡（镇）和村。由于城乡财力差距较大，上述制度显露出强烈的城市教育偏好。1994 年分税制改革后，我国城乡差距进一步扩大，许多中西部地区农村教育陷入困境，地方政府乱收费、乱摊派催生了税费改革和“以县为主”的教育管理体制改革。2001 年“以县为主”的农村义务教育管理体制及 2006 年“农村义务教育经费保障新机制”的先后实施，虽然有助于教育财政支出层级提高，但城乡生均支出差距的扩大趋势仍未根本改变。

多项研究发现，我国教育财政投入在城市义务教育和乡村义务教育之间进行分配时，城市义务教育投入要高于乡村义务教育投入。当前我国义务教育仍然存在较大规模的农村生源，但受到城乡二元结构的影响，相对于城镇义务教育的财政投入，国家在农村义务教育的财政投入上仍有待提高。2012 年以来我国农村小学、初中生均教育经费都呈现逐年增长的趋势，但农村学校生均教育经费投入显著低于城市学校。截至 2019 年，农村小学生均经费与城市的差值达到 2556 元，农村初中生均经费与城市的差值则有 6332 元，并仍有继续扩大的趋势①。吕普生的研究显示，

---

① 戎乘阳.我国农村义务教育经费投入研究[J].经济问题,2022(1):101-106.

生均教育经费的城乡差异一直存在，且绝对差值依然相当大；城乡之间的教师合格率差异微弱，但教师质量却一直维持着巨大差距，教师质量的城乡差距并没有明显的缩小趋势①。也有学者发现，总体上看城乡之间的差距并不是很大，但个别省份城乡之间的差距明显②。

此外，虽然国家近年大力推进义务教育均衡发展，但类似“窗口学校”“重点学校”等教育政绩工程、形象工程建设仍然是禁而不止，这类学校绝大部分集中在城区和县城。在预算外教育投入方面，笔者在实地调研中发现，除了预算内教育经费存在城市偏好外，地方财政预算外收入和政府基金收入，比如土地出让金中用于教育的部分也大部分流向了城市，这进一步加剧了城乡教育投资的差距。

三、“重物轻师”偏好

上文中“重物轻教”偏好是指公共财政中地方政府偏好生产性支出而忽视教育投入，而“重物轻师”偏好是指在教育支出中，地方政府偏好教育基础设施等物质资本投入而忽视教师等人力资本投入，尤其是忽视农村教师收入和福利待遇。另外，由于上级的转移支付主要是针对学校基础设施建设、保证学校运转和学生补助，这几项支出增速较快，而县级政府自行负责的教师工资增长缓慢。

研究表明，中西部一些地区中小学危房率明显下降，基础设施得到了较大改善，但教师收入却增长缓慢，这是教育支出中重视基础设施、轻视教师的一个突出表现。湖北省小学基本工资和基本建设支出数据分析显示，2009 年绩效工资改革后到 2012 年，基本工资总额由 34.11 亿元增长到 37.84 亿元，仅增长 10.9%；而基本建设支出由 1.07 亿元提高到 6.97 亿元，增长近 6 倍③。此外，杜晓利对中小学教师年均工资水平进

① 吕普生.中国义务教育发展的不均衡性及其决定因素：基于 2000—2008 年数据的实证分析[J].中国软科学,2013(9):82-96.

② 柳海民,李子腾,金熳然.县域义务教育经费投入均衡状态及改进对策[J].东北师大学报(哲学社会科学版),2017(6):149-154.

③ 数据来源:2009 年至 2012 年《湖北教育年鉴》。

行比较分析，发现中小学教师年均工资增长水平跟不上当地人均国内生产总值、城镇居民可支配收入等经济社会指标的增速，部分省份中小学教师工资存在严重不合理性①。与此同时，政府在教育方面的投入主要用于保障办学经费以及义务教育学杂费等方面，所以在“以县为主”的财政投入机制下教师工资、福利待遇自然难以得到保障，而农村地区的教育投入本来就有限，教师收入的保障则更为困难②。2020 年 9 月，一则关于贵州省毕节市大方县拖欠教师绩效工资的通报引爆网络。地方拖欠教师工资现象虽比以前有所好转，但在近些年财政收入增长乏力，而扶贫、偿债、民生等刚性支出规模越来越大的背景下，像拖欠教师工资这类教师收入无法得到保障的现象，又有抬头之势。近年来，部分地区出现的教师队伍不稳定现象，与政府对教师收入及福利待遇保障不力有直接关联。

同时，多项国内实证研究显示我国教师收入水平较低。例如，陈晓宇通过比较有关数据资料，发现我国在教育经费的使用结构方面，总体上人员经费的占比进一步降低③。另外，刘学岚在对高等教育支出结构的研究中发现，我国高等教育领域的资本性支出较高，而教职工的人员经费相对不足。具体而言，我国的高等教育基建经费所占比例为 20% 左右，高于经济合作与发展组织国家 8% 左右的平均值，而事业性经费支出结构中的人员经费支出比例明显低于经济合作与发展组织国家④。杨蓉和刘婷婷通过历史数据分析，认为我国人员经费支出比重一直在 50% 以上运行，基本建设比重逐年下降，增加的是公用经费比重，但是与经济合作与发展组织国家相比，小学和高等教育机构的人员经费仍然偏低⑤。

---

① 杜晓利.我国中小学教师工资水平的比较分析与若干建议[J].中国教育学刊,2015(4):27-31.

② 易海华,罗洁.农村中小学教师待遇问题现实解读与改善:基于湖南 20 个县市区 24 所农村学校的调查分析[J].湖南社会科学,2013(1):270-274.

③ 陈晓宇.我国教育经费结构:回顾与展望[J].教育与经济,2012(1):21-28.

④ 刘学岚.我国高等教育经费支出结构分析[J].武汉大学学报(哲学社会科学版),2009,62(4):574-578.

⑤ 杨蓉,刘婷婷.中国教育经费配置结构分析:基于历史趋势和国际视野的双重探讨[J].全球教育展望,2019,48(6):46-61.

白彦锋和俞惠从教育支出的层次结构分析入手，认为我国初、中、高等教育的投资比例已趋于稳定，但和国际标准相比，高等教育支出偏高，而初等教育支出过低[①]。

地方教育支出"重物轻师"偏好还表现为各地热衷于撤点并校，建教育新城。2001年，《中华人民共和国国务院关于基础教育改革与发展的决定》强调，"因地制宜调整农村义务教育学校布局"，以实现《中华人民共和国国民经济和社会发展第十个五年计划纲要》中对科技和教育发展提出的主要目标。随后，各省相继进行了撤点并校行动。自此，全国范围内掀起了大规模的农村中小学布局调整的热潮。相关资料表明，从2001年到2010年，我国农村小学由55万所减少到26万所，总量减少了一半多。客观上讲，撤点并校使教育资源得到合理配置，利用效率提高，师资队伍进一步优化，使农村学生享受到了优质教育和一定的教育公平。然而，在该政策执行中，过度的学校撤并而引发的问题逐步复杂化：由最初外显为学生上学途中的交通安全、学校内的食宿问题等，进一步发展为教学压力增大、乡村文化认同等内在深层问题[②③]。甚至有学者发现撤点并校影响了个体的人力资本发展，导致个体教育年限平均下降了0.74年，使个体获取高中或以上教育的概率下降了18%[④]。撤点并校、学校进城的背后是地方政府建设教育新城、增加土地价值等冲动的行为，它们是生产性偏好与公司化行为在教育领域的新体现。

四、"上进下退"偏好

"上进下退"是指在财政转移支付中的挤出效应。挤出效应原本是宏观经济学概念，是指政府支出增加引起的私人投资或消费减少的现象。地方政府教育支出挤出效应，是指来自上级的教育财政转移支付增加时，

---

① 白彦锋，俞惠.我国财政性三级教育支出分配结构探究[J].财经理论研究，2013(2)：47-54.

② 雷万鹏.义务教育学校布局调整：研究进展与难题破解[J].华中师范大学学报(人文社会科学版)，2014，53(5)：147-154.

③ 兰珍莉，李森.论撤点并校的深层矛盾及其平衡[J].教学与管理，2017(7)：8-11.

④ 梁超.撤点并校、基础教育供给和农村人力资本[J].财经问题研究，2017(3)：82-90.

地方政府倾向于减少本级政府教育投入努力程度，挤出地方原本用于教育的经费，最终造成教育经费较少的情况，同时导致转移支付的使用发生扭曲，出现结构性偏向。

许多研究证实，转移支付占地方财政收入的比重对教育支出具有显著的负效应。转移支付对于刺激地方政府增加教育支出的作用没有地方政府自有财力增加所带来的作用大。转移支付尽管可以增加政府的教育支出，但是被更多地用于其他公共支出项目上。杨良松基于 1995 年至 2008 年省级数据，发现无论是中央对各省的转移支付，还是上级政府对县乡级政府的转移支付，均未能起到增加地方财政性教育投入和预算内教育支出的作用①。张欢等对税费改革后 109 个县（市）级的教育经费分析，发现在县级财政获得上级转移支付大幅增加的同时，教育经费占全县财政支出的比例反而下降了。由于农村义务教育经费存在挤出效应，增加转移支付并不能促使县级政府把更多资源投入教育，县级政府对教育投入的目标达到一个基本水平后，不会因本地经济实力的增长而提高教育投入的努力程度②。此外，还有学者研究发现，大规模的转移支付制度所存在的“公共池效应”弱化了对地方财政行为的激励约束③④，带来了地方征税努力下降⑤，导致转移支付更多地被用于其他公共支出项目，教育支出的比重不升反降。

2008 年，国家审计署指出，在中央财政补助增幅较大的情况下，被审计的 16 个省份中有 3 个省未按照规定分担比例落实资金，少承担资金 1. 08 亿元，占应承担资金总额的 8. 65%；被审计的 54 个县中，有 8 个县未按照规定落实应承担的资金，少承担资金 1350. 58 万元，占应承担资

---

① 杨良松.中国的财政分权与地方教育供给：省内分权与财政自主性的视角[J].公共行政评论，2013，6(2)：104-134.

② 张欢，张强，朱琴.农村义务教育经费“挤出效应”研究[J].清华大学教育研究，2004(5)：54-59.

③ ALESINA A，PEROTTI R，TANZI V.Budget deficits and budget institutions[R].NBER working papers，no. 5614，1996：67-70.

④ RODDEN J.The dilemma of fiscal federalism grants and fiscal performance around the world[J].American journal of political science，2002，46(3)：670-687.

⑤ 付文林，赵永辉.财政转移支付与地方征税行为[J].财政研究，2016(6)：16-27.

金总额的71.78%，有46个县存在挤占挪用教育经费的情况，约占被审计县的85%，还有5个县的县级政府减少了农村义务教育经费投入。2020年，资金被挤占挪用或闲置的情况依然存在，因地方财政安排不足等原因，1个省本级和12个省的22个县挤占挪用教育补助经费1.97亿元，用于人员经费、偿还债务等支出；1个省的1个县的1308.93万元教育补助经费闲置超过2年。

从理论上看，中央教育专项转移支付能较好地调动地方政府的参与积极性。但在中国地区差距巨大的背景下，专项资金指向的固定性并不能反映各地的实际需求。此外，由于我国教育财政来源并没有固定税基，当地方政府得到教育转移支付时，其往往倾向于将原用于教育的资金平调和挪用。教育专项资金往往要求地方配套，这对地方政府行为也产生了一定影响。落后地区省级政府存在截留或少配套中央转移支付，扩大本级财政支出规模的行为，财政困难的县市倾向于采用虚假配套方式套取中央转移支付。许多县市在“吃饭财政”的压力下，地方政府为了“保运转”，将教育专项经费转为人员经费的现象也较为普遍。地方政府教育支出中“上进下退”的挤出行为与中央政府教育转移支付制度设计的初衷相违背，客观地看，挤出行为有一些是刻意为之，而有一些则是不得已而为之。因此，外在的制度设计和约束对地方政府教育支出行为有重要影响。

五、“地方保护”偏好

财政分权化改革加剧了地方政府间的竞争，也导致了日趋显著的地方保护主义。地方保护主义概念则是在改革开放之后才出现的，是在计划经济向市场经济过渡，理顺中央与地方、条条与块块的关系时才出现的[①]。客观上，教育领域中也存在着地方保护主义问题，其核心特征为排斥外来主体、享用本地资源。

① 李世源，崔巍.十年来我国地方保护主义研究综述[J].学术界，2006(2)：249-256.

在城镇化发展和人口跨区域流动背景下，地方保护主义体现在以下方面：一些地方政府对农民工随迁子女设置了较高的入学门槛，国家“两为主”政策的实施面临地方保护壁垒。华中师范大学课题组对全国各地 177 个政策文本的分析发现，各地公办学校入学门槛种类繁多，入学手续繁杂，缺乏统一规范。政策文本分析显示，不同类型的证明材料在不同区域所占权重和比例不一。劳务合同、暂住证、户口簿、居住合同、原校同意外出就读证明等是绝大部分地区要求提供的材料。众多材料中居于前五位的由高到低依次是：劳务合同（87.2%），暂住证（83.7%），户口簿（76.1%），居住合同（66.7%），原校同意外出就读证明（50.4%）。研究发现，省会城市和直辖市入学门槛明显高于县（市、区）级城市，地方保护色彩更强烈①。2015 年，《国务院关于进一步完善城乡义务教育经费保障机制的通知》指出，城乡义务教育经费保障机制存在有关政策不统一、经费可携带性不强、资源配置不够均衡、综合改革有待深化等问题，并提出统一城乡义务教育经费保障机制，实现“两免一补”和生均公用经费基准定额资金随学生流动可携带，也称为“钱随人走”政策。但即使如此，可携带的教育经费与人口流入地的教育经费相比仍旧是杯水车薪，这一政策对人口流入地的教育财政政策的影响力度比较小。

随迁子女的教育经费主要由流入地政府承担，而对流入地政府来说，随迁子女涌入势必增加地方财政压力，在利益驱使下地方政府自然不愿意为其买单，这也在一定程度上影响了流入地政府解决随迁子女就学的积极性。中央的“两为主”政策带有“无经费式命令”② 的性质，地方政府执行“两为主”政策的动力也不足。有学者深入分析了流入地政府的“犹豫不决、不作为、少作为”和“等、怕、要”的心态，认为地方政府面对流动人口教育主要有三种心态：其一，Heine 认为流动性强的

① 雷万鹏，汪传艳.农民工随迁子女“入学门槛”的合理性研究[J].教育发展研究，2012，32(24)：7-13.

② “无经费式命令”是指上级政府既要求下级政府承担公共服务支出责任，又不完全提供财力支持或不提供财力支持的现象，在我国也叫作“中央点菜，地方买单”。

个体拥有退出选择的权利，因此不存在对政府的锁定问题[①]，流动儿童增长究竟是一种长期行为还是短期行为？由于人口流动变化的趋势很难预测，它会助长地方政府的侥幸心理，形成“等”和“拖”的心理；其二，对教育“洼地效应”的担忧，地方政府唯恐随迁子女教育问题解决太好会吸引更多流动人口到来，产生“怕”的心理；其三，与上级政府的博弈，地方政府希望获得更多的资源以减少财政压力，即“要”的心理[②]。

与此相关，部分流出地政府在生源减少的情况下，为了获取更多的中央财政补助，也存在吃空饷和冒领公用经费的行为。从客观上看，流入与流出地政府的行为模式导致了教育支出责任的“双向推诿”现象。各地存在的“中职招生乱象”是地方保护主义又一个例证。由于中央财政对中职学生给予教育补贴，地方政府和学校采用各种方式拉生源以获得上级补助。比如，有的地方政府不允许本地学生报考其他地区学校，有的学校则采用有偿招生等手段展开不正当生源竞争。

同时，高等教育的地方保护主义讨论更是由来已久，其核心指向高等学校为自身利益作出的面向部分地区的招生名额投放保护政策。万国威等的研究指出，我国优质高等教育资源存在着明显的省际分配不公，而地方保护主义在中西部省份更为严重[③]。这种地方保护主义倾向的形成实质上是中央政府、地方政府和高校具有不同利益诉求的三方相互交织、分化、结合的必然结果[④]，因而在地域差异之下的高校招生工作体现出了明显的地域歧视和地域特权[⑤]。已有研究发现，高等学校（尤其

① HEINE K.Interjurisdictional competition and the allocation of constitutional rights：a research note [J].International review of law & economics，2006，26(1)：33-41.

② 杨东平，陶红，李阳.“围堵”和创新：解决流动儿童义务教育的地方政府行为研究[J].清华大学教育研究，2011，32(6)：15-21.

③ 万国威，靳慧琴.“地方保护主义”是优质高等教育资源省际分配不公的元凶吗：基于2005到2015年间211大学高招录取率的量化研究[J].教育学报，2017，13(2)：114-126.

④ 王光荣，张雪.优质高等教育入学机会公平问题探析：基于“985”院校为例[J].教育科学，2014，30(5)：62-66.

⑤ 江雪松，赖秀兰，张昌辉.考试公平与区域公平：由我国高考录取地域差异看受教育权平等[J].江苏高教，2007(4)：104-106.

是重点高校）名额投放存在显著的区域失衡，造成了一定程度的教育不公平问题[①②]。某些大学把“学校的历史传统”等作为向不同省份分配录取名额的理由，成为招生地方保护主义的主要体现。这些教育领域的地方保护主义行为背后都受到了地方利益的强烈驱使，最终对教育公平产生不利影响，也妨碍了教育资源配置效率的提升。

第四节　地方政府教育支出行为的解释

地方政府利益偏好是理解地方教育支出行为的关键。忽略地方政府行为分析，难以深刻理解政府教育支出行为偏差及其影响机制。财政支出行为本质上是一个政治过程，是各方力量博弈的结果。在我国现行体制下，地方政府教育支出行为除了受自有财力制约外，所面临的约束力量（博弈对象）主要有中央政府、辖区居民和其他地方政府。图 4-1 勾勒出地方政府教育支出行为的产生机制。从中可以看出，地方政府受制于中央政府的强约束（评价机制、人事制度等），也受制于辖区民众的约束。但在投票机制和流动机制不完善的背景下，辖区民众的约束是一种弱约束。本研究以地方政府利益分析为基础，重点从中央控制以及居民意愿表达等视角对地方教育支出行为进行解释。

一、中央政府对地方政府的强约束

1. 国内生产总值至上的考核评价机制

过去三十多年，从中央到地方都是以经济的高速增长为首要目标。经济增长既符合中央政府利益也符合地方政府利益，这导致了地方政府为改善投资环境、促进经济增长，将大量财政资金投向基建。在一个集权式的官员考评体系下，地方官员为了最大化个人的政治晋升机会，会就上级政府考核的评价标尺即国内生产总值展开竞争[③]。因此，考核评

① 陈平原.中国教育平等初探[M].广州:广东教育出版社,2004:72-75.

② 司洪昌.国立大学招生属地化:蚕食国家利益[J].教育与职业,2007(1):20-24.

③ 陆军,蔡思远,臧天宇.晋升博弈下的县级政府策略性竞争:基于浙江省数据的实证[J].财贸研究,2022,33(5):1-14.

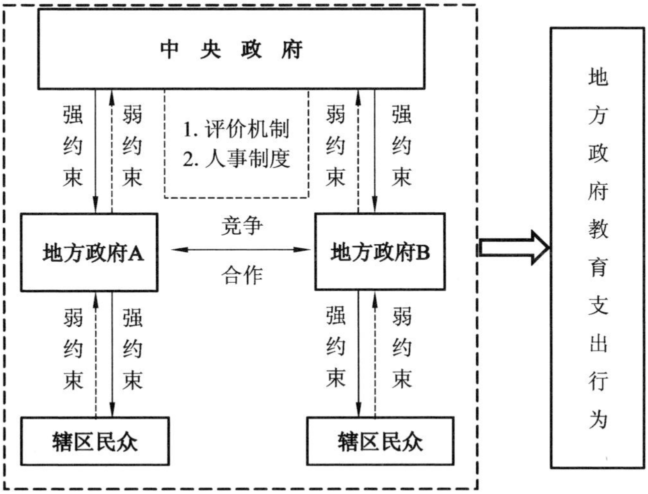

图 4-1　财政分权背景下地方政府教育支出行为机制

价中的国内生产总值导向是导致地方政府财政支出行为中“重物轻教”偏好的重要原因。

此外，国内生产总值导向的考核评级机制在一定程度上也给政府官员追逐自身利益创造了条件。在“物”与“教”、“城”与“乡”、“物”与“师”的投资权衡中，自身利益也是政府官员考虑的因素。Mauro 的研究表明，政府官员“腐败”或“设租”机会大小在政府提供的各类公共物品中是不同的：相对于人力资本（基础教育、公共卫生），在物质设施上和城市建设上的投资活动更容易给潜在的竞标人创造“寻租”和政府官员腐败的机会①。张军等人的研究也表明，基础设施建设和地方官员自身经济利益的一致性导致中国有了良好的基础设施②。上述研究为“重物轻教”与“重物轻师”等偏好的存在提供了解释。

中国县级决策者主要对上级负责，追求尽可能高的经济增长率，而非居民福利最大化，导致其财政决策偏向生产性支出，而生产性支出偏向严重妨碍了公共财政体制建设和向公共服务型政府转型③。生产型财

① MAURO P.Corruption and the composition of government expenditure[J].Journal of public economics,1998,69(2):263-279.

② 张军,高远,傅勇,等.中国为什么拥有了良好的基础设施？[J].经济研究,2007(3):4-19.

③ 尹恒,朱虹.县级财政生产性支出偏向研究[J].中国社会科学,2011(1):88-101.

政体制中政府过度介入经济生产领域而提供的公共服务不足。本质上讲，我国财政亟须从生产型财政向公共服务型财政转型。重新确立财政支出优先顺序，矫正政府的“越位”“缺位”和“错位”，建立公开透明、民主法治的公共服务型财政政策，是我国财政体制改革和政府转型的必然选择。

2. 官员任免制度

在现有体制下，党管干部确立了中央对地方政府主要官员任免拥有绝对权威，而省对省以下政府的人事权制度安排亦遵循同样模式。有学者将这种经济分权与人事集权的模式称为“晋升锦标赛”。在以经济绩效为核心评价指标的“晋升锦标赛”之下，地方官员甫任新职，便融入了为经济增长而竞争的浪潮①。同时，由于人事权的集中，地方政府官员会想方设法达到中央或上级设定的目标。通常地，官员对考核指标的重视程度与该指标能否量化存在着较大关系②。经济增长、财政收入与城乡硬件建设等指标更易衡量，而且在很大程度上是可视化的，而教育投资效益短期内却难以衡量，所以前者成了官员晋升排序的重要依据，而后者则被忽略。

在以分税制为代表的财政分权体制和以“晋升锦标赛”为代表的政治激励之下，地方政府倾向于将可支配的财政收入运用到对经济发展有直接驱动作用的生产性领域（如基础建设等），相对忽视了以教育为代表的民生领域，导致教育资源供给不足③④。就教育财政挤出而言，“晋升锦标赛”可能会诱发地方政府的财政支出偏向，使那些有助于刺激短期经济增长的开支项目在财政决策中被赋予更强的优先性，从而造成教育财政支出被挤占⑤。与此同时，地方政府更注重学校硬件建设，而对

① 张军.中国经济发展:为增长而竞争[J].世界经济文汇,2005(Z1):101-105.

② 周黎安.中国地方官员的晋升锦标赛模式研究[J].经济研究,2007(7):36-50.

③ 张牧扬.晋升锦标赛下的地方官员与财政支出结构[J].世界经济文汇,2013(1):86-103.

④ 王贤彬,张莉,徐现祥.什么决定了地方财政的支出偏向:基于地方官员的视角[J].经济社会体制比较,2013(6):157-167.

⑤ 傅勇,张晏.中国式分权与财政支出结构偏向:为增长而竞争的代价[J].管理世界,2007(3):4-12.

教师收入的提高缺乏足够动力。在“晋升锦标赛”体制下，地方政府及教育职能部门官员重“教育形象工程”“教育政绩工程”，而对于提升教师待遇等民生工程缺乏足够热情。

3. 专项转移支付制度的偏差

分税制改革后地方政府财权式微，形成了“收入集权、事权下放”的格局。没有直接税收成本且部分具有指定使用用途的转移支付，为增加教育投入、解决人力资本公平问题提供了良好契机①。同时，转移支付也成了中央对地方控制的重要手段。相对于具有自主支配权的一般性转移支付，具有使用用途限制的专项转移支付更容易“锁定”在相应的支出领域②，对基本公共服务均等化的作用更为有效③。因此，中央政府更加倾向于采用专项转移支付对地方政府予以补贴。然而，一方面，一般性转移支付中的均衡性资金占比偏小，在均衡地区间财政能力方面效果甚微；另一方面，相当部分的专项转移支付被行政性分割，呈现“小、散、乱”特征，难以发挥专项资金引导及矫正地方政府行为的作用，反而助长了“跑部钱进”“寻租设租”乃至“鞭打快牛”等反向激励④。

首先，中央教育转移支付大多要求地方政府提供配套资金，并对经费使用范围进行严格规定。由于我国教育财政分权的过程明显是在上级政府主导的模式下进行的，这就意味着在实际操作中，教育财政事权和支出责任划分标准与执行过程缺乏相应的法律约束和配套制度⑤。另外，由于中央相对于地方在区域教育发展方面存在信息劣势，专项教育资金可能并不符合地方实际需求。同时，在基层政府存在财政收支缺口以及

① 范子英.财政转移支付与人力资本的代际流动性[J].中国社会科学,2020(9):48-67.

② 尹恒,朱虹.县级财政生产性支出偏向研究[J].中国社会科学,2011(1):88-101.

③ 贾晓俊,岳希明,王怡璞.分类拨款、地方政府支出与基本公共服务均等化:兼谈我国转移支付制度改革[J].财贸经济,2015(4):5-16.

④ 尹振东,汤玉刚.专项转移支付与地方财政支出行为:以农村义务教育补助为例[J].经济研究,2016,51(4):47-59.

⑤ 杨海华,刘玉拴,赵础昊.教育财政分权对公共教育支出层级结构的影响及对策[J].地方财政研究,2022(5):67-75.

上级政府对转移支付资金使用监管缺失的背景下，基层政府为了应对财政压力，普遍性存在将上级政府教育类转移支付资金挪作他用的倾向①。除此以外，在地方政府教育支出动力不足的情况下，教育转移支付的增加会导致地方缩减原用于教育的支出，产生“上进下退”的挤出效应。

其次，从中央政府基础教育转移支付的结构看。在“以县为主”的基础教育管理体制下，中央政府和省级政府不直接承担基础教育的办学责任，而是主要由县级政府来负责。“以县为主”的基础教育管理体制建立后，中央通过一系列专项资金的投入加大了对中西部地区教育基础设施的投资力度，但这些资金主要用于基建。例如，中央财政出资的“国家贫困地区义务教育工程”“农村小学危房改造工程”“西部两基攻坚计划”“薄弱学校改造”等项目，均以学校硬件建设为目标，相对忽略了教师收入等“人”的问题。另外，由于专项转移支付往往限定教育资金的具体用途，基层政府须按照规定用途配置教育资源流向，这就会影响地方政府均衡教育资源的效用②。

二、中央和地方支出责任界限不清

中央政府的强约束导致地方政府在央地博弈中处于弱势地位。事实上，在相当长的一段时间内，中央与地方的权限调整基本属于“政策性调整”。一个红头文件下来就可以将某些权力下放给地方，再发一个红头文件就可以将地方的权力收归中央③。若中央政府对教育投入充足性的政策表述强度稍作缓和，地方政府就表现出较为明显的教育支出增速放缓甚至负增长④。地方政府自主性缺失意味着地方政府教育支出偏好

① 杨海华，刘玉拴，赵础昊.教育财政分权对公共教育支出层级结构的影响及对策[J].地方财政研究，2022(5):67-75.

② 李振宇，王骏.中央与地方教育财政事权与支出责任的划分研究[J].清华大学教育研究，2017,38(5):35-43.

③ 薄贵利.集权分权与国家兴衰[M].北京：经济科学出版社，2001:221.

④ 钱佳，雷万鹏，马红梅.政策表述与地方政府教育支出努力：基于市级面板数据的实证研究[J].华东师范大学学报(教育科学版)，2021,39(2):50-60.

受到中央政府偏好的强烈影响。这种央地关系的不确定性，改变了地方政府教育支出的预期。地方政府在作出教育支出决策时会将这种不确定性纳入考虑范畴，导致其机会主义行为。在中央出台与地方利益相符的教育政策时，地方政府会伸出“攫取之手”将政策成本转嫁给居民，比如“撤点并校”就符合地方政府“投资饥渴症”的偏好，但其成本却主要由学生及其家庭承担；当两者利益不一致时，地方政府常会选择非公开的“对抗”方式，通过“诉苦”“拖延”等方式争取上级政府支持。

2019 年《教育领域中央与地方财政事权和支出责任划分改革方案》对中央和地方分担义务教育经费的比例进行了调整。但我国中央与地方政府间教育支出责任划分仍存在不清晰、不合理和不规范的问题。特别是在城镇化发展和人口流动背景下，义务教育的全国性公共物品的属性不明晰，这种模糊性造成了中央与地方政府在支出责任上的交叉和重叠，导致了地方政府间的责任推诿。另外，由于中央与地方责任不明晰，一些本应由中央政府承担的教育支出责任交由地方承担，而一些属于地方管理的事项却由中央政府包揽。中央政府的“越位”与“缺位”改变了地方政府的支出预期，影响了地方政府的教育支出行为。

三、省及省以下政府财力与事权不对等

1994 年的分税制改革确立了中央与省的财政分配关系，但省级财权如何统筹省域内教育还悬而未决。教育属于较为典型的中央和地方共同财政事权。教育事权与支出责任的划分本质上是政府间财政体制问题，必然受到财政体制内部因素的制约，其核心在于政府间事权、支出责任与财权、财力的相互匹配关系①。在“事”的划分上，除了高等教育的管理以省为主外，学前教育、义务教育和高中教育的管理基本上以县为主；在“权”的划分上，由中央负责“点菜”（决策权）、地方负责

① 孙开，王冰.政府间普通教育事权与支出责任划分研究：以提供公平而有质量的教育为视角[J].财经问题研究，2018(8)：73-81.

“买单”（执行权）[①]。在“以县为主”的教育管理体制下，县级政府是基础教育财政支出责任主体，省级以下的财政分权安排势必对省、市、县的教育财政支出行为产生重大影响。

2022年《国务院办公厅关于进一步推进省以下财政体制改革工作的指导意见》指出，省以下财政体制还存在财政事权和支出责任划分不尽合理、收入划分不够规范、有的转移支付定位不清、基本公共服务均等化程度有待提升等问题。省域内财力划分是影响省以下政府支出行为的关键因素，自分税制改革之后，地方政府财权逐渐弱化，但仍承担了约94%的普通教育支出责任，其中，市县两级承担约80%的普通教育支出责任，使得我国出现了财力纵向不平衡。虽然中央政府通过转移支付来弥补这种纵向不平衡，但省级政府没有充分地、有效地释放其统筹功能，仅仅承担约13%的普通教育支出责任；另外，省内财政转移支付体制不够健全，即使考虑省级政府对市县教育转移支付的因素，省级政府也仅承担约30%的教育支出责任。一些县级政府财力与事权不对等现象严重，仅依靠自有财力无法履行教育支出责任。研究表明，中西部许多地区的县级财政“吃饭财政”问题成了制约基础教育财政增长的主要障碍之一。如果地方政府的公共开支偏好不变，在现有制度框架下，地方民众的基本需求和权利（如义务教育）将继续被忽视[②]。

四、地方政府对民众需求缺乏有效回应

大量研究表明，导致我国政府对民众需求回应性较弱的根本原因在于我国的政治体制。此类观点有一定的解释力，本研究将政治体制视为外生变量，主要从财政预算管理、民众意愿表达等角度讨论政府对民众教育需求的回应性问题。预算管理是提高公共部门效率和绩效的关键。就政府预算与财政分权的关系而言，当预算运行良好时，能够保证财政

① 周坚卫，罗辉.从“事与权”双视角界定政府间事权建立财力与事权相匹配的转移支付制度[J].财政研究，2011(4)：11-14.

② 王蓉.中国县级政府教育财政预算行为：一个案例研究[J].北京大学教育评论，2004(2)：50-57.

分权提高地方公共物品的供给效率；当预算机制出现问题时，财政分权不仅不利于公共物品的供给，反而会产生负面效应。

预算编制中，地方政府对基础教育财政不够重视，导致教育支出处于弱势地位。平新乔和白洁区分了预算内教育支出和预算外教育支出，发现地方政府预算外支出更多投向了基础设施建设①。此外，有研究认为，我国地方财政预算中的公共经费在各个项目上的分配主要取决于领导者的偏好和各个部门的能力。教育行政部门只有事权而无财权，在财政分配中处于弱势地位。教育财政在公共财政中的弱势地位，很大程度上是民众教育需求意愿表达不畅所致。公共财政运行过程是一个集体决策和集体行动的公共选择过程。公共财政是基于公共目的，提供公共物品，满足社会公共需要的财政，其运行全过程都应体现社会公众的偏好和意愿，并纳入民众的监督视野。因此，公共财政本质上是民主财政和法治财政。只有通过一整套的制度约束，才能真正保证公共财政“取之于民、用之于民”，保证财政支出中民众公共需要（包括教育发展）满足的优先性。

从第二代财政分权理论对政府的基本假设出发，本研究分析了地方政府教育财政支出行为偏好及其形成原因。中央政府通过绩效考核、人事安排及转移支付等形式对地方政府形成了强有力的控制，中央与地方的博弈是地方政府教育支出偏好的重要影响因素。同时，民众对地方政府教育支出缺乏强约束，也是教育支出行为偏差产生的重要诱因。此外，中央与地方、省与省以下政府财力事权不匹配也影响了地方政府教育支出行为。

第五节　扭转地方政府教育支出行为偏差的政策建议

地方政府教育支出行为偏差既是由地方政府及官员自身的逐利行为所致，也是在中央政府强约束与辖区民众弱约束下的一种“理性选择”。

① 平新乔，白洁.中国财政分权与地方公共品的供给[J].财贸经济，2006(2):49-55.

要扭转地方政府教育支出行为偏差，既要塑造第一代财政分权理论提出的“用手投票”和“用脚投票”机制，也要改变第二代财政分权理论强调的“政府及官员激励”机制。第一代和第二代财政分权理论，对我们思考扭转地方政府教育支出行为偏差的策略有重要帮助。

一、重新构建地方政府教育支出激励机制

改革国内生产总值导向的官员考核制度。应加强对地方政府的考核监督力度，引导地方政府和官员从单纯的经济竞争转向公共服务供给竞争，防止地方政府因过度追求经济发展而忽视教育投入。具体来说，第一，降低经济增长和财政增加在考核中的权重，代之以考核绿色国内生产总值等指标，降低官员为晋升而热衷经济发展的激励；增加以基础教育投入与发展为代表的地方公共服务的权重，以矫正地方政府行为中的“重物轻教”偏好。第二，要建立有效的教育财政支出问责制，对于地方政府教育财政支出责任进行更严格的监督。一方面，要加强对基础教育支出增长的考核，对未达标地区政府官员进行问责；另一方面，对地方教育基础设施建设进行更规范、更透明、更有力的监督和追责，纠正教育支出中的“重物轻师”偏好。

强化对省本级教育财政支出责任考核。在县级教育支出占公共财政比例较高、增长能力有限的情况下，充分调动省级政府的积极性将有利于扭转教育支出行为偏差。就政治激励而言，政治因素和社会网络因素在省级官员的任命决策中有较大影响①，故应建立完善的省级官员激励机制。此外，中央政府还应加强省级财政对基础教育投入的考核，并采用“中央按比例补助”或“以奖代补”等多种形式，引导省级政府为教育提供更充足资金，尤其要重视农村、边远、民族、贫困地区教育发展。

二、完善教育转移支付制度

扩大一般性转移支付比重，减少专项转移支付比重。一般性转移支

① LANDRY P.The political management of mayors in post-deng China[J].Copenhagen journal of Asian studies,2003(17):31-58.

付能够在一定程度上弥补地区间的财力差异，从而促进地区间公共服务的均等化[①]。首先，中央和省级政府应加大统筹力度，加强对财政薄弱县（市、区）的一般性转移支付，重视对一般性转移支付的监管，提高落后地区财力；其次，要减少专项转移支付占比，完善一般性转移支付增长机制，以一般性转移支付为主体，用以均衡地区间基本财力。逐步转变专项转移支付占比过高的局面，矫正地方财政支出扭曲，给予地方政府特别是县级政府更多的财政自主性，从而提高公共服务支出效率。

加强省级统筹，完善省以下教育转移支付制度。完善省以下教育财政体制，建立更有利于调动地方积极性的省级政府主导的教育转移支付体系。研究表明，省以下的转移支付是发生经费截留、挪用的主要环节，适当减少转移支付的中间环节，积极推进“省直管县”改革和加强对教育专项资金的审计监督，对专项资金使用中不规范的行为及时进行纠偏有利于有效避免这一问题[②]。中央政府在推行“省级统筹”制度完善的过程中，应充分尊重各省财政体制的差异，避免“一刀切”式的改革，保障省级政府教育决策自主性。出于教育支出效率的考虑，仍应将县级政府作为教育资金的最终支出者。这是因为，从理论上来说，教育经费由更接近民众的政府支出，其效率会相对较高。另外，省级政府要切实加强对教育专项资金的审计监督，对专项资金使用中不规范的行为及时纠偏。

规范教育转移支付制度，优化教育转移支付结构。第一，事权领域形成了财权层层上收，支出责任层层下移，通过转移支付弥补政府间权责失衡的非对称分权格局[③]。因此，中央与省在教育专项转移支付中应弱化甚至逐步取消下级政府配套要求，以缓解基层政府基础教育支出压力，减少“上进下退”和“跑部钱进”行为。第二，将部分教育专项转移支付纳入一般性转移支付，按照因素法测算区域间教育差距，对缺口

---

① 姚继军，张新平.省以下财政转移支付保障义务教育发展的绩效、问题与改进[J].教育学报，2014，10(4)：82-87.

② 姚继军，张新平.省以下财政转移支付保障义务教育发展的绩效、问题与改进[J].教育学报，2014，10(4)：82-87.

③ 苏洨宇.共同事权与支出责任分担视阈下的转移支付机制探究[J].经济问题，2022(6)：34-40.

进行补助，对于应纳入专项转移支付的项目进行整合和统整，避免交叉、重叠。第三，优化上级政府教育转移支付的结构，逐步将教育转移支付重点从教育基础设施转移到提高教师收入和福利等方面，纠正教育支出中“重物轻师”偏好。

三、建立财力与支出责任相匹配的教育财政制度

建立“中央统筹、以省为主”的农村教师工资保障机制。当前我国基础教育面临的重大问题是农村教师收入过低。应建立“中央统筹、以省为主”的农村教师工资保障机制，由中央和省级政府承担欠发达地区教师尤其是农村教师的基本工资。以省为单位，按照国家规定的编制、工资标准，将农村教师工资以专款形式按时足额发放给教师。在实现模式上，中央和省级政府应根据县级政府自有财力与教育需求等因素合理测算教育经费缺口，对低于标准的县予以补助，对发达区县鼓励其自行补贴。在实现步骤上，建议采用“新进教师工资由中央、省财政承担，原有教师由县承担”的方式，或采用“教师收入增长部分由中央和省级政府承担，原有部分由县承担”等渐进式方式减少改革阻力，逐步实现农村义务教育教师工资的“中央统筹、以省为主”的保障机制。

强化中央和省级政府统筹能力，着力解决跨区域教育问题。义务教育是具有强外溢性的公共产品，要根据“外部性”与“激励相容”原则，将随迁子女的教育财政支出责任适度上移到更高级别的中央财政，适度加强省级统筹的事权和支出责任，避免基层政府支出责任过重①。对于跨区域、有强烈“外部性”的随迁子女教育等问题，中央应承担起部分责任以改善流入地政府接纳激励。对于省域内义务教育均衡发展、教育经费充足保障以及农村教师收入增长机制建立等问题，中央和省级政府应按照省域经济发展实际情况共同承担责任。与此同时，探索建立完善的教育经费可携带支持机制，化解随迁子女异地就学的经费困局，实现教育公平。

---

① 吴开俊，周丽萍.进城务工人员随迁子女义务教育财政责任划分：基于中央与地方支出的实证分析[J].教育研究，2021，42(10)：11-23.

四、建立政府教育支出与民众意愿的有效对接机制

“用手投票”与“用脚投票”机制是第一代财政分权理论中居民表达意愿、对地方政府支出行为形成强力约束的关键所在。我国当前居民的教育需求意愿表达不畅是地方政府教育支出行为偏差的重要原因。建立个体化的参与机制与组织化的决策协商机制，推动地方政府教育治理能力现代化，有助于纠正地方政府教育支出行为偏差，塑造“用手投票”机制。另外，加快户籍制度改革也将有利于“用脚投票”机制的形成，纠正地方政府教育支出行为偏差。

改革教育决策模式，实行共享参与式决策。从个体化参与机制看，政府教育支出决策应向社会和民众放权，落实民众参与权，接受社会监督。一方面，通过制度创新，比如教师听证会、第三方评价、决策质询、行政问责以及专业咨询等方式，形成独立于政府的第三方教育评价机制，增强地方政府对辖区居民教育需求的回应性；另一方面，政府预算管理是民众参与政府决策的重要方式，要通过完善地方教育财政的预算程序、管理体制来提高教育资源分配的科学化和规范化，同时预算权力分配要适当向教育等民生相关部门倾斜，以保证地方教育支出的回应性。应按照新预算法的要求，及时公开教育支出预决算信息，细化部门预决算公开内容，逐步公开部门预决算中的基本支出和项目支出，并引入辖区居民的教育满意度评价，增进教育财政决策的民众力量。

强化人大、政协对政府教育支出行为的约束。从组织化的协商机制看，人民代表大会制度、政治协商制度和来自司法体系的横向问责机制，是促进人民表达诉求，保障公民权益、协调多元利益的重要机制，也是规范地方政府教育支出行为的关键力量。应强化人大、政协在预算编制、实施、审查中的作用，以横向问责机制推动教育财政预算的透明化、法制化、民主化，加强其对教育财政的监督作用。

在“财政分权、政治集权”背景下，要彻底矫正地方政府教育支出行为偏差绝非一蹴而就。但以制度变革重塑地方政府的约束机制和决策模式，使之更适合民众需求，构建起财政支出与民众需求的有效对接机

制和传导机制，应当是中国经济社会和教育发展的必然选择。

中国正处在由追求简单经济增长向追求社会民生转变的阶段，而教育作为具有代表性的公共服务项目则是保障社会民生的重要组成部分。在党的十八大报告关于“加强社会建设”的内容中，教育被放在了首要位置，更是凸显了教育在当前实施科教兴国和人才强国战略阶段所处的重要地位。近年来，国家已颁布多项政策纠正地方政府教育支出的不良偏好，例如 2018 年以来，国家相继出台《关于进一步调整优化结构提高教育经费使用效益的意见》等文件，旨在进一步提高教育资源配置效率和使用效益，促进公平而有质量的教育发展。此外，已有研究表明，财政支出结构和官员考核标准较之前有偏向教育、医疗卫生、社会保障等民生领域的趋势①。

然而，财政分权体制下还是容易出现中央对地方“一管就死、一放就乱”、地方政府间的支出竞争极易演变为过度竞争等现象②。正如市场主体为追求自身经济利益的最大化而产生市场“外部性”一样，财政负“外部性”的产生在某种程度上也是各级政府追求自身财政利益最大化的结果。根据新制度经济学的研究，制度安排是实现“外部性”内在化的最好途径，因为它可以激励和约束经济人的行为从而消除“外部性”。所以，为了纠正地方政府财政竞争所带来的公共支出结构扭曲，中央政府应该提供合理的制度安排，以保证地方政府行为的合理性。

① 王绍光.从经济政策到社会政策的历史性转变[C]//对人类文明方式的思考:“和谐社会与治理机制”政府管理分论坛论文摘要集:上.北京:北京大学北京论坛办公室,2006:18.

② 周雪光.权威体制与有效治理:当代中国国家治理的制度逻辑[J].开放时代,2011(10):67-85.

第五章　地方政府教育支出行为量化研究

第一节　地方政府教育支出努力程度研究

一、问题陈述

教育投入是支撑国家长远发展的基础性、战略性投资，也是公共财政的重要职能。在“后 4%”时代，调动各级政府教育投入的积极性，不仅是保障教育经费可持续增长的必要条件，也是实现教育现代化的重要保障。早在 1993 年，中共中央、国务院颁布的《中国教育改革和发展纲要》就提出了“逐步提高国家财政性教育经费支出占国民生产总值的比例，在本世纪末达到 4%”的目标。此后，我国教育经费持续增加，但一直没有达到 4% 的水平。2012 年 3 月，第十一届全国人民代表大会第五次会议审议并批准了国务院政府工作报告，该报告提出中央财政已经按全国财政性教育经费支出占国内生产总值的 4% 编制预算，地方财政要相应安排，确保这一目标的实现[①]，并将其确定为“2012 年主要任务”。同年 7 月，教育部和财政部、发改委协同设立了办公室，督促地方增加教育投入以实现 4% 的目标。历经近 20 年，国家财政性教育经费支出占国内生产总值比例 4% 的目标于 2012 年整体实现。

---

① 新华社.2012 年国务院政府工作报告[EB/OL].(2012-03-15)[2020-10-12].http://www.gov.cn/test/2012-03/15/content_2067314.htm。

一般而言，每年的国务院政府工作报告会对当年的政府重点工作做出部署，还会对年度财政支出“划重点”。政府工作报告作为官方正式文件，是各级政府进行资源配置与精力投入的“指挥棒”，具有政策性、权威性和纲领性等特点，蕴含着政府决策者的价值取向、价值判断及价值准则，在很大程度上是在向民众宣告或承诺“政府将重视什么、将向哪些领域投入资源”[①]。部分研究从政府公共服务政策“注意力”的角度解释，政府公共服务注意力配置与公共财政资源投入方向之间呈正相关关系，但许多关于政府“注意力”的研究仅对政策表述与政策强度进行了分析，较少关注文本表述对实际支出的具体影响。

从政府工作报告的表述方式中，我们可以捕捉到教育发展和教育财政支出的重点。例如，2011 年的政府工作报告指出，2012 年财政性教育经费支出占国内生产总值比例须达到 4%[②]。统计数据表明，在本研究所涉及的 282 个地级市中，政府工作报告提及 4% 教育投入的相应年份，无论是教育支出占财政性经费比例还是在国内生产总值中的占比，均出现明显的上升趋势。由此可见，选择政府工作报告中关于教育投入的政策表述作为研究对象具有逻辑上的可行性。例如，2012 年，绝大多数省份教育支出增幅明显高于财政收入的增幅，平均增长幅度为 27. 68%[③]，实现了 21 世纪以来的最大增长幅度。图 5-1 显示教育经费支出相对上一年的环比增长率，图中也出现了明显的拐点，这个拐点刚好与政府工作报告首次明确提及要落实完成 4% 目标的时间点重合。

值得注意的是，这种自上而下的政策方式可能并非保证地方教育支出增长的常态机制。我们发现，若中央政府对教育投入充足性的政策表述强度稍为缓和，地方政府就表现出较为明显的教育支出增速放缓甚至负增长。图 5-2 显示，在经历了 2011 年、2012 年的“井喷式”增长后，

---

① 文宏，赵晓伟.政府公共服务注意力配置与公共财政资源的投入方向选择：基于中部六省政府工作报告（2007—2012 年）的文本分析[J].软科学，2015，29(6)：5-9.

② 新华社.温家宝在十一届人大四次会议上所作政府工作报告[EB/OL].(2011-03-15)[2021-06-21].http://www.gov.cn/2011lh/content_1825233.htm。

③ 该数据是简单平均数，数据来源：2000 年至 2012 年《全国教育经费执行情况统计表》。

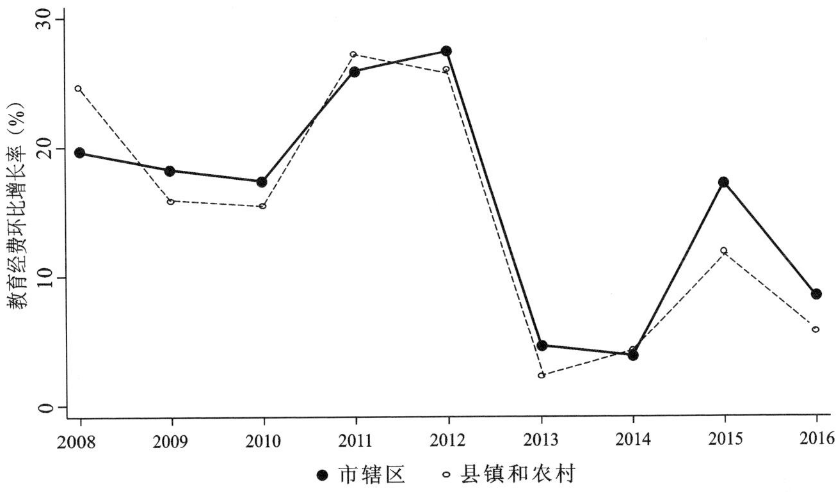

图 5-1　教育经费环比增长率的变动趋势

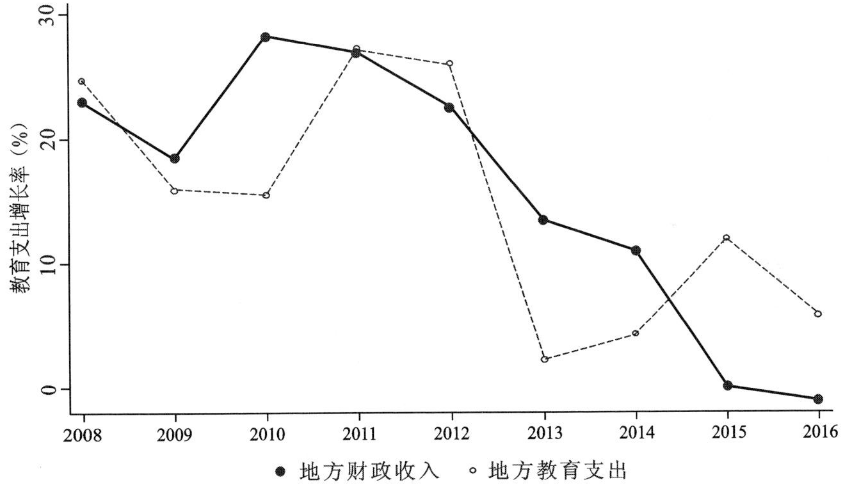

图 5-2　教育支出增长率的变动趋势

2013 年的教育支出增速迅速下降，平均增速降至 4. 8%。分省数据表明，除北京、天津、浙江、广东和西藏外，大部分省份财政性教育支出增幅均小于财政收入增幅，部分省份甚至出现了负增长。自 2012 年提出“确保实现 4%”以后，2013 年的表述为“必须把钱花好”，2014 年的报告中没有直接与经费投入相关的表述，2015 年重提“保证投入，花好每一分钱”，2016年至2018年没有直接提及，2019年强调“要切实把宝贵的资金用好”，2020年则提出“要稳定教育投入，优化投入结构”。

地方政府在不同年份教育财政支出的反差说明，中央政府强力推动的教育支出增加可能缺乏可持续性。同时，地方政府对教育财政的支出偏好较弱且区域差异大①，公共教育投资的激励问题仍未得到很好的解决。此外，近年来，我国经济发展与财政收入增速放缓，教育财政支出增长的可持续性面临新的挑战。在未来一段时间内，如何在制度上规范地方政府教育财政支出行为并激发其内在积极性是保障教育经费可持续增长的关键问题。

在正式分析之前，我们先对基础教育财政投入及其城乡差距的相关文献做简要梳理②。早期文献集中于政府教育投入努力程度的横向比较，这些研究在一定程度上回答了教育经费是否充足、哪一级政府的教育支出不足和教育内部哪些部分不足等问题③。近年来，学者也开始反思教育财政投入与社会经济发展指标挂钩是否合理的问题④。在对影响地方政府教育财政支出努力因素的讨论中，基于政治经济学视角关于财政分权⑤、转移支付⑥和地方政府利益精算⑦的研究，也进一步丰富了理解地

---

① 根据2013年的《全国教育经费执行情况统计表》，教育支出行为与努力程度呈现出较大的区域差异。以省级财政性教育经费占财政支出比例的指标为例，青海（10.03%）、西藏（10.88%）、宁夏（12.11%）、内蒙古（11.88%）、辽宁（12.91%）等省教育财政支出比例较低，而山东（20.90%）、河南（19.75%）、浙江（19.43%）、广东（19.23%）以及广西（19.07%）等省的教育财政支出比例较高。

② 例如，最早在中国提出4%目标的学者也曾对这个数据的准确性做过反思和讨论。王善迈.教育投资必须保证受教育者人均教育投资逐步增长[J].教育与经济，1985(2)：41-44；王善迈.以制度规范保障财政教育投入[J].教育与经济，2012(3)：1-3；王善迈.教育经济实证研究与规范研究的案例[J].清华大学教育研究，2016，37(1)：1-5.

③ 黄斌，钟宇平.教育财政充足的探讨及其在中国的适用性[J].北京大学教育评论，2008(1)：139-153.

④ 王蓉，田志磊.迎接教育财政3.0时代[J].教育经济评论，2018，3(1)：26-46.

⑤ JIN H H，QIAN Y Y，WEINGAST B R.Regional decentralization and fiscal incentives：federalism，Chinese style[J].Journal of public economics，2004，89(9)：1719-1742.

⑥ 宗晓华，丁建福.义务教育转移支付的激励效应与均等效应：以江苏省为例[J].教育经济评论，2016，1(1)：56-69.

⑦ YANG Y，ZHANG M Y.Subnational leaders and economic growth：evidence from Chinese cities[J].Journal of economic growth，2015，20(4)：405-436.

方政府基础教育财政支出行为的内容[①]。

在财政分权理论视角下，地方政府是一个追求目标利益最大化的理性决策单元[②]，会根据中央政府的政策导向和考核指标进行策略性的行为调整，而财政支出结构、规模的调整是其主要调整手段之一。研究认为，我国的中央-地方关系具有政治集权和经济分权的特征[③]，这种特征为检验相关理论主张提供了一定的制度背景。例如，“省直管县”“新机制”等自然实验激发了学术界对公共基础教育经费“财”和“政”问题的关注，也验证了中央导向对地方教育支出的影响[④]。

此外，在当前财政分权的制度背景和公共财政投入的“城市化倾向”双重约束下[⑤]，农村教育投入保障问题也引起了学术界的广泛关注[⑥]。相对于城市教育投入来说，农村教育投入更不充足。从地方政府公共服务支出城乡偏好方面看，公共服务投资的城市化倾向也并非中国仅有[⑦]。这可能是由于：一方面，在制度资源的利用和转化上，作为一个群体的农村居民可行能力受限[⑧]；另一方面，相关利益团体在资源占有和分配上拥有话语优势[⑨]。针对我国教育支出的研究也验证了我国教育经费支出确实存在一定的城市偏好问题。基于此，在增量额定的推进中，地方政府将采取何种分配策略，是一个有待用数据进一步检验的

---

① 王蓉，杨建芳.中国地方政府教育财政支出行为实证研究[J].北京大学学报(哲学社会科学版)，2008(4)：128-137.

② OATES W E.Toward a second-generation theory of fiscal federalism[J].International tax and public finance，2005，12(4)：349-373.

③ 范子英.央地关系与区域经济格局：财政转移支付的视角[D].上海：复旦大学，2010：204.

④ 黄斌，郝秀宁，董云霞.“以县为主”和“新机制”改革是否改善了县域间教育财政支出差异[J].教育与经济，2013(6)：3-10.

⑤ 雷万鹏，钱佳.财政分权背景下地方政府教育支出行为研究[J].华中师范大学学报(人文社会科学版)，2015，54(2)：148-157.

⑥ 邢祖礼，邓朝春.财政分权与农村义务教育研究：基于财政自给度视角[J].中国经济问题，2012(4)：62-68.

⑦ MICHAEL L.Why poor people stay poor：a study of urban bias in world development.[J].Population and development review，1977，3(4)：503-506.

⑧ SEN A K.Inequality reexamined[M].Oxford，UK：Oxford University Press，1992：117-128.

⑨ JONES G A，CORBRIDGE S.The continuing debate about urban bias[J].Progress in development studies，2010，10(1)：1-18.

议题。

基于以上分析，本研究将通过构造一个地市级城乡两部门面板数据集，检验地方政府教育支出的努力程度如何受中央行政命令的影响以及在面对这种总量要求下又如何协调城乡支出结构①。文章检验了中央教育支出行政命令的效果，这对教育财政投入保障的机制建设具有现实意义，考察了外生性的财政增量调整是否对城乡基础教育财政支出存在异质性影响，这涉及教育财政投入在城乡间的结构性分配问题。研究发现，一旦中央政府将教育财政支出作为地方业务绩效考核的“强指标”，地方政府就能高效回应中央政府关于教育投入的额定要求。同时，在总量投入达标的情况下，地方政府对基础教育资源的城乡分配模式存在较大的异质性。

本研究可能的贡献在于：第一，对地方政府教育财政支出努力程度的测量具有更好的内容效度，内容包括教育支出在地方一般财政性经费中的比例、在国内生产总值中的占比、教育经费年度环比增长率和生均教育经费支出等。第二，笔者根据统计资料的结构特征构建了一个“地级市—市辖区与县域内两部门—年份”的三维面板数据集，从而使得利用有限的数据检验地方政府教育投入的偏好成为可能。同时，数据经过转置后可以充分利用固定效应估计方法，消除不随时间而变的不可观测的地级市个体特征的影响。第三，本研究的分析单位更小且兼顾市辖区和县域内部门，为考察地方政府教育财政的具体实践提供了更丰富的素材。本研究余下部分的结构安排如下：第二部分介绍数据来源、数据处理方法与计量模型界定；第三部分对实证研究结果进行分析，并进行稳健性检验；最后对研究结论、政策启示与局限进行总结。

二、计量模型

（一）数据来源

研究所涉变量或指标均来源于《中国城市统计年鉴》和《中国区域

① 地方政府的财政能力基本上是由现有财政体制决定，具有外生性，本研究主要关注地方政府教育支出的努力程度。

统计年鉴》中关于地级市的统计部分。笔者收集了全国 282 个地级市 2007 年至 2016 年的数据[①]。这 282 个地级市是剔除了直辖市外的各省下辖市，但包含了行政级别高于地级市的省会城市。数据在回答本研究研究问题方面具有如下优势。

第一，数据总级别更低。以往文献以省为分析单位的研究较多，但省级教育支出还包含高等教育的支出，混淆因素较多：一方面，高等教育和基础教育财政制度存在差异，不扣除高等教育部分的投入，较难为地方政府基础教育支出行为提供有说服力的证据。另一方面，市级、县级政府的教育支出绝大部分是用于基础教育支出，是研究地方政府基础教育支出行为较合适的分析单位。

第二，面板数据更加适用于政策分析。“面板数据对政策分析非常有用，特别是项目评估”[②]。笔者先将这套数据转置为一个 282 个截面 10 期共计 2820 个观察值的“市—年份”二维面板数据。我们根据原始统计数据“全市”“市辖区”“县域内”[③] 的规律性排列将其再进行转置，生成空间位置的标识符变量[④]，据此可以再生成一个“县域内”的虚拟变量。删除“全市”层面的数据后就可以分析“城市”和“县镇及农村”的支出情况，共 5640 个观察值[⑤]。如分析技术部分所示，使用这样的三维面板数据进行固定效应估计时可以消除不随城乡和时间而变化的因素的影响，例如，当地对教育支出的偏好等不可观测特征。

第三，数据时间跨度更合理。本研究的分析起点是 2007 年，主要是基于如下考虑：2006 年后全面实施的农村义务教育经费保障新机制，在一定程度上改变了地方政府教育支出的模式。同时，自 2007 年起，财政

---

① 文中所涉年份是事件发生时间，而不是统计报表公布时间（通常滞后一年）。

② 伍德里奇.计量经济学导论：现代观点[M].北京：清华大学出版社，2022：351-365.

③ 原始数据只统计了“全市”和“市辖区”的情况，笔者根据两者的等量关系，手动计算了两者的差值，记为“县域内”的数值，即“城乡”关系中的“乡”所对应的数值。本研究团队在一系列研究中均使用了这种数据管理技术。

④ Stata 的 reshape 命令中的“j”。

⑤ 282 市×10 年×2 部门。某些变量在部分年份缺失，采用列删法处理缺失值通常会导致实际分析中有效样本数字少于理论值。具体分析详见书中实证结果分析部分的附属统计量“样本量”。

收支科目划分做了重要的变更。例如，2006 年以前，一般预算平衡表中只有“教育事业费”支出科目，而 2007 年以后，“教育事业费”和以往“基本建设支出”类目中用于教育的部分合并统称为“教育支出”。本研究所选时间区间可以避免核心变量的测量不一致等误差。

此外，尽管笔者收集了 2013 年及此后的数据，但由于国家在这个时间段内加大了对乡村教育的政策扶持，实施了“乡村教师生活补助”“乡村教师支持计划”等重要政策，而这些比重较大的农村专项教育经费的投入难以从总经费投入中分离出去，不利于准确估计政府工作报告对教育财政投入产生的动态效应。因此，最终的回归分析不包括对这个时间段数据的分析①。

（二）核心变量

本研究的核心变量主要是地方政府的教育财政支出努力程度变量、政策时效时间变量及其作用强度的空间变量。

1. 被解释变量

教育财政支出努力程度包括四个指标，其中，三个为比例指标，一个为水平值。而这四个指标中，教育经费支出占年度预算内财政支出的比例、占国内生产总值的比例是主要的度量指标，教育经费支出较上一财政预算年度的环比增长率和生均支出这两个变量仅作稳健性检验用。以下将对这几个变量的操作化过程作简要说明。

第一，教育经费支出占年度预算内财政支出的比例。中国教育财政投入确立了“两个提高”和“三个增长”的基本原则，即教育经费支出占国内生产总值的比例随国民经济的发展和财政收入的增长逐步提高，教育经费支出占财政支出总额的比例随国民经济的发展逐步提高；公共财政预算内教育经费增长高于财政经常性收入增长，生均公共财政预算教育事业费支出实现逐年增长，生均公共财政预算内公用经费支出实现逐年增长。教育支出占公共财政支出的比例能度量各地教育财政支出的

① 文中提供的历时趋势图都包含 2013 年及此后的年份，仅供读者参考。

努力程度。这个指标的效度在教育财政相关研究中得到了学术界的一致认可①。

第二，教育经费支出占国内生产总值的比例。中央政府主要围绕“占国内生产总值4%”这项任务指标发布政策要求，由此我们利用教育经费支出占国内生产总值的比例作为地方政府努力程度的指标之一。

第三，教育经费支出较上一财政预算年度的环比增长率。如前所述，教育经费相对自身的增长率也是一个重要的指标。

第四，生均支出。这个变量实际上能回应“三个增长”问题。同时，在控制了学生人口的比例后，生均教育经费支出能更好地消除办学规模对支出的影响。我们遵循以往研究的惯例，将其作自然对数处理后，再进行回归分析。

2. 核心解释变量

时间变量和空间效应是本研究的核心解释变量。2011年和2012年是考察中央政府强力推进教育支出目标影响的两个关键时点，用以对公共政策的文本计量②。尽管4%的教育投入目标落实年份是2012年，但在2011年的政府工作报告中已首次出现。而2012年则以更强的态度再次对此任务进行明确说明。有鉴于此，我们将政策启动元年设定在2011年，当观测年份为2011年和2012年时，时间变量的取值是1；而2007年和2010年间的时间变量取值为0。

除了用时间变量标记政策话语表述的强度外，我们也以虚拟变量的形式将时间趋势项加入模型，考察各年度的相对强度，而2011年和2012年分别对应的系数YR_{2011}、YR_{2012}可以间接检验政府工作报告对4%指标的指示语气强硬程度的效应。

此外，我国的市辖区通常为城市中心地区，而且发展程度、基础设

① 张晏，李英蕾，夏纪军.中国义务教育应该如何分权：从分级管理到省级统筹的经济学分析[J].财经研究，2013，39(1)：17-26.

② 黄萃，任弢，张剑.政策文献量化研究：公共政策研究的新方向[J].公共管理学报，2015，12(2)：129-137.

施等方面更具优势，而县域内空间包括发展程度相对较低的广大农村或远郊及县（区），可以将其视为广义上的“农村”。如前文“数据来源”部分所述，这个变量是根据统计年鉴数据提供的“全市”“市辖区”划分利用减法计算“县域内”部分的各经济指标[①]，然后转置成“伪面板”数据，将所有282个地级市的6期数据转置成含有市辖区和县域内两个部门的三维面板数据后，可以通过虚拟变量的方式识别“市辖区”和“县域内”。

（三）模型界定

如前所述，本研究将重点考察2012年的教育财政投入的行政命令效应及其在城市与县镇（农村）的空间分布效应。完整模型见本书第三章第二节的模型3.1。

面板数据的优势是根据对误差项的特殊设定做方差分解，误差项被分解为两类：截面的个体效应和随机扰动项ε。如果个体效应与随机扰动项相关，即各城市的各部门不随时间变化且与其他解释变量相关的变量均通过差分的形式最终被个体效应吸收。将所有变量作组内去均值处理后进行估计即可得到固定效应是一致的估计结果[②]。因此，利用固定效应估计时，所有解释变量需因截面的不同而有所变化。如果解释变量不随时间而变或者在相同的时间间隔内所有截面都出现等量变化则会被个体效应吸收。因此，本研究无法直接将空间效应纳入模型。然而，这些不随时间而变或在同样的时间间隔内发生等量变化的变量可以与时间变量进行交互。因此，尽管本研究无法直接通过固定效应估计得到空间效应的系数，但可以获得时间变量×空间效应的效应以及空间效应在各年份上的估计量。

---

① 部分不具有加总性质的变量不可以直接相减，例如，人口增长率或人口密度等，它们不存在市辖区与县域内加总即为全市均值的等量关系。

② 如果Hausman检验结果显著，从统计上支持FE。然而，一般而言，截面效应α_i与解释变量或误差项不相关的假设不成立，不能获得一致估计。通常而言，即使Hausman检验结果不显著，面板数据分析也多用FE估计。

三、实证结果

（一）主要发现

2011 年，在政府工作报告中出现 4% 的表述时，当年的政策效果就显著地表现出来。具体而言，在其他条件相同的情况下，国家明确地将教育财政投入 4% 的目标设定为政府工作重点时，政策时效期限内的教育支出在公共财政中的比例支出提高了两个百分点左右，在国内生产总值中的占比提高了 0.5 个百分点。

对教育经费支出的影响，来自地区内部不可观测的个体效应量较大。这与研究直觉相符：教育需求和偏好、城乡分化程度等历史或制度因素，甚至政府领导人的经历与背景等对地方财政支出都具有重要影响，而这些不可观测的或者数据库中没有收集到的信息都会造成传统估计方法的重大偏差。本研究通过将地级市面板数据再按市辖区和县域内两维空间转置成三维面板数据，利用固定效应估计较好地解决了这个截面数据较难处理的技术问题。

表 5-1 中的辅助统计量显示：截面内的方差成分比例较大，ρ 统计量均超过了 0.7，即教育财政努力程度的差异主要来自城市自身，在所有方差中的占比超过了 70%。

表 5-1 政策表述对地方政府教育财政支出努力程度及其分布效应的影响

解释变量	教育经费占财政支出的比例（%）			教育经费占国内生产总值的比例（%）		
	模型 1	模型 2	模型 3	模型 4	模型 5	模型 6
时间变量	2.024***	2.585***		0.567***	0.512***	
	(0.189)	(0.221)		(0.051)	(0.060)	
时间变量×空间效应		−1.172***			0.116+	
		(0.240)			(0.065)	
YR_{2008}			0.606*			0.330***

续表

解释变量	教育经费占财政支出的比例（%）			教育经费占国内生产总值的比例（%）		
	模型 1	模型 2	模型 3	模型 4	模型 5	模型 6
			(0.288)			(0.078)
YR_{2009}			0.320			0.522***
			(0.335)			(0.091)
YR_{2010}			0.368			0.744***
			(0.400)			(0.108)
YR_{2011}			1.803***			1.134***
			(0.472)			(0.127)
YR_{2012}			3.956***			1.810***
			(0.535)			(0.145)
YR_{2008}×空间效应			−0.338			0.069
			(0.374)			(0.101)
YR_{2009}×空间效应			−0.931*			0.079
			(0.377)			(0.102)
YR_{2010}×空间效应			−1.711***			−0.052
			(0.377)			(0.102)
YR_{2011}×空间效应			−1.766***			0.173+
			(0.378)			(0.102)
YR_{2012}×空间效应			−2.081***			0.166
			(0.383)			(0.103)
其他控制变量	√	√	√	√	√	√
样本量	3020	3020	3020	3020	3020	3020

续表

解释变量	教育经费占财政支出的比例（%）			教育经费占国内生产总值的比例（%）		
	模型 1	模型 2	模型 3	模型 4	模型 5	模型 6
组内 R^2	0.139	0.147	0.201	0.178	0.179	0.234
ρ	0.712	0.717	0.728	0.821	0.818	0.807

注：1. $^{***}p<0.001$，$^{**}p<0.01$，$^{*}p<0.05$，$^{+}p<0.10$；2. 系数下方的值为标准误；3. 每个城市的市辖区和县域在不同年份的观测值看作独立观测，样本量是 282 个城市市辖区与县域内两部门数据转置而成的结果，但由于部分变量上的缺失，在采用列删法处理缺失值的情况下，有效观测值小于理论值；4. 其他控制变量包括财政自给率及其平方项、人均财政转移支付的对数、人均国内生产总值及其平方项、学生人口负担率、市辖区与县域各部门在全市人口中的占比、人均外商投资等，除人均转移支付和外商投资等变量是全市整体情况外，其他所有变量均为部门特属；5. 对于比值类数据，对异常值进行了剔除；6. 所有的模型中均做了充分的统计控制，受篇幅限制，仅报告了核心解释变量的估计系数；7. 除特殊说明外，此处注释，全书通用。

根据上表固定效应的估计结果，我们可以得到如下结论：

第一，政府工作报告出现明确的4%政策表述的两年中，政策效应明显。代表行政命令生效的时间虚拟变量（即 2011 年和 2012 年）的系数均显著为正（$p<0.001$）。就教育经费在财政支出中占比而言，时间变量对应的系数约是两个百分点；将解释变量替换为教育经费在国内生产总值中的占比后，时间变量对应的系数仍然显著为正，大约为 0.6 个百分点。

而在直接受到中央政府对地方政府教育支出规定和约束的两年中，2012 年的效果更明显，是 2011 年的 3 倍①。在考虑时间和空间的交互作用后，模型 3 和模型 6 的结果显示，政府对教育投入水平做出强硬规定的 2012 年，其效应量更大，对财政支出占比而言，这个效应量超过两倍；对国内生产总值占比而言，效应量的增幅也超过 50%。

前文的描述统计结果也表明，与 2007 年至 2010 年的财政支出占比相比，2011 年和 2012 年地级市的市辖区和县域内教育支出均显著提高，中央政府对教育支出水平设定的强制目标得到了地方政府的有效回应。

① 笔者将时间效应分解成 2011 年和 2012 年的结果没有在文中报告，其系数分别是 1.071（标准误为 0.440）和 3.107（标准误为 0.513）。

一种可能的解释是，我国的教育支出努力程度偏低在一定程度上并非财力不足而“不能为之”，而是激励不足和监督机制不力导致的“不愿意为之”[①]。从教育经费投入保障的体制机制建设角度看，国家应该对地方教育投入的充足性设定标准，并将这种民生支出达标程度进行更强有力的监督。

2012年的4%目标本质上是一个教育财政投入努力程度评估问题。根据我国当前地方官员考核的管理惯例可以预期，只要国家将这个指标纳入当年的绩效评估指标体系，4%就不是一个无法企及的目标[②]。然而，这种财政支出保证能力并非瞬间获得，而是通过调整支出结构实现的。换言之，地方政府在面临硬性任务目标考核时，其策略有时是压缩其他公共服务项目中的支出，通过支出结构的变动调整教育经费。

此外，我们还发现了初步的挤出效应证据，图5-3呈现了社会保障与就业、教育等领域支出的相反趋势变动。这与来自“民生性支出和生产性支出的两部门竞争关系”研究所得的结论基本一致[③]。具体而言，尽管在2010年前后，社会保障和医疗卫生与教育同样大幅度缩减，但此后，教育支出明显迅速回升且一直保持到2012年，而社会保障支出却一路下滑。从可持续发展角度看，应该用财政支出制度性保障的办法解决民生支出问题，而非权宜性地从其他民生部门挤占。教育、医疗和社会保障都是扩展个人自由集合的基本公共服务方式，不应牺牲某一民生事业部门的发展换取“竞争性”部门的暂时发展。该结果也间接地解释了“后4%”时代，地方政府教育支出增速放缓，甚至部分地方经费缩减的现象发生的原因。

第二，教育支出结构显示了城市偏好，但基于不同结果变量估计的系数缺乏稳健性。表5-1中模型2和模型5分别考察了中央政策时效时期与县域空间的交互作用。对于教育经费在财政支出中占比这个指标而言，县域内的增幅显著更低，但对国内生产总值占比而言，县域内支出

① 李秉中.我国教育经费支出的制度性短缺与改进路径[J].教育研究,2014,35(10):41-47.

② 周黎安.中国地方官员的晋升锦标赛模式研究[J].经济研究,2007(7):36-50.

③ 张牧扬.晋升锦标赛下的地方官员与财政支出结构[J].世界经济文汇,2013(1):86-103.

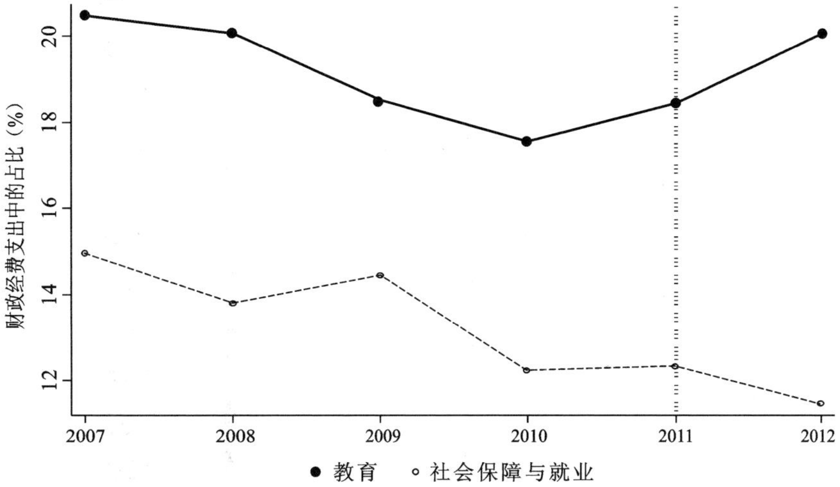

图 5-3 公共财政支出中的挤出效应

增量边际显著。在模型 3 和模型 6 中，将每个年份与县域内经济体交互时，县域内教育经费占国内生产总值的比例增量只在 2011 年边际显著提高了 0.17 个百分点，而在其他时间内或不显著或显著更低。这与以往的研究结论一致①。

综上所述，地方政府教育支出努力程度受到了教育需求与自身经济发展水平、财力基础和财力来源结构等诸多因素的影响，但在控制了这一系列因素的情况下，努力程度差异则可以说明地方政府的教育偏好差异并最终反映在地方政府教育支出中。我们认为，地方政府对中央政府的绩效考核任务目标能实现及时高效地作出反应，表明地方官员的偏好也具有改变的可能性。

研究表明，在当前的绩效考核体系下，地方政府仍对经济性支出存在偏好，而对包含教育在内的民生支出偏好不足。相对于文化教育卫生等方面而言，基建投入更容易在短时期内取得效果，从而产生对公共支出结构的扭曲②。由此可见，地方政府的激励和监督问题非常重要，这

① 黄少安，姜树广.城乡公共基础教育均等化了吗？对城乡基础教育财政支出和教育质量历史趋势的实证考察[J].社会科学战线，2013(7)：80-85.

② 傅勇，张晏.中国式分权与财政支出结构偏向：为增长而竞争的代价[J].管理世界，2007(3)：4-12.

依赖于对现有行政考核机制、财政决策模式、民众监督权力等方面进行综合治理。

（二）稳健性检验

以往的教育财政文献常将地方政府的教育投入努力程度限定在占公共财政支出或国内生产总值的比例两个指标上。然而，这两个指标都是部门间的比较。教育经费这个部门内的变异很少受到关注。鉴于此，笔者构建了教育支出相对上一年的增长率以及辖区内生均支出两个指标，分别从相对水平和绝对水平两个方面进行考察。表 5-2 显示了教育经费支出环比增长率和生均支出受政策表述的影响。

表 5-2　政策表述对地方政府教育支出努力程度影响的稳健性

解释变量	教育经费支出环比增长率（%）			生均支出（元）的对数		
	模型 7	模型 8	模型 9	模型 10	模型 11	模型 12
时间变量	10.500***	9.254***		0.242***	0.244***	
	(1.137)	(1.298)		(0.013)	(0.015)	
时间变量×空间效应		2.648*			-0.003	
		(1.331)			(0.017)	
YR_{2008}						0.156***
						(0.018)
YR_{2009}			-5.219***			0.298***
			(1.521)			(0.021)
YR_{2010}			-7.591***			0.424***
			(1.843)			(0.026)
YR_{2011}			-1.296			0.655***
			(2.270)			(0.030)
YR_{2012}			-0.756			0.907***
			(2.682)			(0.034)

续表

解释变量	教育经费支出环比增长率（%）			生均支出（元）的对数		
	模型 7	模型 8	模型 9	模型 10	模型 11	模型 12
YR_{2008}×空间效应						0.054*
						(0.024)
YR_{2009}×空间效应①			−5.571**			0.043+
			(1.990)			(0.024)
YR_{2010}×空间效应			−4.826*			0.028
			(1.999)			(0.024)
YR_{2011}×空间效应			−1.043			0.042+
			(1.999)			(0.024)
YR_{2012}×空间效应			−1.219			0.045+
			(2.029)			(0.024)
其他控制变量	√	√	√	√	√	√
N	2479	2479	2479	3020	3020	3020
组内 R^2	0.096	0.098	0.130	0.817	0.817	0.852
ρ	0.432	0.471	0.459	0.748	0.749	0.820

在 2011 年的政府工作报告明确提到 4% 这项政策任务时，无论是教育经费支出环比增长率还是生均支出，都会从当年的财政统计中得到明显的反映。同时，稳健性检验所得结论仍然支持了 2011 年的政府工作报告的显著效应，简要摘录主要结果如下：第一，如果将教育经费投入的年度环比增长率作为地方政府基础教育财政支出努力程度的度量指标，则中央政府的政策表述直接推动了地方政府在教育投入上比上一年净增 10 个百分点左右，该结果与图 5-1 中表现出的巨大转折具有内在一致性。第二，2011 年的政府工作报告对生均教育经费支出的效应量为 0.24，参

① 增长率以前一年为基准，因此，2008 年是第一个有观测值的年份，YR_{2008}×空间效应的交互项为基准参照。

照有效分析样本生均支出均值 6198 元可以算出：因中央政府对教育支出比例的硬性要求，2011 年至 2012 年的生均支出净增量是 1681 元［EXP（0. 24）×6198-6198］。

将教育经费增长率和生均经费两个指标作为地方政府教育投入努力程度的测量指标时，其空间分布效应明显。对于县域内的经济体而言，2011 年的政府工作报告中关于教育经费支出的要求显著提高了 4% 的生均教育投入，相当于增加了 220 元①。

图 5-4 显示出市辖区与县镇及农村生均教育支出比率的变化趋势。我们从中可以看出，在生均教育支出指标上，总体上代表城市人口的市辖区的相对优势呈逐渐下降的趋势。前文主体分析显示，从占公共财政比例的指标看，县域内经济体受 2011 年的政府工作报告的促进作用的幅度平均低 1 个百分点，但从绝对量上看，县域内的教育系统投入水平仍然有所改善。

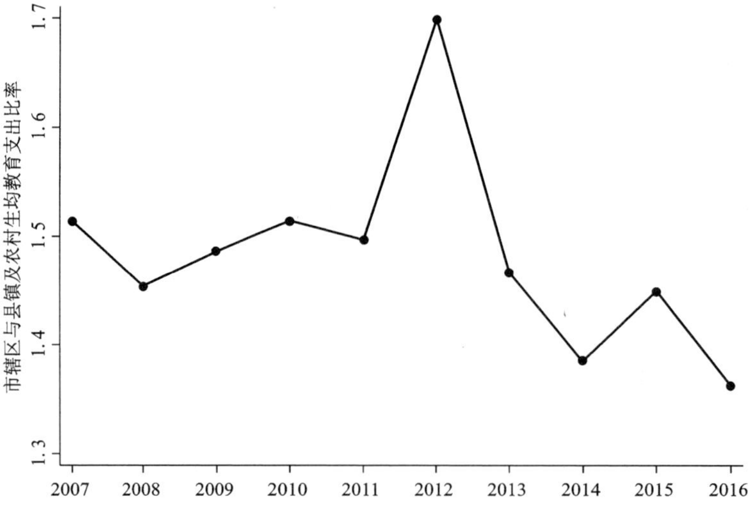

图 5-4　市辖区与县镇及农村生均教育支出比率变化趋势

如图 5-5 所示，在 2011 年的政府工作报告生效的当年，县镇或农村生均教育支出的增幅也显著高于市辖区。然而，增幅也与基期的总量有

① 县域内有效分析样本的生均教育经费 6 年均值是 5471 元，其 4% 是 218. 84 元。

关，这个指标能为城乡不均衡程度缩减趋势提供辅助信息。

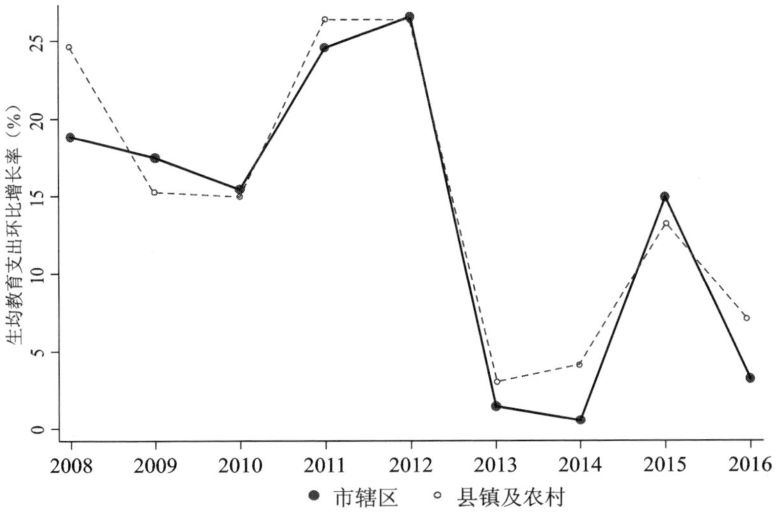

图 5-5 市辖区与县镇及农村生均教育支出环比增长趋势

四、小结与讨论

（一）主要结论

本研究利用 282 个地级市 2007 年至 2016 年的地市级面板数据，分市辖区和县域内二部门对数据进行了转置处理，构建了一个能区分地级市不同经济部门活动的三维面板数据，并用固定效应法估计了地方政府基础教育支出努力程度受中央政府行政命令影响的程度及这种差异的空间分布效应。主要结论如下：

第一，中央政府于 2012 年强制推进教育投入额定占比，这种强力式增加投入的方式能在短期内得到地方政府及时且高效的响应。无论是采用比例指标还是采用生均经费绝对水平值指标，2011 年的政府工作报告出现 4% 明确要求时，就可以明显地体现出净增量。然而，这种依靠中央政府强力推进的教育支出增长方式可能不具有可持续性。

第二，在教育经费占公共财政支出比例这个指标上，中央明确规定并强力推进地方政府目标任务后，存在“城市偏向”的证据，而在国内生产总值占比、教育经费环比增长等指标上，中央政府的“指挥棒”能略微改善县域内教育投入。鉴于县域内的统计资料更多的是来自农村和乡镇的加总数据，这一现象值得引起重视。本团队的实地调研发现，在农村剩余劳动力迅速转移的时代背景下，县城和乡镇的教育也面临资源严重短缺的问题，亟须投入。

第三，固定效应估计的辅助统计量 ρ 表明，教育财政支出的城市个体效应较大，这意味着在分析地方政府的教育支出问题时可能面临遗漏变量的偏误问题。今后需要进一步加强城市或县（区）层面的数据建设，推动教育财政研究方法精细化工作。

（二）政策启示

自2012年财政性教育经费占国内生产总值比重突破4%以来，已经连续8年保持在4%以上。近年来，在世界经济增长低迷，国内经济下行压力加大，财政收支矛盾突出的背景下，支出占比能持续保持在4%以上既是我国坚持优先发展教育事业的具体体现，也是中央与地方财政共同努力的结果。

但我们必须看到，财政性教育经费占国内生产总值比重于2012年达到4.28%以后，除2015年（4.26%）较2014年（4.15%）增长外，已经连续4年呈现一定的下降趋势（2016年至2019年分别为4.22%、4.14%、4.11%和4.04%）。这不仅说明我国在尚未达到世界平均水平之前（根据经济合作与发展组织数据，2018年世界平均值为4.9%），就有了低速增长和低于财政收入增速的隐患，还表明地方政府在教育支出达到一定的水平后，可能存在教育支出努力程度减弱的趋势。结合实证研究结论，本研究提出以下政策建议。

首先，在进入“后4%”时代以后，中央政府仍应高度关注教育经费投入的持续增长，并在政策表述上发出积极信号，提升地方政府教育支出努力程度。我们的研究表明，中央政府的政策表述强化时，地方政府会在短期内提高教育支出努力程度。但是一旦中央政策强度减弱时，这种“动员式”推动教育财政投入努力程度的方式将难以持续。2018年，《国务院办公厅关于进一步调整优化结构提高教育经费使用效益的意见》提出，要确保一般公共预算教育支出逐年只增不减，确保按在校学生人数平均的一般公共预算教育支出逐年只增不减（简称“两个只增不减”），该文件为教育财政支出的进一步保障提供了方向。

本研究认为，各级政府要从教育支出持续增长的角度将教育事业摆在优先发展的地位：一方面，通过中央政策、文件等所释放的信号强度提升地方政府教育支出努力程度，持续改进地方政府教育支出偏好，政策传达的信号强度不宜减弱。另一方面，通过改革政府考评机制、加强教育督导、建立投入标准等方式，从政策、制度、标准等角度进一步强化地方政府教育支出的约束性，探索教育经费增长的长效机制，落实地方教育财政支出责任，切实保障“两个只增不减”。

其次，在优化教育经费配置结构的过程中，需要充分考虑地方政府在“调整优化结构、提高教育经费使用效益”过程中的财政能力与动力机制。本研究结论表明，当教育财政资金增长的时候，这种边际增量仍存在城市偏好。在当前“以县为主”的基础教育管理体制下，这种城市偏好不仅会导致地级市域内的城区与县的差距进一步拉大，还会对缩小城乡教育差距带来不利影响。本研究认为，在坚持“保基本、补短板、促公平、提质量”的原则下，一方面，应充分考虑市辖区与县的财力差距，差异化地明确区县级政府教育支出努力的提升空间；另一方面，在尽快制订生均支出标准的基础上，将核算标准纳入地方政府预算，并对财力不同的区县确立有弹性的多级政府支出责任划分，保障教育财政经费增量真正流入偏远农村等欠发达地区的教育事业发展中，从而缩小差距。

最后，值得注意的是，2020 年国务院政府工作报告提出要稳定教育投入，优化投入结构，缩小城乡、区域、校际差距，让教育资源惠及所有家庭和孩子，让他们有更光明的未来，再次传递了教育财政“稳投入、缩差距”的政策信号。这既是在经济下行风险增加、财政收入增速放缓背景下对教育财政投入的总体要求，也是地方政府改进教育支出努力程度的积极信号。本研究还存在一定局限：尽管固定效应估计能有效消除不随时间而变的不可观测特征引起的遗漏变量偏误，但它仍然没有解决反向因果的问题。本研究的核心解释变量是中央政府“一刀切”决策，反向因果问题的可能性较小，但那些以往离4%较远的经济体可能面临急剧的行为模式转变；然而，受数据本身的限制，我们没有在文中详细讨论这个问题，今后可以通过收集更丰富的信息，更加精准地估计政府工作报告的政策信号对教育经费投入增长的贡献。

第二节　财政支出中的教育偏好研究[①]

一、问题陈述

随着我国的财政体制逐步完善，从1998年开始，财政体制改革的目标已经确定，并在政府和学术界取得共识，即建立基于社会主义市场经济体制的公共财政体制[②]。近年来，关于教育、社会保障、医疗等方面的民生财政支出问题日益受到学界重视。其中，教育财政作为国家进行教育干预的主要方式，是推进教育高质量和优质均衡发展的保障力量。整体而言，在社会主义市场经济体制建立和不断完善进程中，我国教育财政体制改革在改革开放的40多年来经历了四个阶段，即改革开放初期的探索、多元化筹集教育经费、建立公共教育财政制度以及现代教育财政制度的最终形成[③]。

财政支出是政府分配活动的重要方面，但无论是发达国家，还是发展中国家，财政支出都普遍面临较大压力，特别是在新冠肺炎疫情影响下，世界各国的财政收支在未来很长一段时期都将处于财政紧平衡状态[④]。因此，地方政府行为对财政支出结构、支出偏好的影响一直以来都是经济学、政治学、财政学等学科研究的重点领域之一。前文提及，

① 现有研究中关于教育支出与基础建设等经济性支出的研究较多，且已有较为一致的结论。这里的教育支出偏好主要是针对民生支出内部的偏好。另外，本书对民生财政的界定仅限于地方政府支出中的基础教育、医疗卫生和社会保障三个部分。

② 王善迈.公共财政框架下公共教育财政制度研究[M].北京：经济科学出版社，2012：6.

③ 胡耀宗，刘志敏.从多渠道筹集到现代教育财政制度：中国教育财政制度改革40年[J].清华大学教育研究，2019，40(1)：111-120.

④ 闫坤，鲍曙光.紧平衡状态下财政支出改革研究[J].财经问题研究，2022(9)：94-103.

当前众多研究反映出我国政府财政支出中的一个突出问题是，财政支出行为中存在明显的“重建设轻民生”问题（乔宝云等[①]，2005；傅勇[②]，2010；尹恒、朱虹[③]，2011），也就是说，政府更倾向于将财政资源投资于见效快、政绩显著的基本建设，民生支出虽然在总量上有较大幅度提高，但仍然相对落后于财政支出总量和经济建设支出增长速度。

这类研究有一个共同的理论前提：财政资源是有限的，各类公共支出之间存在竞争关系，而政府面临权衡取舍问题。当前关于我国政府财政中生产性偏好的研究，其结论从本质上来说，是经济性财政支出在与民生性支出的竞争中占据了较大的优势。现有研究对该问题的解释主要基于两个既相互联系又有区别的视角：一种是沿着财政分权与政治集权的视角对该问题进行分析，认为在“经济分权、政治集权”的背景下，地方政府形成了独立的利益边界，加之地方官员的自利行为，财政支出会更偏向经济性支出。另一种视角更强调财政行为是政治行为的一部分，深入政府预算行为内部分析官员、职能部门的预算权力分配对最终支出结构的影响，例如王蓉[④]（2004），马骏、侯一麟[⑤]（2004）和刘亚亮、林慕华[⑥]（2014）的研究。当前的研究从这两类视角出发对我国政府财政中的生产性偏向问题提供了较强的解释力。

从教育财政的角度看，财政分权能够通过形塑政府间关系和调整政府间利益结构，对政府教育支出行为决策偏好产生深刻影响[⑦]。就国内而言，我国是特有的教育财政分权模式，即“教育供给的决策权、执行权和监督权不完全归集在某一层级政府，而是上下级政府间的共同事

---

① 乔宝云，范剑勇，冯兴元.中国的财政分权与小学义务教育[J].中国社会科学，2005(6)：37-46.

② 傅勇.财政分权、政府治理与非经济性公共物品供给[J].经济研究，2010(8)：4-15.

③ 尹恒，朱虹.县级财政生产性支出偏向研究[J].中国社会科学，2011(1)：88-101.

④ 王蓉.中国县级政府教育财政预算行为：一个案例研究[J].北京大学教育评论，2004(2)：50-57.

⑤ 马骏，侯一麟.中国省级预算中的非正式制度：一个交易费用理论框架[J].经济研究，2004(10)：14-23.

⑥ 刘亚亮，林慕华.预算过程中的正式政治与非正式政治：A省一个专项资金的案例分析[J].公共行政评论，2014，7(4)：112-132.

⑦ 杨海华，刘玉拴，赵础昊.教育财政分权对公共教育支出层级结构的影响及对策[J].地方财政研究，2022(5)：67-75.

权”[①]。整体上，虽然各国在政治、经济、社会和文化等多重因素的交叉影响下存在体制上的差异，负责基础教育支出的政府层级不同，但是许多国家的社会保障或医疗都是由“中央政府统筹”，对于诸如美国等基础教育支出重心相对较低的国家来说，地方政府教育支出所面临的财政竞争程度是不一致的。此外，在财政分权背景下，虽然地方政府拥有一定的财政自主权，但教育等公共服务经济回报周期较长的特点，会使地方政府对增加教育公共服务供给的主观意愿不强，因此地方政府的教育支出偏好与一个地区的经济发展水平和政府掌控财力不是简单的正相关关系[②]。

这样一来就产生了新的问题：如果说在生产性支出和民生支出权衡时地方政府更加偏向前者，那么在民生支出内部，地方政府对教育支出有更多的偏好吗？教育、医疗卫生、社会保障之间是否存在竞争关系？三者的互动关系怎样？现有研究并未给出答案，关于民生财政内的竞争问题尚未得到我国学者的关注，理论与实证研究均略显匮乏。值得注意的是，教育财政与医疗财政、社会保障财政一样，都是公共财政的重要组成部分，也都是民生财政关注的重点领域。如果不将教育财政纳入民生财政的整体框架，不考虑教育财政与其他民生财政的竞争与互动，容易遗漏一些重要的影响因素[③]。正是基于财政支出竞争的角度，以基础教育财政为研究本位，本节将利用市级数据[④]对地方政府民生财政中的教育、医疗卫生和社会保障支出偏好和三者的互动关系进行实证分析。

---

① 孙开，王冰.政府间普通教育事权与支出责任划分研究：以提供公平而有质量的教育为视角[J].财经问题研究，2018(8)：73-81.

② 杨东亮，杨可.财政分权对县级教育公共服务均等化的影响研究[J].吉林大学学报(社会科学版)，2018，58(2)：93-103.

③ 举一个财政竞争的简单例子：在教育政策研究领域的学者呼吁大幅提高农村教师待遇的同时，研究医疗卫生政策的学者事实上也在为基层乡村卫生系统的医务工作者的福利待遇的提高而积极奔走。在地方财政资源有限的情况下，政府不得不在二者中进行权衡，也不得不考虑当一方待遇提高后另外一方的反应。因此，财政竞争的互动性与政府目标的复杂性有必要在研究时被纳入政策研究的考虑范围。

④ 与上文中一致，利用市级教育财政数据则意味着市、县教育财政的合并，其主体是基础教育支出。

二、计量模型

财政纵向失衡会扭曲地方政府支出结构，并使基本公共服务支出偏向随着这种失衡程度的上升而变得更加弱化①。目前，常用的考察政府对某项财政支出偏好程度的简单方法是横向比较，但该方法的缺陷在于仅考虑了单一变量的数值大小，并未对一些影响该变量的因素进行控制。此外，横向比较只能针对同类别的支出进行分析，而对不同类型的变量的比较需要借助其他测算方法，来确定比较两种或两种以上的财政支出对财政增量的反应程度。结合本部分的研究目的，分别以基础教育支出、社会保障支出和医疗卫生支出②作为因变量，建立 3 个计量模型，采用同样的自变量对其进行估计。

模型 1：

$$edue_{it}=\alpha_0+\beta_1 fr+\beta_2 ftr_{it}+\beta_3 pop_{it}+\beta_3 gdpp_{it}+\beta_4 arg_{it}+\beta_5 dens_{it}+\beta_6 urr_{it}+DE+DC+DT+\varepsilon_{it}。$$

模型 2：

$$sise_{it}=\alpha_0+\beta_1 fr+\beta_2 ftr_{it}+\beta_3 pop_{it}+\beta_3 gdpp_{it}+\beta_4 arg_{it}+\beta_5 dens_{it}+\beta_6 urr_{it}+DE+DC+DT+\varepsilon_{it}。$$

模型 3：

$$mdie_{it}=\alpha_0+\beta_1 fr+\beta_2 ftr_{it}+\beta_3 pop_{it}+\beta_3 gdpp_{it}+\beta_4 arg_{it}+\beta_5 dens_{it}+\beta_6 urr_{it}+DE+DC+DT+\varepsilon_{it}。$$

3 个模型拟采用全国 282 个地级市 2007 年至 2012 年的数据进行实证

---

① 马海涛，文雨辰.减税执行下地方政府基本公共服务支出行为：基于支出偏向和支出效率双视角[J].河北大学学报（哲学社会科学版），2022，47（4）：73-84.

② 需要说明的是，三类民生支出均为一般预算支出中的民生支出，社会保障支出不包括社保基金支出中的养老保险、医疗保险等。但社会保障支出事实上和社会保险基金有着千丝万缕的联系，前者支出中约 25% 是对后者的补助。以《中国财政统计年鉴》中 2007 年至 2009 年的数据为例，2007 年、2008 年、2009 年三年全国一般预算财政的社会保障支出合计为 19858 亿元，其中对社会保险基金补助为 4682 亿元（23.58%）、行政事业单位离退休金补助 5472 亿元（27.56%）、就业补助 1297 亿元（6.53%）、城市最低生活保障 1226 亿元（6.17%）、自然灾害救助 571 亿元（2.88%）。由于我国社会保险“双轨制”的存在，如果加上行政事业单位离退休人员的支出，我国的社会保障支出中约有 50% 是用于国际通用意义上的“社会保险”而非“保障”。此外，文中的社会保障支出涵盖了就业支出，若下文出现“社保”系指“社会保障”而非“社会保险”。

分析，合计 1692 个观测值的平衡面板数据。在上述回归模型中，下标 i 和 t 分别表示第 i 个地级市第 t 年的观测值，ε_{it} 为随机扰动项。模型中各指标均来源于 2007 年至 2012 年的《中国城市统计年鉴》和《中国区域经济统计年鉴》中关于地级市的统计部分。

因变量中 $edue_{it}$、$sise_{it}$、$mdie_{it}$ 分别表示第 i 个地级市、第 t 年的教育支出、社会保障支出和医疗卫生支出。自变量中，该模型关注的重点是 fr 和 ftr 的系数，fr 为地级市的一般预算收入（不含转移支付），ftr 为地级市接受的上级转移支付额度①，这两个变量的系数用于后期测量地方政府的财政偏好。控制变量中，pop 表示地级市的人口总量，$gdpp$ 代表人均国内生产总值，arg 表示农业产值占国内生产总值比例，$dens$ 代表人口密度，urr 代表城市化率。此外，模型再次引入了时间变量、省会变量和区域变量，其意义与前文一致②。由于一些指标在前文中已进行过描述性统计，这里只给出主要变量的描述性分析（见表 5-3）。

表 5-3　变量描述性分析

变量	变量含义	均值	中位数	离散系数	偏度
edue	教育支出（万元）	297989	226335	0.83	2.59
sise	社会保障支出（万元）	192535	151952	0.88	4.13
mdie	医疗支出（万元）	117614	87800	1.15	15.40
eduep	人均教育支出（元）	797.97	643.80	0.82	5.04
sisep	人均社会保障支出（元）	532.46	433.79	0.83	7.89
mdiep	人均医疗支出（元）	310.99	269.39	1.27	25.49
frp	人均一般预算财政收入（元）	2486.45	1438.34	1.44	6.17
ftrp	人均转移支付（元）	2141.64	1649.51	2.03	18.54

注："教育支出""社会保障支出""医疗支出"为各市支出总量，而人均指标=本市支出/本市人口。

① 由于数据有限，这里的转移支付额为一个估算值，算法为财政支出减去一般预算财政收入。本质上，它包含了预算外的收入，是预算外财政收入和转移支付之和。由于发达地区预算外收入相对较多，而落后地区转移支付较多，该算法事实上是将二者作了糅合。这在分析计量结果时会作出说明。

② 由于前文已经针对各种变量对教育的影响机制进行了分析，社会经济变量对社保和医疗支出的影响机制也基本类似，因此在此处不做赘述。

从表5-3可以看出，各市人均教育支出、人均社会保障支出、人均医疗支出均值分别为797.97元、532.46元和310.99元。其中，医疗支出的离散系数要大于教育和社会保障支出，这主要是由于现阶段相对于后两者，医疗的市场化程度较高，各地的差异较大。人均社会保障支出的区域差异相对不大，其主要差距在于城乡及人群之间的差距，这主要是与城乡保障水平发展不平衡①和居民劳动收入②差距相关。人均教育支出的区域差距和社会保障支出相当，这可能是由于这两种支出之间存在相互替代关系③。

从偏度看人均教育支出、人均社会保障支出、人均医疗支出均出现了右偏（偏度大于0），其中医疗支出偏度值最大，说明相当大一部分市的医疗支出处于中下游。而人均社会保障支出的偏度也大于人均教育支出的偏度，其原因可能在于父代增加对子代的教育支出，会有助于提高家庭整体福利水平并促进子代人力资本积累④，使得居民更偏向于教育支出。此外，人均转移支付的地区差异大于人均一般预算收入的差距，且偏度较大，说明我国的转移支付的主要流向存在较大的倾向性。最后，笔者还计算了三类民生支出的相对比值：2.53∶1.64∶1（均值的比值，以医疗支出为1）和2.58∶1.73∶1（中位数比值，以医疗支出为1），用以在计量结果后评估财政偏好。

三、实证结果

由于使用的是面板数据，需要首先选择随机效应模型或固定效应模型。经过Hausman检验，3个模型均拒绝随机效应的原假设，故采用固

① 张召华，王昕，罗宇溪."精准"抑或"错位"：社会保障"扶贫"与"防贫"的瞄准效果识别[J].财贸研究，2019，30(5)：38-47.

② 韩之彬，穆怀中.社会保障支出与居民劳动收入的耦合协调度与空间分布特征[J].统计与决策，2022，38(11)：74-77.

③ 丁忠民，玉国华.社会保障、公共教育支出对居民收入的门槛效应研究[J].西南大学学报(社会科学版)，2017，43(4)：55-64.

④ KAGANOVICH M，ZILCHA I. Education，social security，and growth[J]. Journal of public economics，1999，71(2)：289-309.

定效应的估计方法对模型进行估计。另外要说明的是，模型主要是为了估计市级单位的财政收入和转移支付收入的增量效应，因此利用总量或均值的估计结果。由于人口变化不大，其结果差异不会太大，因此采用总量数据进行估计。计量结果见表 5-4。

表 5-4 计量结果

变量	模型 1		模型 2		模型 3	
	因变量 *edue*		因变量 *sise*		因变量 *mdie*	
	系数	标准误差	系数	标准误差	系数	标准误差
地级市的一般预算收入	0.127***	0.002	0.090***	0.003	0.055***	0.003
地级市接受的上级转移支付额度	0.046***	0.003	0.038***	0.004	0.028***	0.004
地级市的人口总量	333.007***	11.441	172.955***	16.492	89.190***	14.394
城市化率	−156.931	112.387	566.860***	162.015	−574.255***	141.404
人均国内生产总值	0.279***	0.089	−0.683***	0.128	0.515***	0.112
农业产值占国内生产总值比重	−994.615***	271.609	−540.994	391.544	1302.040***	341.733
人口密度	−43.929***	7.468	−59.302***	10.766	16.684*	9.396
时间变量	128810.5***	4914.024	32808.690***	7083.926	46852.820***	6182.737
省会变量	−32701.210***	7635.501	14729.090	11007.130	−5521.727	9606.851
区域变量	17468.91***	4720.299	−57983.560***	6804.657	−29428.580***	5938.996

续表

变量	模型 1		模型 2		模型 3	
	因变量 edue		因变量 sise		因变量 mdie	
	系数	标准误差	系数	标准误差	系数	标准误差
常数项	15883.8**	7827.578	54625.490***	11284.030	-13711.350	9848.520
R^2	0.918		0.635		0.561	

注：*** $p<0.01$，** $p<0.05$，* $p<0.1$

3 个模型均通过了显著性检验（$p<0.01$）。具体来看：地级市的一般预算收入和地级市接受的上级转移支付额度是模型关注的重点变量，二者在 3 个模型中的回归系数均通过了显著性检验（$p<0.01$），且都为正值。系数为正值说明了一个基本常识，即随着财政收入的增加，各项民生支出也会随着增加。此外，回归系数还反映出以下几个重要信息：第一，3 个模型中地级市的一般预算收入系数为 0.127、0.090 和 0.055（下文中将其称为“收入效应”），分别表示当一般预算财政收入增加 1 元时，基础教育、社会保障和医疗卫生分别增加 0.127 元、0.090 元和 0.055 元（这里暂不交代财政偏好问题，因为该系数的比较还需要参照其初始值）；第二，3 个模型中地级市接受的上级转移支付额度系数为 0.046、0.038、0.028（下文中将其称为“转移效应”），分别表示当一般预算财政收入中的转移支付增加 1 元时，基础教育、社会保障和医疗卫生分别增加 0.046 元、0.038 元和 0.028 元，笔者将收入效应和转移效应的合计称为总增量效应；第三，在 3 个模型中，收入效应均大于转移效应，这说明地方政府财政中一般预算收入的主要用途是“保运转”“保民生”，而转移支付和预算外财政主要是“保建设”①。此外，还应注

① 其实转移支付中很大一部分也是保运转，由于转移支付和预算外收入数据无法剥离，所以在陈述时采用以上陈述方式。相比较而言，预算外收入（政府性基金收入）一般用于基础设施建设和专项事业发展，其用于建设的比例要高于转移支付中用于建设的比例。此外，应注意到发达地区与非发达地区的区别：前者预算外资金较充足，而后者相对更加依靠转移支付，因此前者的转移效应会小于后者。

意到，在转移支付中的税收返还和一般性转移支付具有强烈的自有财政的性质，在某种程度上可以视为一般财政收入，因此两种效果会存在一定交叉。

控制变量方面，人口总量和民生支出呈显著正相关，说明民生财政是典型性的与人口数量相关的福利型财政（抑或“负担”）。城市化率本质上是描述了人口在全市的分布情况，城市化率越大则说明人口更多集中于市辖区，教育和医疗支出的系数显著为负（$p<0.01$），而社保支出系数为正，但教育支出系数未通过显著性检验。由于教育和医疗需要具体的“供给地点”，集中式的供给在一定程度上会产生规模效应并节约一定成本，因此在控制其他变量的情况下，其系数为负，但社保支出不需要具体“地点”，其系数为正的原因可能在于城市社会保障的支出要高于农村。人均国内生产总值在教育和医疗模型中的系数为正，说明了经济水平和教育、医疗支出有正相关性。值得注意的是，社保支出模型中人均国内生产总值系数为负，其可能的原因是在2007年至2012年国家在全国范围内的与社会保障支出有关的转移支付力度较大，也可能与发达地区真正负担社保的人口与统计意义上的常住人口的差异有关。农业产值比重在模型1、2中的系数不显著，而在模型3中显著为负（$p<0.01$），这可能与国家近几年加大了对农村地区社会保障的力度有关。人口密度的系数在模型1、2中显著为负（$p<0.01$），这说明在其他变量一致的情况下，人口密度越低的地级市教育和社保的支出越多，而在模型3中显著为正（$p<0.1$），表明人口密度越高则医疗支出越多。

虚拟变量方面。第一，代表2012年的虚拟变量——时间变量在3个模型中的系数都为正值，这说明在2012年三类民生财政均有显著增长；第二，代表省会变量的虚拟变量的回归系数除了在模型1中有显著性（$p<0.01$）外，在模型2、模型3中未通过显著性检验。模型1中的系数为负值，说明在其他变量一致的情况下，省会教育支出反而较少；第三，代表东部人口流入地区的虚拟变量——区域变量的系数反映出了较丰富的信息，在三个模型中区域变量的系数在模型1中为正值而在模型2、3中为负值，这说明东部地区在人口流动和控制其他变量的情况下，增加

了教育支出，而社保和医疗反而下降了。一个可能的解释是：对于人口流入地政府在国家的“两为主”政策下，在2007年至2012年增加了教育支出，在一定程度上保障了随迁子女的教育；而社保针对的人群一般是具有当地户口的居民和离退休人员，流动人口难以享受流入地政府的社会保障；另外，前文中提及地方政府社保支出中有相当一部分用于社会保险，因为即使是第一代农民工还未到领取养老金的年龄，加之人口流动初期的社会保险机制并不健全，相当比例的流动人口并未缴纳保险金，因此人口流入地地方政府在经济、人口等水平一致的前提下，社会保障支出压力相对较小。在模型3中的区域变量的系数也为负值，说明在医疗支出方面，流入地对流动人口的医疗卫生支出也未承担起相应的责任，其机制与社会保障支出基本相似。

四、偏好分析①

上述对计量结果的分析说明了随着地方政府财政收入增加，民生支出会随之增加，但是教育、社保和医疗的增量不一致。同时，一般财政收入的收入效应要大于转移支付、预算外收入的转移效应。但是，要得出政府民生支出偏好的结论还需要将其增量效应与三者支出占比进行一定的比较（见表5-5）。

表5-5　政府民生支出偏好对比

类别	医疗	社会保障	教育
收入效应	0.055	0.090	0.127
转移效应	0.028	0.038	0.046
总增量效应	0.083	0.128	0.173
收入效应比例	1	1.636	2.309
转移效应比例	1	1.357	1.643
总增量效应比例	1	1.542	2.084

① 地方政府民生支出偏好分析主要是针对增量的分析。

续表

类别	医疗	社会保障	教育
参照：均值比例	1	1. 640	2. 530
参照：中位数比例	1	1. 730	2. 580

结合计量研究，本研究中定义的收入效应是指地级市一般预算收入增加 1 元时，三类民生财政相应的支出增加额；转移效应是指地级市的转移支付增加 1 元时，三类民生财政相应的支出增加额；总增量效应为二者之和。比较地方政府对三类民生财政的偏好，还需要确认相应的参照。理论上，在民生财政中三类支出相互比较时，存在一个占比问题（三者占比之和为 1）：当三者支出均按照同样比例增长时，其相对比例会保持不变；若三者的增长比例不一，那么其相对比例会发生变化，增量后与增量前的比例之间的差距即可反映出政府民生支出的偏好。

表 5-5 中，教育、社会保障、医疗的收入效应分别为 0. 127、0. 090 和 0. 055，以医疗为参照，其比例为 2. 309 : 1. 636 : 1；三者的转移效应分别为 0. 046、0. 038 和 0. 028，其比例为 1. 643 : 1. 357 : 1；三者的总增量效应分别为 0. 173、0. 128 和 0. 083，其比例为 2. 084 : 1. 542 : 1。以医疗支出为基准，地方政府的教育支出和社会保障支出的收入效应占比要大于转移效应，这说明地方政府对于不同收入来源的财政收入，其增量效应是不一样的，一般预算收入更多地将会被用于民生。

表 5-5 中的计算、比较结果，说明地方政府在 2007 年至 2012 年的民生财政支出中存在以下几种支出偏向。第一，比较教育与医疗的偏好：在参照指标中，教育相对于医疗支出的比例大于 2. 5，而计量估计的总增量效应仅为 2. 084，这说明，相对于医疗支出，教育支出达不到财政收入增加之前的平均水平，地方政府在财政收入增加时更偏向医疗支出；第二，比较社会保障与医疗偏好：在参照指标中，社会保障相对医疗支出的比例要大于等于 1. 640，而计量估计的总增量效应为 1. 542，这说明地方政府在财政收入增加时也更加偏向医疗支出；第三，比较教育与社会保障偏好：在参照指标中，教育相对于社会保障支出的比例为 1. 543

(2.530/1.640=1.543)，而计量估计的二者总增量效应之比为1.351(2.084/1.542=1.351)，这说明地方政府在财政收入增加时会更偏向社会保障支出，但二者差距并不大。

综合以上分析，可以得出结论：2007年至2012年，对省以下地方政府来说，其财政收入增量中最偏好医疗支出，社会保障支出次之，而教育支出排在最后。这一现象与地方政府的支出偏向相关，由于地区间存在较大竞争，为追求尽可能高的经济增长率，地方政府会尽可能将财政资金配置给生产性支出，而非地方居民的福利最大化，导致其存在财政决策生产性支出偏向①。

五、小结与讨论

本节通过计量分析和比较研究，对我国地方政府民生支出中存在一定的支出偏好进行排序。其财政收入增量中最偏好医疗支出，社会保障支出次之，而教育支出排序最后。但是这种偏好的影响机制较为复杂，同时也有可能存在动态变化性，即在不同的历史阶段支出的偏好可能存在差异。例如，陈昕等（2021）指出，在政绩考核体系中对公共卫生服务的刚性要求下，中国省级政府在公共卫生支出方面就存在“你多投，我也多投”的策略互动现象②。此外，财政支出竞争理论的最新研究表明，公民需求和决策者偏好可用于解释支出竞争的发生机制③，前者受制于人口结构、经济水平等因素，而后者主要由利益集团和政治过程决定④。

考虑到本研究的研究重点，这里仅对人口因素作出简单分析，以说明地方政府民生支出行为偏好中的需求因素。图5-6显示出我国20世纪

---

① 尹恒，朱虹.县级财政生产性支出偏向研究[J].中国社会科学，2011(1)：88-101.

② 陈昕，李媛，金殿臣.地方政府公共卫生支出的策略互动：竞争还是溢出[J].广西大学学报(哲学社会科学版)，2021，43(6)：78-85.

③ CROTTY S N.Fiscal federalism and budgetary tradeoffs in the American states[J].Political research quarterly，2006，59(2)：313-321.

④ HEO U，BOHTE J.Who pays for national defense? financing defense programs in the United States (1947-2007)[J].Journal of conflict resolution，2012，56(3)：413-438.

80 年代至今的人口结构变化，这种变化说明我国现阶段人口逐步呈现“老龄化”的趋势，人口结构的变化势必影响到当前民生需求的结构。学龄人口的减少，会导致教育需求的下降，而人口老龄化的逐步加重，会导致对医疗需求的上升，这可以在一定程度上解释地方政府在教育与医疗中更偏好后者。正如前文分析所指出的，我国的社会保障支出约有 50% 流入了“社会保险”领域，因此年龄结构的变化也导致了财政中社会保障支出需求的增加。此外，随着城市最低生活保障和救助、农村最

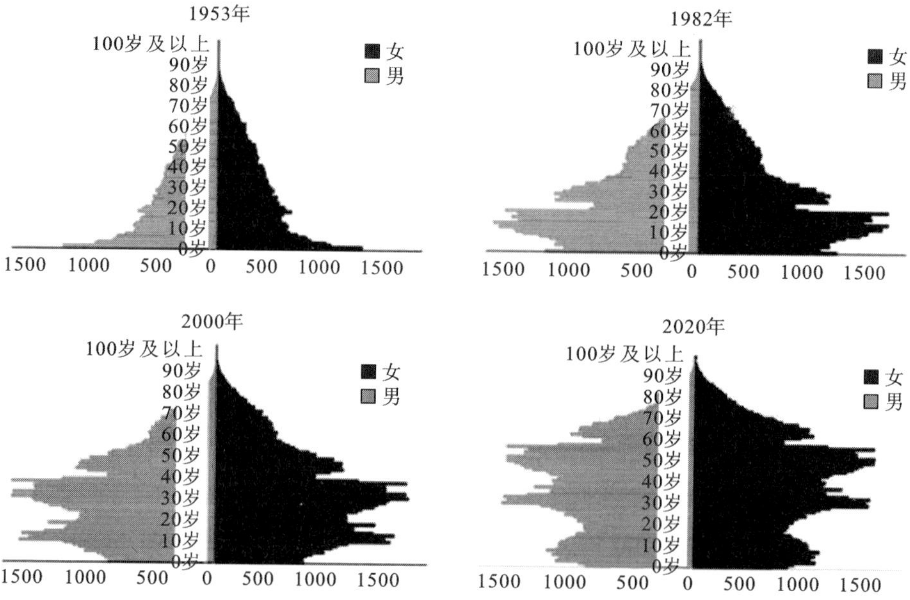

图 5-6　我国人口年龄结构金字塔（万人）①

注：上图分别为我国第一（1953）、第三（1982 年）、第五（2000 年）、第七（2020）次人口普查分年龄段人口金字塔图。第七次人口普查数据显示，全国人口中，0—14 岁人口为 253383938，占 17.95%；15—59 岁人口为 894376020，占 63.35%；60 岁及以上人口为 264018766，占 18.70%，其中 65 岁及以上人口为 190635280，占 13.50%。与 2010 年第六次全国人口普查相比，0—14 岁人口的比重上升 1.35 个百分点，15—59 岁人口的比重下降 6.79 个百分点，60 岁及以上人口的比重上升 5.44 个百分点，65 岁及以上人口的比重上升 4.63 个百分点。

① 周宇香.中国青年人口规模与结构变化:基于历次人口普查数据的分析[J].中国青年研究,2022(7):40-47.

低生活保障和救助、灾害救助等制度的逐步建立与完善，我国各级政府在近年来也大幅增加了社会保障性支出。这些因素共同导致了地方政府支出行为中更偏好医疗和社会保障。

现有文献中关于地方政府“经济性支出”和“民生性支出”的偏好分析已经基本达成了共识，地方政府“生产性偏好”亦成为学术界批判对象，但是对地方政府增加医疗支出而减少教育支出的行为难以做出一致的价值判断。本部分的实证研究仅回答了“民生支出中更偏好哪一类支出”的问题，也仅从人口结构角度对“为什么有这种偏好”进行了初步分析，但是对于“应该偏向哪一类”并未做出回应，这是研究中的不足之处。民生支出从根本上来说是属于整体意义上的社会福利支出，不论是教育支出、社会保障支出还是医疗支出都应该在财政支出中存在“兜底行为”，即保障低收入群体的社会福利。

第三节　教育财政体制“选择行为”研究

一、问题陈述

20 世纪 90 年代分税制改革以来，我国省内财政体制主要根据中央和地方的分税原则和上级政府的有关规定，由各省自主决定。在这种制度安排下，一方面，省内财政体制几乎因省而异，如浙江、广东等省 2007 年近 90% 的财政支出由省以下地方政府［含市、县、乡（镇）三级］完成，而一些西部省份仅 50% 左右的支出由省以下地方政府完成；另一方面，公共教育支出在省、市、县三级财政间的分担也存在较大不同，统计数据表明，1995 年至 2007 年间，部分省份近 80% 的教育支出由县级政府完成，而一些省份的县级教育支出仅占 30% 左右，省内教育财政分权存在较大差异①。

财政分权一直以来都是学界关注的重点议题。现有文献表明，财政

① 数据来源：历年《全国地市县财政统计资料》。例如，2006 年浙江（72.15%）、湖北（76.28%）等省的县级教育支出占全省教育支出比例近 80%，而统计区间内西藏、广东分别为 34.2% 和 34.5%。

分权对经济增长、公共物品供给、财政效率、地方政府行为、政府治理等有直接影响，学者们对此进行了大量研究，但已有文献大多关注的是中央对省级政府的财政分权，较少对省内财政分权进行研究。我国地方政府包含了省、市、县、乡（镇）四级政府，县乡级政府承担着较多的公共服务支出，尤其是基础教育投入的主要部分。因此，仅考虑中央对省的财政分权，在一定程度上忽视了省以下地方政府在教育支出中的重要性。

当今世界绝大部分国家的财政运作机制是由多级政府共同执行，财政分权理论正是将多级政府财政体制引入公共物品供给分析中形成的。该理论对财政分权的合理性、必要性作出了分析，关注公共部门职能和财政在不同层级政府之间的划分，强调应在各级政府间合理划分税收和支出责任以提高财政效率。该理论认为，与中央政府相比，地方政府更接近公众，对辖区居民偏好和公共物品需求拥有信息优势。自创立起，财政分权理论就与公共物品供给、经济增长、财政效率等联系紧密；而随着 20 世纪 80 年代世界财政分权化浪潮的兴起，关于财政分权影响因素的研究也成了一个重要分支。

Oates 的研究表明，一国或一省（州）内的财政分权与经济、社会等诸多因素相关，国家面积、人口规模和人均收入对国家选择集权或分权有重要影响，一般而言，规模更大、更为富有的国家，其财政体制更加分权①。Oates 和 Wallis 利用美国 48 个州的面板数据对此进行了检验，在支持规模和人均收入作用的同时，还发现城市化率促进了州内的财政分权②。此外，Panizza 利用跨国数据设计了一个能检验群体偏好性的理论模型，研究发现，财政分权的程度随着国家大小、民主程度、族群分割性的增加而增加③。Bodman 和 Hodge 对收入与财政分权的关系进行了

① OATES W E.Fiscal federalism[M].New York:Harcourt Brace Jovanovich,1972:101-105.

② OATES W E,WALLIS J.Decentralization in public sector:an empirical study on local government[M]//ROSEN H S.Fiscal federalism quantitative studies.Chicago,IL:Chicago University Press,1988:5-32.

③ PANIZZA U.On the determinant of fiscal decentralization:theory and evidence[J].Journal of public economics,1999,74(1):97-139.

更为详细的研究，他们发现在经济合作与发展组织和其他国家的混合样本中，人均财政收入与财政分权呈正相关，但是在低收入和中等收入国家，二者却呈现相反的关系[①]。

在省内财政分权的影响因素方面，张光发现，我国省内财政支出分权与省内财政收入分权呈正相关，但省以下地方政府对转移支付的依赖越强，财政体制越集权[②]。在控制其他条件的情况下，获得中央转移支付较多的省份，省内支出分权的程度较低[③]。徐绿敏通过对我国各省财政体制的比较分析，发现财政自给率越高的省份，省级政府与省以下政府之间更倾向于选择税收中的“总额分成”和“增量分成”模式，财政支出也更为分权[④]。王志平的研究表明，财政分权对义务教育配置效率的直接影响不大，主要通过教育财政支出对农村义务教育产生影响[⑤]。

在省内教育财政分权与教育支出关系方面，王蓉、杨建芳研究发现，省内财政支出分权化对于各省教育财政支出比例有显著的正影响。研究认为，该现象产生的主要原因在于，省内分权度越高意味着县级政府的支出比例越大，那么在“以县为主”的基础教育财政体制下，基础教育经费支出会越有保障[⑥]。余靖雯、龚六堂利用1999年至2006年省内财政数据研究发现，教育在县级层面的过度分权，是造成我国公共教育供给不足和不平等的重要原因；省级政府承担更多的教育支出责任，能够加大地区的公共教育供给、降低省内教育支出不平等程度[⑦]。杨良松等的研究表明，各省与地级市对县乡级政府财政支出分权显著影响了区域内

---

① BODMAN P, HODGE A. What drives fiscal decentralization? further assessing the role of income [J]. Fiscal study, 2010, 31(3): 373-403.

② 张光.财政分权省际差异、原因和影响初探[J].公共行政评论,2009(1):133-158.

③ 吴木銮,王闻.如何解释省内财政分权:一项基于中国实证数据的研究[J].经济社会体制比较,2011(6):62-72.

④ 徐绿敏.我国省以下财政体制比较分析[J].江西社会科学,2014,34(5):84-89.

⑤ 王志平.地区财政分权与农村义务教育配置效率:以江西为例[J].教育与经济,2016(2):19-26.

⑥ 王蓉,杨建芳.中国地方政府教育财政支出行为实证研究[J].北京大学学报(哲学社会科学版),2008,45(4):128-137.

⑦ 余靖雯,龚六堂.中国公共教育供给及不平等问题研究:基于教育财政分权的视角[J].世界经济文汇,2015(6):1-19.

的义务教育支出①。

综观现有研究，仍存在以下几点不足：第一，现有研究对省内财政分权影响因素已经有所涉及，但尚未关注各省教育财政分权间的差异及其影响因素。第二，我国省内财政分权与教育财政分权处于不断调整与变动中，特别是分税制改革后，省内各级政府支出责任划分有若干次重大调整（比如，2001 年“以县为主”管理体制改革等），而现有研究所使用的大多是截面数据集，这在很大程度上遗漏了财政分权的动态信息。此外，在现有财政制度下，省内各级政府间财政收入划分一般有着明确的规定，但对支出分权划分较为模糊，包括教育在内的许多公共服务存在不同层级政府间的交叉、重叠，现有研究对省内各级政府间的教育支出研究也略显不足。

在中央政府赋予省级政府较大选择空间的制度安排下，为什么一些省份采取分权式的教育支出结构，而一些省份选择集权式的教育支出结构？哪些因素造成了省内教育财政分权差异？对这些问题的回答，不仅有助于揭示我国的财政分权在具体支出领域的情况，还有利于加深对我国地方政府教育支出行为的理解，为进一步明确省内各级政府教育支出责任、规范地方政府教育支出行为提供有力的参考。基于此，本研究从财政分权的理论视角出发，利用 1995 年至 2007 年省级平衡面板数据，实证分析省内教育财政的影响因素。

二、计量模型

（一）数据来源

本研究利用《全国地市县财政统计资料》《中国统计年鉴》《中国教育年鉴》《中国县（市）社会经济统计年鉴》等统计年鉴相关指标数据，建立了一个跨度为 13 年（1995 年至 2007 年），包含 27 个省份②的省级

① 杨良松，任超然.省以下财政分权对县乡义务教育的影响：基于支出分权与财政自主性的视角[J].北京大学教育评论，2015，13(2)：108-126.

② 由于直辖市与省、自治区之间的行政划分存在一定差异，本研究剔除了直辖市样本。另外，2008 年以后我国不再统一公开县级财政支出的具体信息，因此本研究选择的时间区间为 1995 年至 2007 年。

平衡面板数据集。其中，财政支出、转移支付等相关数据主要源于《全国地市县财政统计资料》，人口、经济等指标主要源于《中国统计年鉴》和《中国县（市）社会经济统计年鉴》，在校中小学生人数、大学生人数等教育指标主要源于《中国教育年鉴》。

（二）模型及变量说明

为探索影响省内教育财政分权的主要因素，本研究建立了本书第三章第二节的模型 3.3。财政分权的度量问题一直都是学界争论的焦点，部分文献以省内人均财政支出与全国人均财政支出比值来测量，但是该指标难以反映下级政府自主权。虽然在指标界定上尚存一定争论，但度量财政分权主流的方法仍是沿用 Oates（1988）采用的财政支出指标，即利用下级政府的财政支出占上级政府财政支出的份额来衡量财政分权程度①。基于此，文中以县级教育支出占该省教育支出比例来衡量省内教育财政分权度指标。

省内财政分权度为研究关注的核心解释变量之一，它表示县级财政支出占全省财政支出比例。理论上讲，教育财政作为公共财政的一部分，教育支出在省以下各级政府的划分势必会受到省内财政分权的制约，因此在计量模型中，以县级财政支出占全省财政支出比例衡量省内财政分权。

财政自给率不仅在一定程度上代表了政府财力的情况，还能反映出一省对财政资金使用的自由程度。为反映省、县级政府财政支出自由程度对教育财政分权的影响，在模型中引入财政自给率变量。省、县财政自给率的具体计算方法如下：

财政自给率 = 自有财政收入/财政支出。

此外，研究表明，不同类别的转移支付对政府支出行为有着不同的影响，如税收返还对地方政府而言基本上等价于自有收入，税收返还在 2000 年之前占据中央对地方转移支付的一半以上，并且一般转移支付和专项转移支付对下级政府的支出行为存在不同影响。基于此，本研究对

① OATES W E.Fiscal federalism[M].New York：Harcourt Brace Jovanovich，1972：101-105.

转移支付的考察不仅包含数量因素（人均不含税收返还的中央转移支付），还涵盖了结构因素（专项转移支付占不含税收返还的中央转移支付比重）。

（三）变量描述

表5-6是对主要变量的定义与描述性统计。1995年至2007年，各省份县级教育支出占全省教育支出比重的平均值约为50%。值得注意的是，2001年以前县级教育支出事实上是涵盖了县与乡（镇）两级财政支出，而2001年“以县为主”体制建立后，乡（镇）财政逐渐从教育支出领域淡出，县级教育支出主要指县本级支出。因此，将县乡两级财政合并为县级教育支出后并不会影响本研究的分析。

表5-6　变量定义与描述性统计

变量界定与测量	均值	标准差	最小值	最大值
县级教育支出占全省教育支出比重（%）	50.11	9.08	7.76	76.28
县级财政支出占全省财政支出比重（%）	46.61	9.30	18.72	66.45
全省财政自给率（%）	50.69	17.23	5.30	91.29
县级财政自给率（%）	52.85	18.57	11.22	134.90
人均转移支付对数	5.88	1.06	3.24	9.37
专项转移支付占净转移支付比重（%）	35.37	12.80	10.33	86.68
城市化率（%）	39.62	15.26	16.58	89.04
每万人在读中小学生人数（人）	1735	232	792	2175
每万人在读大学生人数（人）	64.52	49.92	10.05	248.70
人均国内生产总值对数	3.88	0.78	2.31	5.52

注：1. 根据《全国地市县财政统计资料》《中国县（市）社会经济统计年鉴（1995—2007年）》等统计年鉴数据计算；2. $N=351$。

此外，从省内三级政府教育支出责任划分比例变动趋势看，1995年至2007年省级财政在教育支出中占比有较大提升，相应的市、县级教育财政支出比例出现了一定程度的下滑，但市级教育支出占比降幅要大于县级财政支出降幅。其中，省级教育财政支出平均上升了约 13%，而市级、县级分别下降了约 8% 和 5%[①]。

三、实证结果

（一）实证结果

本研究使用的是省级面板数据，需要通过一定的方法选择固定效应或随机效应。经过 Hausman 检验（$d.f.=11$，$Chi\text{-}Sq.=28.58$，$p=0.0026$），拒绝随机效应的原假设，故采用固定效应模型。表 5-7 报告了模型回归结果。另外，由于 1995 年至 2007 年间我国教育财政体制进行过若干次重大调整，势必会对教育财政分权产生影响，为讨论政策对省内教育财政的影响，我们在模型中引入 2001 年（“以县为主”的农村义务教育管理体制的建立）、2006 年以后（“农村义务教育经费保障机制”的实施）与县级财政支出占全省财政支出比重的交互项进行分析[②]。

表 5-7　省内教育财政分权影响因素估计结果

被解释变量	省内教育财政分权		
解释变量	模型 1	模型 2	模型 3
县级财政支出占全省财政支出比重	0.471***	0.462***	0.542***
	(0.093)	(0.099)	(0.107)
人均转移支付对数	2.517*	2.538*	1.244
	(1.288)	(1.295)	(1.354)
专项转移支付占净转移支付比重	−0.058*	−0.056*	−0.063*
	(0.034)	(0.034)	(0.034)
全省财政自给率		0.058	0.079
		(0.107)	(0.109)

① 限于篇幅，本研究未对省内三级政府教育支出占比变动趋势作过多描述。

② 感谢匿名评审专家提出的宝贵建议。书中将 YR_{2001}、YR_{2006} 分别作为时间虚拟变量引入，在该时间以前标识为 0，之后标识为 1。

续表

解释变量	模型 1	模型 2	模型 3
县级财政自给率		-0.059	-0.057
		(0.047)	(0.047)
YR_{2001}			13.865***
			(4.291)
YR_{2001}×县级财政支出			-0.207**
占全省财政支出比重			(0.092)
YR_{2006}			10.138*
			(5.616)
YR_{2006}×县级财政支出			-0.131
占全省财政支出比重			(0.107)
其他①	控制	控制	控制
组内 R_2	0.572	0.574	0.603
观测值	351	351	351

注：1. ***、**、* 分别表示 $p<0.001$、$p<0.01$ 和 $p<0.05$；2. 括号内为标准误。

表5-7中的结果表明，在控制了经济发展水平、学生数和城市化率等变量后，模型中省内财政分权对教育财政分权的影响均显著为正。这说明，财政支出分权的省份，教育财政支出也更为分权，县级财力相对较好的省份更加倾向于由县级政府完成教育支出。此外，财政支出分权与教育财政分权程度的趋同，在一定程度上反映出省内教育财政转移支付的不完善：在省级财政充裕的情况下，一些省份选择由省本级进行教育支出，而非将这笔财政资金转移到县级最终支出，从而形成了财政结构与教育财政结构趋同的特征。此外，地区间教育发展阶段的差异也可以在一定程度上解释省内教育财政分权差异。雷万鹏的研究表明，中西部省份省级政府对基础教育中的财政投资主要集中于基础设施建设与公

① 值得一提的是，控制变量中人均转移支付对数的系数在3个模型中均显著为正（$p<0.001$），这说明经济发达的省份省内教育财政更加分权。该结论与Oates（1972）提出的"分权是奢侈品"的假说一致，即只有在富裕程度较高时（或更富裕的地区）才会选择分权式的公共物品供给模式。

用经费方面，而东部发达省份的教育支出结构中诸如教师发展、教学质量提升、学校内涵式发展等占重要地位①。

模型中，YR_{2001}的系数显著为正，说明2001年的“以县为主”改革实施后省内教育财政分权显著提升，县级政府教育财政支出责任得到了强化，这与周飞舟的研究结论相近②。另一方面，交互项YR_{2001}×县级财政支出占全省财政支出比重系数显著为负，“以县为主”的实施在一定程度上降低了省内财政分权对教育财政分权的影响程度。

2006年“农村义务教育经费保障机制”正式实施，强化了中央与省级政府的支出责任，理论预期省内教育财政会呈现集权趋势。但模型中变量YR_{2006}的系数显著为正，说明“农村义务教育经费保障机制”实施后，省内教育财政分权度出现了一定程度的上升。可能的解释是：虽然省级政府承担了部分“两免一补”资金，但相对于中央政府对县级政府的补助，该项资金占比较少（比如西部地区的公用经费，中央与省级政府承担比例为8∶2），加之县级政府是该资金的最终支出者，导致政策的实施提高了县级政府支出在省内教育支出中的比重。此外，模型中交互项YR_{2006}×县级财政支出占全省财政支出比重均不显著。

实证结果表明，人均转移支付的系数在模型中均不显著。转移支付结构方面，来自中央的转移支付中的专项资金比例越高，省级政府教育财政越会趋向集权化，即省级政府更加倾向于将该笔资金“自己花出去”，而不是向下转移给县级政府用于教育支出。一般来说，专项资金比例的回归系数与以下因素有关：若中央政府的专项转移支付是“一竿到底”式，即针对县级财政的转移居多，会增加县级政府教育支出占比；如果专项资金主要保障省级财力，则会强化省内教育财政集权。

（二）稳健性检验

作为对上文实证结果的稳健性检验，我们首先考虑将市、县级教育

---

① 雷万鹏，钱佳.财政分权背景下地方政府教育支出行为研究[J].华中师范大学学报(人文社会科学版)，2015，54(2)：148-157.

② 周飞舟.财政资金的专项化及其问题：兼论“项目治国”[J].社会，2012，32(1)：1-37.研究者认为，“以县为主”实施后，在上级转移支付基本不变、乡镇财权上收至县的背景下，农村义务教育教师工资得到了更好的保障，县级政府的教育支出责任得到了强化。

支出合并，将省内教育支出划分为省级政府和省以下政府，利用省以下政府教育支出占全省教育支出比例来衡量省内教育财政分权度。表 5-8 中的结果表明，对市、县级支出合并后计算的省内教育财政分权进行回归时，解释变量省内财政分权的系数略有降低，对其他自变量系数的影响并不大。

同时，考虑到“以县为主”与“农村义务教育经费保障机制”的实施在不同省份存在一定的政策差异，我们在模型中剔除了样本中的东部 8 省，仅保留中西部省份样本。对模型的结果进行对比，我们不难发现，中西部地区省内财政分权等解释变量对省内教育财政分权的影响仍未发生实质性的改变。值得注意的是，不同模型中的交互项 YR_{2006}×县级财政支出占全省财政支出比重的结果存在一定差异，这可能与“农村义务教育经费保障机制”实施时对东中西部地区存在区别对待有关①。结果表明，政策在一定程度上降低了中西部地区的省内财政分权对省内教育财政分权的影响程度。

不论是利用省以下政府教育支出占全省教育支出比例来衡量省内教育财政分权度，还是对样本进行选择剔除，变量的符号和系数都比较稳定，说明上述结果具有稳健性。

表 5-8　稳健性检验

被解释变量	省内教育财政分权		
解释变量	模型 4	解释变量	模型 5
市县合并支出	0.461*** (0.130)	县级财政支出占全省财政支出比重	0.546*** (0.143)
人均转移支付对数	2.094 (1.784)	人均转移支付对数	1.622 (1.411)

① 例如，该政策规定，“对免除学杂费和提高公用经费保障水平资金，在中央与地方的分担比例中，西部地区为 8∶2，中部地区为 6∶4，东部地区除直辖市外按照财力状况分省确定。对校舍维修改造资金的分担比例，中西部地区为 5∶5，东部地区主要由地方承担，中央给予适当奖励。对贫困家庭学生提供免费教科书的资金，中西部地区由中央全额承担，东部地区由地方自行承担”。

续表

解释变量	模型 4	解释变量	模型 5
专项转移支付占净转移支付比重	−0.126*** (0.045)	专项转移支付占净转移支付比重	−0.145*** (0.035)
全省财政自给率	0.273* (0.145)	全省财政自给率	−0.046 (0.135)
县级财政自给率	−0.091 (0.062)	县级财政自给率	−0.070 (0.050)
YR_{2001}	18.240*** (5.527)	YR_{2001}	20.878*** (4.648)
YR_{2001}×县级财政支出占全省财政支出比重	−0.275*** (0.119)	YR_{2001}×县级财政支出占全省财政支出比重	−0.382*** (0.103)
YR_{2006}	20.479** (7.384)	YR_{2006}	21.022*** (6.206)
YR_{2006}×县级财政支出占全省财政支出比重	−0.247 (0.141)	YR_{2006}×县级财政支出占全省财政支出比重	−0.325*** (0.121)
其他	控制	其他	控制
组内 R^2	0.409	组内 R^2	0.628
观测值	351	观测值	246

注：***、**、* 分别表示 $p<0.001$、$p<0.01$ 和 $p<0.5$；2. 括号内为标准误。

（三）进一步的分析

本研究的一个结论是，在我国教育财政体制框架下，控制其他变量的影响后，经济发达地区相对倾向于分权式的省内教育财政。虽然中西部省份的县级教育支出占县级财政支出的比例较高，但省内教育财政分权程度整体落后于发达地区。另外，由于中西部县级财力有限，教育支出的增量资金一般来源于中央或省本级财政。以湖北省为例①，2001 年

① 本节数据来源于《湖北教育年鉴》和历年《全国教育经费执行情况统计公告》。

市、县级财政教育支出占全省教育支出的82.39%，省内教育财政较为分权。随着中央和省级财政加大对教育的投入，增速大于市、县教育支出增幅，县教育支出占全省教育支出的比例持续下降，由2001年的82.39%下降至2012年的73.83%，降幅近10%。

此外，2012年前为实现4%的目标，在中央政府的强力推动下，教育财政投入增长效果立竿见影，教育支出增速明显高于财政收入的增幅，全国平均增幅为27.68%，其中湖北省增幅为25.8%。在此背景下，2009年至2012年间，湖北省省内教育财政分权度持续降低，市、县教育支出占全省教育支出从79.6%下降至73.8%。2012年以后，省本级财政教育支出增幅下降明显，市、县教育支出占全省教育支出比例由2012年的74.44%上升到2015年的81.29%。数据表明，省内教育财政分权不仅受省内经济、社会等因素的制约，还受到了国家政策、行政命令等因素的冲击，将这些政策因素纳入分析框架也是未来研究的方向之一。

四、小结与讨论

本研究对我国各省教育财政分权的影响因素进行了分析，主要研究结论有：(1) 我国省内教育财政分权存在较大差异，省内财政分权程度较高的省份县级教育支出占全省教育支出比重高，该结论表明经济发达地区更加倾向于分权式的教育支出，也在教育财政领域验证了“分权是奢侈品”的理论假说。(2) 2001年“以县为主”管理体制改革后，县级政府教育支出责任得到了显著加强，省内教育财政分权显著提升，但改革也显著降低了省内财政分权对教育财政分权的影响程度。(3) 2006年开始实行的“农村义务教育经费保障机制”也显著提高了省内教育财政分权，中央政府对县级政府的教育补助显著提升了县级政府的教育支出比重。(4) 来自中央的转移支付中的专项资金比例越高，省内教育财政越会趋向集权化，即省级政府更加倾向于将转移支付“自己花出去”，而不是转移给县级政府用于教育支出。

研究表明，在经济社会发展、省内财政分权差异较大的背景下，我国各省的教育财政分权与教育支出结构均存在着较大的不同。现有制度安排下，我国省级政府有确立省内财政体制的权力，因此省内教育财政分权在很大程度上可以看作省级政府的“选择行为”。省级政府需要考虑中央政府关于教育发展的制度安排，同时也面临县级政府在公共物品供给时的财政诉求。对于落后地区省级政府来说，扩大省本级教育财力和支出规模的倾向较为明显，而来自中央的教育转移支付为省级政府提供了一定“截取留用”的空间。进一步来说，由于“关联效应”与“寻租效应”的存在，由省级政府统筹分配的教育专项资金的分配过程中不可避免地会存在“选择性”分配和“雁过拔毛”的情况。

另外，根据现代教育治理理论，教育分权对于建立治理结构上分散的教育决策和政策执行体系，推动教育治理体系与治理能力现代化存在着积极作用。本研究认为，尊重区域间教育发展的阶段性与多样性、改革现有转移支付体系、有针对性地引导省内教育财政体制变革、充分发挥教育财政分权的作用是推动我国教育治理现代化的重要方向。

基于以上结论与讨论，本研究具有以下几个方面的政策启示：首先，中央政府进行教育转移支付时，应尽量减少中间环节，保证资金能够抵达相应的教育发展财政支出责任的主体。例如，中央政府可以考虑继续扩大“两免一补”这类“一竿到底”式的教育转移支付力度，增加中西部地区、农村地区教师收入的一般性转移支付，推动省内教育财政分权。其次，还应规范省内教育财政分权体制，建立更加公平、透明的省内教育财政转移支付体系，省内教育转移支付应更多地选择一般性的教育转移支付，减少专项、竞争性的教育转移支付占比。同时，还应强化对资金最终用途的监督与考核，确保教育资金使用效率。

当然，本研究还存在较多的不足之处。如受制于数据的可获得性，本研究时间区间为 1995 年至 2007 年，数据较为陈旧。另外，本研究从社会、经济、财政等角度考察了省内教育财政分权影响因素，但并未将各省政治、历史等因素纳入分析范围，也存在一定局限性。希望在后续研究中，随着数据的公开与完善，能够就这一问题进行更深入的探讨。

第六章　地方政府教育支出行为案例研究

第一节　案例一：农村教学点教育信息化财政政策实施研究

一、引言

长期以来，农村教学点是我国义务教育最薄弱的环节。由于地处偏远、信息闭塞、资源匮乏，教学点发展一直存在师资短缺、课程“开不齐、开不足、开不好”、教学方式落后等问题。据教育部统计数据，2020年全国共有教学点90295个，占小学数量的57.2%，涉及在读学生347.7万人。随着农村学校布局调整步伐的放缓，在未来一段时期内，教学点作为能够保障偏远农村地区适龄儿童“就近入学”，提升偏远农村地区教育教学质量的重要办学组织形式，仍将是偏远农村地区重点关注的有效教育教学组织形式①。长期保留并办好必要的教学点，提高教学点教育教学水平，将教学点建成“小而优、小而美”的学校，让教学点学生享受公平而有质量的教育，是促进教育公平的客观要求，已成为全社会的共识。

为促进义务教育优质均衡发展，党的十八届三中全会提出了利用信

---

① 张金龙，秦玉友.小规模之痛：农村教学点发展困境与应对政策：当地教师的声音与“规模效益”实践取向批判[J].四川师范大学学报（社会科学版），2019，46（2）：116-124.

息化手段扩大优质教育资源覆盖面的有效机制，逐步缩小区域、城乡、校际差距的战略部署。2018 年，《国务院办公厅关于全面加强乡村小规模学校和乡镇寄宿制学校建设的指导意见》提出，要保障农村小规模学校信息化、音体美设施和教学仪器、图书的配备。2019 年，《教育部关于加强和改进新时代基础教育教研工作的意见》提出，要持续推进信息技术与教育教学的融合应用，积极探索信息化背景下的教研模式改革。2020 年，《教育部关于加强"三个课堂"应用的指导意见》提出，要发挥中小学教师国家级培训计划的示范引领作用，加强国培、省培、市县培训项目的有效衔接，开展提高教师信息化教学能力全员培训。

在此背景下，各级政府加大了对农村教育信息化的投入，优质教育资源覆盖面不断扩大，教学点课程"开不齐、开不足、开不好"等问题得到了一定程度的缓解。然而，随着教育信息化政策在农村学校的快速推进，政策资源与教学点贫瘠生存环境之间的矛盾也日益凸显。有学者发现，信息化投入时间越多越有利于促进义务教育优质均衡发展，但只关注信息化基础设施投入对义务教育优质均衡有负面作用①。从农村教学点信息化政策实施过程看，许多教学点仍面临"有电脑，无网络；有网络，无资源；有资源，无师资"的困境。从农村教学点信息化建设过程来看，农村地区的教育信息化建设仍存在"重建轻用、重硬轻软、重物轻人、重教轻学"等现象②。

此外，信息化与教学点发展是否是简单的直线关系？信息化促进教学点发展需要哪些支持和配套政策？迄今为止，这些问题尚未得到有效回答。基于此，本研究利用华中师范大学课题组调查资料，对农村教学点教育信息化政策的实施困境进行了研究。下文将在构建政策实施支持系统分析框架的基础上，从财政经费投入、信息化资源供给、师资队伍和学生信息素养四个方面分析政策实施困境，并提出教学点信息化发展的政策路径。

---

① 林晓凡，胡钦太，周玮，等.信息化何以促进义务教育优质均衡发展：纵向追踪数据下基于广东省的大样本实证研究[J].电化教育研究，2022，43(7)：41-47.

② 张伟平，王继新.信息化助力农村地区义务教育均衡发展：问题、模式及建议：基于全国 8 省 20 县(区)的调查[J].开放教育研究，2018，24(1)：103-111.

二、分析框架与数据来源

(一) 分析框架

政策的运行是在一定环境中由参与者构建的持续行为过程，包括政策制定、实施、评估、调整等若干阶段。其中，政策实施是政策执行者根据政策文本内容，运用政策工具将其付诸实践，以落实预期政策目标的过程，是政策目标实现的实质环节。例如，Mazmanian 等学者认为，政策实施是自上而下落实政策内容的过程，即下级政府部门并无发言权，只能被迫接受并执行上级命令[①]。以孙绵涛为代表的学者们则将政策实施理解为自下而上的执行路径，即政策制定者和执行者在预期目标与实现目标之间进行双向互动的过程[②]。总之，政策实施研究重点关注政策实施在基层的复杂性，分析执行者的利益诉求、行为模式、支持系统和基层的制度环境等对实施的影响。

经过多年发展，政策实施研究已形成以下共识：政策执行与政策制定并非直线关系，不存在与政策设定完全一致的“完美”执行[③]。由于政策制定者与实施者之间的政策过程较长、不同群体利益目标不一、政策与环境不兼容等原因，基层往往会存在执行偏差[④]。此外，政策目标的明晰程度、政策制定者和实施者对目标的认可度、政策实施时间、相关利益群体间的沟通协调等均制约着政策有效实施。众多学者研究发现，即使是设计周全、支持有效的政策行动，其结果也取决于政策系统中个人对政策的理解和行动，取决于个人行为和激励、意愿以及能力[⑤⑥⑦]。

---

① 袁振国.教育政策学[M].南京:江苏教育出版社,1996:178-208.

② 张昕,李泉.公共政策执行[M].北京:科学出版社,2019:2-11.

③ 冯猛.政策实施成本与上下级政府讨价还价的发生机制:基于四东县休禁牧案例的分析[J].社会,2017,37(3):215-241.

④ O'BRIEN K,LI L J.Selective policy implementation in rural China[J].Comparative policy,1999,31(2):167-186.

⑤ RICHARD W, MICHAEL L. Street-level bureaucrats and institutional innovation: implementing special-education reform[J].Harvard educational review,1977,47(2):171-197.

⑥ SABATIER P,MAZMANIAN D.The implementation of public policy:a framework of analysis[J].Policy studies journal,1980,8(4):538-560.

⑦ BRAUN A,BALL S J,MAGUIRE M.Policy enactments in schools introduction:towards a toolbox for theory and research[J].Discourse studies in the cultural politics of education,2011,32(4):581-583.

就政策实施的影响因素而言，地方行动者是政策实施有效性的关键因素，但由于地方政策受制于当地政治和官僚等实际情况，可能会与上级政府推行政策存在冲突[①]。Lipsky[②] 的研究表明，基层人员在现实中所遇到的情况复杂，具有不确定性，他们会根据环境和任务，研究出一套办法来应付这种复杂局面。基于对政策在基层实施的分析，一方面，有学者研究了我国政策实施中的执行阻滞[③④]、政策变通[⑤⑥]、政策空转、选择性政策实施[⑦]等偏差；另一方面，有学者将政策实施研究划分为技术视角、体制视角、利益视角和环境视角，其中，环境视角主要关注的是，政策执行系统所处的关键性情境性因素对政策执行的影响[⑧]。

现有研究表明，要达到较好的实施效果，不仅要有自上而下的科学政策设计，还要构建与政策目标相匹配的资源支持系统和个体激励、能力支持系统。基于政策实施的环境视角，本研究构建了政策支持系统的分析框架，主要从“政策资源”“环境资源”两个维度分析教学点信息化政策实施的影响。具体参见图 6-1。

（二）数据来源

研究数据来源于华中师范大学课题组 2016 年底对湖北省 8 个地市的 18 个区县 29 个乡镇 52 个教学点的问卷与访谈调查。调查组合计发放教师问卷 190 份，回收有效问卷 178 份；发放教学点校长问卷 60 份，回收有效问卷 52 份；访谈教学点校长 15 人，教师 23 人，中心校校长 12 人。调查对象选择方面，本研究以湖北省教学点为调查对象，主要基于以下

---

① CHRISPEELS J H.Educational policy implementation in a shifting political climate: the California experience [J].American educational research journal, 1997(3): 477.

② LIPSKY M.Street-level bureaucracy: dilemmas of the individual in public services[J].Politics & society, 1980, 10: 116.

③ 丁煌.我国现阶段政策执行阻滞及其防治对策的制度分析[J].政治学研究，2002(1):28-39.

④ 雷万鹏，张雪艳.农村小规模学校师资配置政策研究[J].教育研究与实验，2012(6):8-12.

⑤ 陈振明.非市场缺陷的政治经济学分析：公共选择和政策分析学者的政府失败论[J].中国社会科学，1998(6):89-105.

⑥ 庄垂生.政策变通的理论：概念、问题与分析框架[J].理论探讨，2000(6):78-81.

⑦ 李瑞昌.中国公共政策实施中的“政策空传”现象研究[J].公共行政评论，2012，5(3):59-85.

⑧ 李迎生，李泉然，袁小平.福利治理、政策执行与社会政策目标定位：基于 N 村低保的考察[J].社会学研究，2017，32(6):44-69.

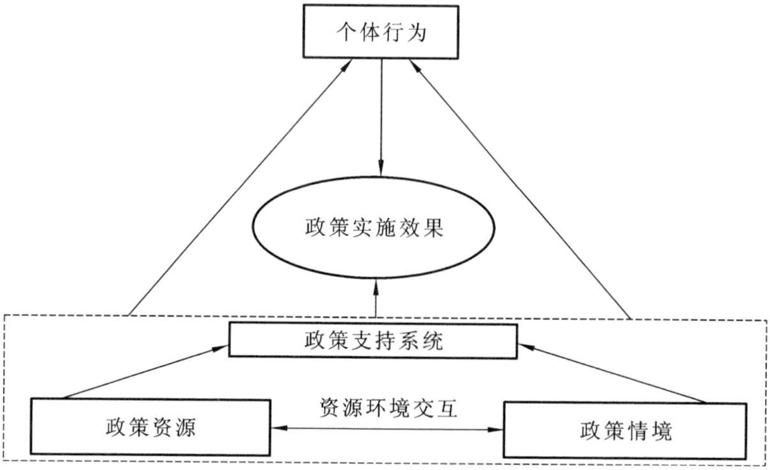

图 6-1　政策支持系统分析框架

考虑：湖北省不仅于 2014 年获批全国教育信息化省级试点，是率先开展试点的两个省份之一，而且湖北各地探索教学点信息化应用模式在全国产生了较大的影响，如恩施州“恩施三式”教学模式，咸宁市咸安区数字网校、中心校、教学点“三级联动”模式，崇阳县“联校网教”模式等。整体来看，湖北省农村教学点教育信息化发展具有典型性。样本基本信息见表 6-1。

表 6-1　样本基本信息

	类别	数值	类别	数值
校长样本	男性（%）	80. 8	平均专任教师数	5. 5
	平均年龄（岁）	50. 9	平均学生数	50. 9
	平均教龄（年）	29. 6	平均教室数	4. 2
	学历（%）		平均多媒体教室数	1. 2
	初中	9. 6	平均班额（%）	
	高中	11. 5	25 以下	86. 5
	专科	61. 5	26—35	7. 7
	本科	17. 3	36—45	5. 8
	平均教职工数	6. 1	样本数	52

续表

	类别	数值	类别	数值
教师样本	男性（%）	60.1	职称（%）	
	平均年龄（岁）	43.3	小教三级	10.1
	平均教龄（年）	21.9	小教二级	8.4
	多科教学（%）	57.3	小教一级	8.4
	学历（%）		小教高级	55.6
	初中及以下	1.2	中教二级	11.8
	高中	21.3	中教三级	5.6
	专科	42.7		
	本科	34.8	样本数	178

三、农村教学点教育信息化财政政策实施困境

基于政策支持系统的分析框架，本研究将从“政策资源”（包含财政资源、信息化资源等）和实施的“政策情境”（包含教学点教师资源、学生资源等）两个维度进行分析。

（一）财政资源支持系统有待完善

1. 专项经费支出“重建设、轻维护”

教学点数量众多、基础设施薄弱，利用信息化促进教学点发展需要巨额的前期投入和后期维护运行资金。前者包含信息化设施设备等硬件购置费用，用于网络建设和购置硬件；后者主要包含电费、网费、维修费、平台资源购置费。从当前政策运行的实际看，教学点信息化硬件建设经费主要来源于中央和省级政府专项经费，主要包含了“教育信息化专项经费”（如“农远工程”、教学点数字教育资源全覆盖等）和“标准化学校建设”“薄弱学校改造计划”等项目中用于信息化的部分，维护运行资金则主要由教学点自行承担。然而，学校后期信息化设备的维护、更新和升级等同样需要一定数量的经费开支，这些开支是保障经费投入长效运行的关键，因此运行资金如不列入财政拨款，就会使得信息化设

备和资源缺乏后续经费保障，从而影响并限制设备和资源持续发挥作用①。

从政策实施角度看，教学点信息化发展政策实施中硬件建设与运行维护资金来源的分离，导致了普遍存在的“重建设、轻维护”现象。追根溯源，问题的根源是受到了专项财政转移支付制度的影响。虽然教育财政转移支付制度的设置初衷是以教育信息化专项资金改善教育信息化环境，但专项经费具有明确的使用范围和规格，这一特质也直接和间接限制了经费的最大效益化。调查表明，94.5%的教学点教育信息化设施设备由“上级主管部门提供”，而自行购买设施设备的教学点仅占3.2%，87.8%的教学点信息化运行维护经费主要由“学校自筹”。另外，针对样本县的调研数据也表明，超过70%的教育信息化财政投入用于网络建设和购置硬件，剩余资金用于购买平台、资源和教师培训，而用于信息化设施设备的维护运营投入严重不足。

2. 信息化设施设备分配不均

政策实施的制度环境决定了不同实施群体间的权利分配，在与实施环境的交互过程中往往会对实施效果产生影响。廖逸儿和原珂指出，公共财政促进教育公平的落脚点在于区县政府，区县政府作为义务教育主要责任承担者，能够干预本区县域内教育经费的发挥效用，直接影响到教育公平的实现②。当前，信息化专项资金的分配一般由县级教育管理部门负责，而大多数教学点由所在乡镇的中心校进行管理。这种管理模式对教学点信息化发展政策的实施也产生了一定的影响：信息化硬件购置一般由区县教育局统一招标、采购，然后分配至乡镇中心校。调查表明，在教育局与中心校分配信息化设备资源时，教学点往往处于不利地位，导致一些最需要信息化设备的教学点由于种种原因无法获得充足资源。

目前，农村教学点由于具有人数少、规模小、权利弱等特征，正面

① 刘大伟.我国基础教育信息化经费投入分析：基于经济与财政视角[J].中国教育信息化，2016(5)：12-14.

② 廖逸儿，原珂.公共财政如何促进教育公平：基于广东省“基础教育创强”专项资金绩效评价[J].北京理工大学学报(社会科学版)，2018，20(6)：153-162.

临着隐性撤并和自然消亡的风险，众多农村教学点的空间境遇较差。赵阔和张东辉基于连片特困地区一所教学点的实地调研和个案分析，发现乡村小规模学校成为各相关主体持续博弈的牺牲品——学校的物理空间被挤占与阻抗、组织空间被剥夺与收容、教学空间被糅合与调试[①]。一些教学点校长反映："学校信息化设备严重不足，很多设备都在中心校那里。本来数字资源全覆盖项目有一些设备是分给我们学校的，但是中心学校的人说反正新设备放我们这没人会用也是浪费，中心小学机器不够，就给他们用了。"这种中心校采取变通方式分配信息化设备的现象在样本教学点中比较普遍，是农村教学点被忽视的典型特征，表明农村教学点被排除在信息化设备的分配权利之外。

3. 教学点难以负担信息化运行维护成本

学校信息化运维体系是保障学校信息化系统安全、稳定且高效运行的一系列规划、方法、手段和技术，包括设备维护、系统维护、网络维护和机房环境维护等各个方面[②]。作为信息化政策落地的具体场所，教学点在政策环境中的行为在很大程度上决定了政策效果。但总体来看，目前尚未形成长效经费保障机制，特别是在信息化设备运维经费保障方面缺乏明确的规章制度，导致教学点自身正常的运行和维护面临举步维艰的窘境。调查表明，近 3 年，样本教学点信息化设备购置费用年均为 1.78 万元，每年运行和维护费用约 0.4 万元。许多校长在访谈中表示，每年几千元的维修运行费用对于学校来说是一笔不小的开支，每年能支配的经费并不能满足运转所需。

在当前教学点自身公用经费短缺的环境下，教育信息化政策实施面临难以落地的现状。例如，蒲大勇和帅旭通过对四川省 N 市的实证调查，发现公办教学点的公用经费在管理中存在两个突出问题：一是县级政府在同一乡镇存在多个教学点时，只按照一个教学点拨付经费。二是

① 赵阔，张东辉. 乡村小规模学校的空间境遇及其博弈机制：基于连片特困地区一所教学点的个案研究[J]. 湖南师范大学教育科学学报，2021，20(3)：115-122.

② 党建伟，张耀东，朱晓翠，等. 学校信息化设备运维制度与管理机制研究[J]. 现代教育技术，2019，29(6)：96-101.

中心校存在借助统筹名义截留、挤占、挪用和克扣经费的现象①。这些突出问题极大地削弱了农村教学点经费的使用权，压缩了教学点管理者在教育信息化政策实施的执行空间。此外，作为政策实施中的行动个体，许多中心校校长将信息化教学的运行维护看作额外成本，认为如果不开展信息化教学，学校就不必承担相关费用。因此，当设备出现故障时，教育管理部门和中心校的技术人员维修常常滞后，教学点也没有动力去解决设备问题，导致设备闲置，难以发挥教学作用。

（二）信息化教学资源供给有待优化

1. 信息化资源供给数量短缺

当前，由于教学点自行开发信息化教学资源能力有限，资源主要依靠上级供给。在此背景下，政府和事业单位成为信息化资源供给的提供主体，但有学者指出，信息化教学资源建设与服务主体能力不强、供需不匹配和供应链不完善仍是当前信息化教学资源供给最突出的几个问题②。从政策实施的视角看，由上级政府集中供给资源有利于实现标准化，但也会经常出现资源供给不足和供需不匹配等问题。表 6-2 表明，仅 15.5% 的教学点校长认为当前“信息化教学资源比较充足，基本满足信息化教学需要”，分别有 53.8%、19.2% 的校长认为信息化教学资源“比较缺乏”和“非常缺乏”，有 11.5% 的教学点“基本没有信息化教学资源”。

表 6-2 教学点信息化资源情况

信息化资源情况	百分比
信息化教学资源比较充足，基本满足信息化教学需要	15.5
信息化教学资源比较缺乏，但可以维持正常信息化教学	53.8
信息化教学资源非常缺乏，影响正常信息化教学	19.2
基本没有信息化教学资源，信息化教学难以开展	11.5

① 蒲大勇，帅旭.当前乡村教学点发展困境与改进建议：基于四川省 N 市的实证调查[J].中小学管理，2019(10)：40-43.

② 高铁刚，薛峰.信息化教学资源供给服务体系建设研究[J].现代教育技术，2015，25(8)：26-32.

2. 信息化资源供给结构有待改善

教学资源供给要素及结构是影响教学资源有效供给的重要因素，应然状态下的信息化资源供给要素结构是环形①。但从教师获取信息化资源的途径看，自行搜索教学资源仍是教学点获取资源的最主要手段。表6-3表明，在已使用信息化手段进行教学的教师中，约59.6%的教师选择利用“网络搜索引擎检索”，约42.7%的教师选择“国家数字资源平台”，约31.0%的教师选择“地方教育资源平台”，而“学校购买”和“自己开发”的分别占28.7%和17.5%。这些数据表明，教师会以“以手投票”的方式，选择最适用教学的信息化资源，而现有资源不能满足教学需求。此外，数据还显示，只有约6.7%的教师认为“学校下发的信息化教学资源与授课内容的匹配度”是“完全匹配”，信息化资源供给与教学点教学需求匹配度还有待提高。由于资源供给与教学需求匹配度不高，许多教师选择到网络上去寻找资源，而这些资源的质量往往参差不齐，信息化教学质量难以保障。

表6-3　教学点信息化资源来源

资源来源	个案百分比	资源匹配度	百分比
网络搜索引擎检索	59.6	完全匹配	6.7
国家数字资源平台	42.7	大部分匹配	46.1
地方教育资源平台	31.0	不好说	29.2
学校购买	28.7	小部分匹配	18.0
自己开发	17.5		

（三）教师信息化教学能力与教学动力有待提高

1. 教师信息化教学能力有待提高

农村教学点信息化政策实施效果不仅取决于信息化设备的配备和信息化资源供给，更取决于教师队伍的信息化教学能力。何文涛等指出，

① 潘新民，金慧颖. 乡村学校信息化优质教学资源供给困境与出路[J]. 课程·教材·教法，2022，42(7)：84-89.

当前的大部分教师并不完全具备智能时代的信息化教学能力，而随着人工智能技术的迅猛发展，教师不能只局限于常规的信息技术使用，还要在原有基础上融合智能技术，进一步创新学科教学①。只有教学点教师具备合格的信息技术能力，并具备将信息技术与学科教学进行融合的实际能力，才能将信息化资源有效地应用于实际教学。

第一，信息化资源制作方面。信息化资源制作能力作为新时代高素质教师的必备素养，对在偏远农村地区推进义务教育均衡发展具有重要意义。表 6-4 显示，在使用信息化教学手段的教师中，仍有 39. 2% 的教师“无法熟练地使用多媒体设备”、46. 6% 的教师“无法独立制作多媒体课件”、52. 2% 的教师“无法独立完成一堂课的信息化教学设计”等，多数教师信息化教学能力有限。农村教学点的多数教师将信息技术运用于教学实践时存在困难，无法在课堂教学中有效融入计算机技术或充分利用数字化教学资源，与杨臻的研究发现一致②。

表 6-4　教学点教师信息化资源制作能力调查表

信息化教学能力	百分比
无法熟练地使用多媒体设备	39. 2
无法独立制作多媒体课件	46. 6
熟练地利用互联网浏览、检索、下载教学资料	32. 3
无法独立完成一堂课的信息化教学设计	52. 2
根据课程目标选择合适技术手段解决教学问题	24. 2

第二，信息化资源应用方面。在教育信息化中，虽然农村教学点的交互式多媒体设备基本都已投入使用，但其所特有的交互式功能基本没有得到应用，仅有少部分教师能够使用类似书、写、圈等基本交互功能③。农

① 何文涛，庞兴会，朱悦，等.人工智能时代中小学教师信息化教学能力发展现状与提升策略［J］.现代教育技术，2022，32（3）：92-101.

② 杨臻.河南省中小学教师信息技术应用能力现状与对策［J］.农村经济与科技，2018，29（4）：231.

③ 朱京曦，陈书琴.欠发达地区中小学教师信息技术应用能力提升的目标与对策［J］.中国电化教育，2021（3）：125-130.

村教学点信息化教学模式应用深度不够，大多停留在对信息技术运用的浅层阶段。表6-5表明，在使用信息化教学手段的教师中，65%左右的教师利用信息化手段仅“呈现教学内容”和“拓展教学内容”，主要在教学过程中播放视频、动画等；14%左右的教师应用信息化技术支持下的“合作学习”“翻转课堂”等教学模式，整体来看，信息技术对提高教育教学质量的效益尚未充分发挥。

表6-5 教学点教师信息化资源应用能力调查表

信息化资源应用	百分比
呈现教学内容	23.0
拓展教学内容	41.9
合作学习	7.2
翻转课堂	6.9

2. 教师信息化教学动力存在不足

信息化教学动力是教育信息化的关键，只有教师拥有信息化教学动力，愿意信息化教学、乐于信息化教学，教师才可能不断更新信息化教学观念与方法，使信息技术与教学过程融合成为自身的教学常态，获得信息化教学实效。教学点教师由于地处偏远、年龄偏大，加上与外界沟通交流较少，教师队伍存在一定的职业倦怠感，许多教师没有时间也不愿意学习信息化教学的知识技能。调查表明，教学点教师每周上课约17课时，其中利用信息化手段教学的仅3课时，占比17.65%，大部分教师采用的仍然是传统的“粉笔加黑板”的教学形式。

此外，情绪可以对工作产生正面或负面效应，教师也会因为情绪的因素影响其教学效果。部分教师只是将教学作为教师的义务，不会在课堂教学结束后花更多的时间对自身的教学进行评估和改进①。教学点教师承担了比城镇学校教师更多的课时，所带的科目、年级也多于城镇学校教师，同时还要承担许多学生安全、生活等方面的任务，工作压力普

① 康力，陈洁.教学质量评估压力与教学绩效改进意愿的关系研究[J].高教探索，2017(6)：56-60.

遍较大，导致他们接纳新教学模式，改变教学方式的动力普遍欠缺。在一些开设了“专递课堂”“远程教室”的地区，教育管理部门和学校缺乏对“专递课堂”教师的激励措施，而“远程教室”教学往往需要教师投入更多的精力，许多中心校主讲教师对“远程教室”教学热情偏低。

（四）学生信息素养普遍偏低

在信息化教学环境下，学生信息素养发展水平是教学质量的关键因素。教学点信息化发展既受内部资源要素的影响，又与外部自然、社会、规范多维环境交互作用，共同构成一套复杂的生态系统①。在访谈中，许多教学点的教师表示，信息化教学不仅能使教学内容更加丰富、生动、形象，还能在一定程度上活跃课堂气氛、提高教学效率，大多数学生欢迎使用信息技术进行教学。这说明，教学点学生对信息化教学方式基本持积极态度。但是在调研中，我们发现许多教学点学生连基本的电脑操作都不会，基本信息素养匮乏，这必然会影响教学点学生接受信息化教学的效果。其根本原因在于以下两点。

第一，从学生生活的社区层面看，区域信息贫困问题成为制约学生享受信息化教学红利的重要障碍，也会在一定程度上影响义务教育优质均衡的发展，制约教学点学生信息素养的提升。孙红蕾等基于信息生态学的视角，认为新市民文化主体意识的淡漠与信息能力的有限，是导致农村信息“自贫困”的根源②。从调查结果来看，教学点大多远离城镇，信息化设施落后、资源贫乏，教学点学生接触信息设备与资源的机会较少，学生获取信息知识的渠道不多，这些阻碍了教学点学生的信息素养发展。

第二，从学生家庭层面看，农村教学点学生家庭较为贫困，拥有电脑等信息化设施的比例较低。刘雁和张春玲曾提出，当前我国农村信息网络基础设施建设覆盖面窄，利用率不高，使得互联网的优势不能真正

① 韦妙.农村小规模学校信息化发展的生态学思考[J].教育科学，2015，31(6)：54-59.

② 孙红蕾，钱鹏，郑建明.信息生态视域下新市民信息贫困成因及应对策略[J].图书与情报，2016(1)：23-28.

发挥出来①。调查数据显示，仅12.07%的教学点学生家庭拥有电脑，而根据国家信息中心2016年的统计数据，我国城市87%的家庭拥有电脑，教学点学生家庭与城市家庭的电脑普及率存在巨大差距。此外，教学点学生家庭网络接通的比例极低，只有约4%的家庭接入了宽带网络。也就是说，家庭信息贫困环境导致了学生使用信息化设施、接受信息化教学的能力普遍较为欠缺。

四、农村教学点信息化财政政策实施路径选择

（一）明晰财政经费来源，优化投入结构

从经费来源看，调整教育经费来源结构一直是提高教育质量和促进教育平等的关键手段。首先，各级政府应着力巩固“教学点数字教育资源全覆盖”项目的既有成果，进一步加强财政支出力度，扩大资源覆盖面；其次，在支出总量不减的前提下，将一定比例的“标准化学校建设”“薄弱学校改造”等专项资金用于教学点信息化发展，增量资金向信息化建设倾斜；最后，要明确教育信息化经费在当地生均公用经费、教育附加费中的支出比例，形成教育信息化经费投入保障机制，保证农村教学点有独立的教育信息化经费，将数字教育资源的选择权真正交给教学点师生。

从经费支出结构看，义务教育经费支出结构的失衡会导致义务教育经费使用的低效率并带来义务教育质量的下降②。首先，投入重点应从“示范式”向“兜底式”转变，将资金投入重点向仍未配备信息化基础设施设备的教学点倾斜；其次，随着学校信息化建设的逐步推进，教学点信息化经费支出重点应由基础设施建设向运行维护管理转变，可设立专项经费用于保障设备运维、更新升级、网络资费、教师培训、资源选购和应用研究等方面的支出；最后，县、乡政府要从基层出发不断优化经费支出结构，直面农村教育实践的比较优势，从而规避农村义务教育

① 刘雁，张春玲.对农村信息贫困若干问题的思考[J].河北大学学报（哲学社会科学版），2014，39(2)：148-151.

② 陈燕，李光龙.财政改革与义务教育支出结构偏向[J].中南财经政法大学学报，2018(4)：100-109.

责任主体上移而导致经费使用效率打折扣的问题，实现有限经费的效益最大化[①]。

（二）优化信息化资源供给，提高教学效果

近年来，随着教育信息化在国家战略层面地位的提升，加强优质教育资源开发与应用，加快教育资源建设的步伐，已成为国家教育发展的重要支撑[②]。为建立优质信息化资源库，满足农村教学点享有优质数字教育资源基本需求，推动教学点发展，应该回到对教学点教师、学生的关注上，从供给与需求两个方面，通过优质资源供给、优质培训，提升教师信息化教学的能力与动力，促进优质教育资源共享。现阶段，应着力推动信息化资源供给侧改革，打通各个资源平台，提高优质信息化资源供给的有效性。

具体来说，一方面，应充分利用国家现有数字化教学资源平台，由地方教育主管部门牵头，组织师资力量对教学资源进行二次加工，提供符合教学点教学实际、融入本土元素、基于学科教学的课程资源；另一方面，应从以教学资源的供给为导向转变为以教学点的需求为导向，扩大教学点的选择权，实现供给和需求的双向互动交流，避免"一刀切"地要求教学点使用教育部门提供的教学资源，并提供必要的经费用于自行购买数字教学资源。同时，激发教学点教师信息化资源制作的内生动力，鼓励区域内的教师自主开发、制作、共享信息化教学资源供教学点使用。

（三）培养教师信息素养，激发内在动力

教育政策作为实现公平的手段和途径，既可以决定教育的发展走向和价值追求，又能够解决特定时代特定国家和地区的特定教育问题[③]。因此，从教育政策着手解决教师信息素养能力问题，是一个不错的选择。首先，充分挖掘现有政策潜力。协同"特岗教师""联校走教""乡村教

---

① 戎乘阳.我国农村义务教育经费投入研究[J].经济问题,2022(1):101-106.

② 孙田琳子,石福新,王子权,等.教育资源的建设、应用与反思[J].中国电化教育,2020(6):130-146.

③ 欧阳恩剑,刘波.公众参与:教育政策公平价值的重要保障[J].高教探索,2019(3):55-60.

师支持计划”“省招教师”等政策，采取一定的经济、职称评定的倾斜手段，使具备信息能力的教师在教学点积极运用信息化教学手段。其次，鉴于教师培训项目难以覆盖教学点的代课教师，地方教育局或中心校可采用定期“送教”“走教”“结对帮扶”和教学点参训教师“以点带面”等方式对教学点教师进行信息技术培训，为教学点教师提供技术指导和服务支持。

就财政性激励而言，物质和经济性激励措施的效果显而易见且极具实在感，能够在短时间内刺激教师行为，引导教师努力工作，服从于激励指向①。因此，从顶层设计我国教学点教师信息化激励政策，可在一定程度上提高教师信息化教学的动力。一方面，对积极使用信息化教学的教学点教师给予一定的经费支持，可在乡村教师补贴中给予额外安排，将教师注意力转移至个人信息化教学能力的提升；另一方面，对于已经开展“同步课堂”“专递课堂”地区的主讲教师也要予以倾斜，在课时课酬核算、绩效奖励等方面给予一定的补助，发展信息化资源，支持主讲教师。

（四）创新组织管理模式，拓展信息化空间

理顺教学点与中心校关系，探索教学点联盟模式。现阶段，农村教学点的生存状态堪忧，大部分教学点被剥夺法人资格，处于教育场域中的边缘位置，且特殊办学需求往往难以得到有效及时的满足②。一般来说，教学点主要由中心校管理，在经费分配、教师发展、资源共享与信息传达等方面存在诸多问题。因此，要实现教学点教育信息化的可持续发展，须逐步淡化小规模学校与中心校之间的依附关系，确立小规模学校的独立身份。此外，应探索教学点网校的联盟模式，推动教学点之间的信息化资源共享、网络教学以及教学科研平台建设，实现横向互动以提升教学点信息化教学质量。

加快推进乡村信息化基础设施建设，改善教学点外围信息化环境。

① 周兆海，邬志辉.教师激励的理念转向与策略优化[J].教育科学，2019，35(1)：63-67.

② 张金龙，秦玉友.小规模之痛：农村教学点发展困境与应对政策：当地教师的声音与“规模效益”实践取向批判[J].四川师范大学学报（社会科学版），2019，46(2)：116-124.

在教育信息化向智能化转型时期，信息素养已经成为中小学生学习、生活与发展的必备核心素养之一，信息素养直接影响学生在信息化社会中的学习、生活、发展和创新。有研究表明，学生必须在家庭和学校中拥有良好的信息环境，才能有较高的信息素养。在教学点学生家庭信息化环境贫瘠的背景下，社区和学校良好的信息技术接触环境有助于缩小城乡差距。因此，在乡村振兴行动实施中还应重视乡村信息化基础设施建设与教学点信息化发展有机结合，为教学点教师和学生建设一个资源丰富的信息环境，促进师生信息素养提升。

五、小结与讨论

教育信息化具有突破时空限制、促进资源共享、快速复制传播以及呈现手段丰富的独特优势，日益成为缩小教育差距、促进教育公平和提高教育质量的有效途径①。农村教育信息化发展政策的实施使优质教育资源惠及了大量偏远地区的学生，但实施过程中仍面临资源、师资、应用、管理等多方面的挑战。如连璞指出，目前农村教育信息化发展实际在基础设施建设、教师教育技术能力和应用水平以及校园网络及资源建设等方面还存在着一些较为突出的困难和问题②。

上述问题的产生，很大程度上是我国农村教育发展中的系统性矛盾所致，如果缺少针对教学点的财政经费投入、师资队伍建设、体制机制改革等政策的协同推进，仅依靠项目化的建设投入，教学点信息化发展很难达到理想效果。本研究认为，在目前学界对信息化教学效果尚存争论、教育信息化成本收益尚未明确、评估机制尚不健全的背景下，现阶段政策仍应着眼于实现教学点"开齐课、开足课、开好课"，政策实施既要保障资源投入充足，更要关注资源使用效果。同时，政策实施中，应强化政策效果与资金使用的评估，通过第三方的评估与监督机制，保障政策资源能真正用于学校、教师与学生，从而将教学点真正建成"小

① 中华人民共和国教育部.教育部关于印发《教育信息化2.0行动计划》的通知[EB/OL].[2018-04-18].http://www.moe.gov.cn/srcsite/A16/s3342/201804/t20180425_334188.html.

② 连璞.农村教育信息化发展难题解析与建议：以安徽省阜阳市为例[J].中国电化教育，2010(12):28-31.

而优、小而美”的学校，让教学点学生享受公平而有质量的教育。

第二节　案例二：财政支持下城区义务教育学校布局调整研究

一、引言

在城镇化加速发展、人口流动日益频繁、学龄人口不断变化的背景下，从20世纪90年代后期开始，我国启动了新一轮的农村义务教育学校布局调整。这一阶段调整力度都很大，调整过程中，大量农村中小学被撤并，对均衡教育资源产生了积极影响。但有研究指出，部分地区学校布局调整的失当，导致学生上学路途变远、受教育成本增加、安全隐患增多、学生求学条件较差等，出现了辍学率反弹的趋势[①]。2012年，国务院办公厅出台的《关于规范农村义务教育学校布局调整的意见》指出，要坚决制止盲目撤并农村义务教育学校。对于那些已经撤并的学校或教学点，确有必要，由当地人民政府进行规划，按程序予以恢复。此后，各地对农村学校撤并的态度更加审慎，调整的程序和方式也更加科学规范，撤并速度明显放缓，农村学校布局调整步入了稳步发展阶段。

然而，在长久的发展和调整历程中，城镇义务教育学校也面临外来学龄人口不断增加的挑战。此外，城镇化背景下的人口迁移，使得农村地区义务教育阶段生源数量下降，学校空心化严重，由此导致城镇义务教育学校规划不科学、布局不合理，“大校额”“大班额”等问题愈发凸显[②③]。2019年督导报告显示，部分地方没有合理布局中小学校建设。在城乡建设中，没有为学校预留足够用地，城市（县城）学位不足问题愈发突出。338个县中，分别有252个、239个、228个县不同程度上存在

---

① 范先佐.义务教育均衡发展改革的若干反思[J].教育研究与实验,2016(3):1-8.

② 雷万鹏,张婧梅.学校布局调整应回归教育本位:对学校撤并标准的实证分析[J].教育研究与实验,2010(3):6-10.

③ 黄传慧,鲍传友,叶铖垒.多元主体参与下的学区治理困境与突破:一个案例的研究[J].教育学报,2019,15(3):104-112.

占地面积不足、运动场地面积不足、校舍面积不足的问题；有281个县存在2000人以上大规模学校；大班额比例依然较高，55人以上小学班级比例为6.92%，60人以上初中班级比例为6.21%。此外，也存在学区划分不合理、择校热等问题[①]。

当前，我国确立了新型城镇化发展战略，提出了进城务工人员“就地城镇化”和“就近城镇化”的发展思路，进一步放松了对中小城镇的户籍限制，人口流动所带来的城镇地区教育资源供求矛盾将进一步加深[②]。与此同时，我国“全面二孩”政策实施所带来的人口生育率的变化给城镇学龄人口带来了新的增长预期[③]，将在未来给城镇地区教育资源带来新的压力。在户籍制度改革、计划生育政策调整、人口及学生流动、城区学龄人口分布不断变化的背景下，城乡义务教育学校规划布局和城镇学位供给面临巨大挑战，持续了十多年的学校布局调整重心将从农村地区转向城镇地区[④]。与此同时，不同地区采取的学校布局思路也不尽相同[⑤]。如何合理布局城区教育资源以应对未来城区学龄人口规模的持续增长，缓解城区学龄人口分布的不断变化带来的教育供求矛盾，已经成为当前推进县域内城乡教育一体化发展的关键议题。

学校布局调整是一个公共价值的选择过程[⑥]。与农村地区的学校布局调整一样，城镇的学校布局调整决策也需要面对公共决策共性的问题，应兼顾工具理性与价值理性，决策的过程应有科学化、民主化和道义化多重价值观照，以科学理性的方式来实现布局调整的效用最优，以满意度最大化的方式来实现程序民主，以底线公平的方式来保护弱势群体的

① 黄传慧，鲍传友，叶铖垒.多元主体参与下的学区治理困境与突破：一个案例的研究[J].教育学报，2019，15(3)：104-112.

② 雷万鹏.家庭教育需求的差异化与学校布局调整政策转型[J].华中师范大学学报(人文社会科学版)，2012，51(6)：147-152.

③ 刘善槐.新城镇化、“单独二孩”政策与学校布局调整新走向[J].东北师大学报(哲学社会科学版)，2015(4)：187-191.

④ 刘善槐.我国城镇义务教育学校布局调整研究[J].教育研究，2015，36(11)：103-110.

⑤ 廖其发.论我国基础教育学校布局调整的基本原则与主要策略[J].河北师范大学学报(教育科学版)，2018，20(1)：15-23.

⑥ 刘善槐.科学化·民主化·道义化：论农村学校布局调整决策模型的三重向度[J].教育研究，2012，33(9)：91-98.

教育权益[①]。2016 年 7 月，国务院印发《关于统筹推进县域内城乡义务教育一体化改革发展的若干意见》（以下简称《意见》），提出要合理规划城乡义务教育学校布局建设，着力解决“乡村弱”和“城镇挤”的问题，到 2018 年基本消除超大班额，到 2020 年基本消除大班额。《意见》要求各地在县域内同步建设城镇学校，扩大城镇学位供给，按照城镇化规划和常住人口规模编制城镇义务教育学校布局规划，根据学龄人口变化趋势、中小学建设标准，预留足够的义务教育学校用地，纳入城市、乡镇规划并严格实施。

此外，在城乡教育一体化背景下，学界对义务教育学校布局调整的研究集中于农村学校撤并问题。与此同时，经过十几年的不断探索、反思和改进，农村学校布局调整已经逐步走向科学化、民主化和道义化[②]。然而，城镇地区作为学龄人口流入地区，面临的教育供求、调整思路、价值目标等与农村地区存在较大差异，受到的研究关切较少。基于上述考虑，本研究采用个案研究法，对一个县域内的城区义务教育布局调整实践进行深入探究，以丰富人们对城区布局调整问题的理解，拓宽学校布局调整研究的区域范围。

二、个案简介

本研究以中部地区 S 县为个案，使用文本分析、访谈等手段，收集个案相关的资料。访谈对象包含教育管理部门、学校校长、教师、家长、学生等与学校布局调整相关群体。研究使用的数据等均来自 2015 年至 2018 年课题组针对 S 县城区学校布局调整的 6 次实地调查和访谈所获取的研究资料。

S 县是人口大县也是教育大县，人口基数大、学龄人口多共同构成了该县教育发展的基本特征。统计数据显示，S 县人口（户籍人口）为

---

① 刘善槐.新城镇化、“单独二孩”政策与学校布局调整新走向[J].东北师大学报(哲学社会科学版),2015(4):187-191.

② 刘善槐.科学化 · 民主化 · 道义化:论农村学校布局调整决策模型的三重向度[J].教育研究,2012,33(9):91-98.

156.94万，中心城区人口约35万，是H省内人口最多的县市。全县共有普通中学51所，专任教师4558人，招生20207人，在校学生56289人，毕业生18826人。其中，高中在校学生20523人，毕业生6498人；初中在校学生35766人，毕业生12328人。全县共有小学116所，专任教师4041人，招生17018人，在校学生90785人。义务教育阶段在校学生126551人。2014年中心城区①有公办初中4所，学生12752人；公办小学4所，学生13349人。

随着城镇化的推进，加上农村学校布局调整的政策效应，相当数量的义务教育阶段学生涌入城区，对S县城区教育供给能力提出了新的挑战。根据H省义务教育均衡发展标准对班额的要求进行测算，2015年S县城区义务教育学位供需缺口达8251个，且随后几年的缺口数额呈现扩大趋势。此外，城区学校的“大校额”、“大班额”现象十分严重，被调查学校中，班额超过办学基本标准的比例将近80%。

2014年以来，为应对城区人口增长带来的教育需求扩张，S县相继推动了ZH小学、SY高中新校区建设，YC学校、SY学校建设以及部分初中、小学扩容改建等重大项目建设。这些措施在一定程度上缓解了城区教育供需矛盾，回应了民众的教育需求。但从整体上看，S县城区教育供求矛盾仍十分尖锐，不同层级的教育结构仍不合理，城乡、校际的不均衡，民办学校水平参差不齐等问题也相当突出。在此背景下，我们有必要对S县城区学校布局调整的全过程进行回顾，适时再调整和再完善学校布局。

本研究就以下几个关键议题进行深入探究：（1）地方政府为什么要实施学校布局调整？（2）如何进行布局调整？（3）布局调整的成本由谁分担？（4）布局调整中的教师资源如何配置？（5）布局调整后的招生入学工作如何进行？对这些问题的回答，能帮助我们进一步梳理城区学校布局调整过程中的突出问题，提出城区学校布局调整的改善路径。

---

① 根据2014年至2030年S县城市总体规划文本，S县中心城区含R城、H城及M市部分村庄，扩展了原有中心城区只涵盖R城的范围。

三、布局调整的关键议题

（一）为什么要进行布局调整

1. 缓解城区教育供求矛盾

“一刀切”式的撤点并校，导致大量农村学生涌入城镇学校，进一步激化了城镇地区因城镇化、人口流动而引发的教育供求矛盾①。与农村学校大幅减少相对应的是城区中小学规模的急剧扩张和班额的增长，作为城区教育资源供求的突出矛盾，“校额”与“大班额”构成了城区学校布局调整的直接动力。根据S县教育发展“十二五”“十三五”规划，S县进行布局调整的首要目的是解决城区大班额问题，以完成县域内义务教育均衡发展的考核。例如，在2013年S县的政府工作报告中，新建L小学的主要目的被界定为缓解城区教育资源紧张状态；2015年的政府工作报告中，新建YC学校的目的被表述为增加城区学位供给，促进城区教育提档升级等。

课题组调研发现，S县城区中小学“大校额”与“大班额”现象非常严重。其中，XY学校、SY中学、DY初中、YS小学、SF附小等学校均存在班额过大情况。被调查初中的班额普遍在70人以上，部分班级甚至达到了80人；小学班额普遍在60人以上，部分学校班额平均值达到了65人以上。根据H省小学、初中办学基本达标评估标准，小学班额应为45人以下，初中班额应为50人以下。此外，已有文献表明，“大班额”除了对学生学业成绩、身心健康产生影响外，对教师的工作热情和态度也有直接影响②。也就是说，班额过大会加大学校管理难度、降低教师教学效果，对学生学业造成负面影响，使教育发展倾向于不均衡，影响教育整体公平。

---

① 雷万鹏，王浩文．70年义务教育学校布局调整回顾与反思[J].华中师范大学学报(人文社会科学版)，2019，58(6)：12-24.

② 黄媛媛，李玲.教育资源匮乏下的尴尬：发展中国家“大班额”现象探析[J].外国中小学教育，2012(12)：45-50.

2. 应对上级督导考核

通过布局调整以应对上级政府对义务教育均衡优质发展的督导考核，也是城区学校布局调整的动力之一。各地要合理统筹“十三五”期间义务教育学校建设项目，新建和改扩建校园校舍，重点解决城镇“大班额”问题，加快消除现有“大班额”。同时，与上述《意见》配套的监督激励机制更为S县开展城区布局调整工作增加了必要性。例如，《县域义务教育优质均衡发展督导评估办法》规定，县域义务教育优质均衡发展评估结果是上级人民政府对县级人民政府及其主要负责人综合评估的重要依据。

为应对上级督导评估，S县人民政府积极推进义务教育均衡发展工作，重点改善办学条件、破解城镇“大班额”难题，不仅要使得县域内义务教育学校办学条件达到省定标准、学校间达到均衡状况，还要取得公众对义务教育均衡发展状况的较高满意度。在此过程中，S县政府和相关职能部门签订目标责任书，政府、部门、学校各司其职，层层落实。作为“政治任务”和“行政目标”，城区学校布局调整得到了有效推进。

3. 顺应城区建设规划

随着国家层面城镇化政策推进、省际层面发展策略优化、县域社会经济快速发展，学校布局调整被纳入了S县城区发展规划的重要一环。课题组通过对S县2010年至2016年政府工作报告的政策文本分析和实地访谈，梳理出以下几点关于城区发展的政策导向：近年来，S县的政府工作报告指出，城区的建设目标是按照中等城市标准进行规划，提出教育资源扩张是推进城区人口聚集的重要力量，要着力推进新型城镇化，通过制定就业、就学等优惠政策，鼓励农民进城，还特别提出，通过棚户区改造、园区建设、公共服务设施建设等多种方式，实现城区推进平台扩容提质。

根据S县城市总体规划文本2014年至2030中的表述，未来S县的城市发展方向是“东拓、北扩、西延、南优”，主导发展方向为“东拓、北扩”，其中城北为城北新区行政文化中心，形成集行政、商务、文化、教育、居住为一体的行政文化片区；城东为综合服务中心，以第二产业为主形成特色产业集群。城市的扩张必然要考虑基础设施的配套。另外，规划文本也包含了对公共管理与公共服务设施用地布局的详细说明。

那么，S 县城区规划究竟是如何影响学校布局的呢？一位分管教育的县级领导向我们介绍："随着城区建设重心的东移和学校布局调整的需要，2013 年我县决定在东城区新创办一所公办小学，由政府出资 2.8 个亿，这是我县重点扶持、着力打造的公办小学名校，希望也以此带动新城区的发展。"相关研究表明，通过在城镇集中办学，举办教育新城或教育园区，不仅能让更多的学生集中在城镇就读，还能拉动城镇学校周边房租和房地产开发，促进县域经济的繁荣和城镇化水平的提高①。

（二）如何布局调整

S 县的城区义务教育学校布局调整，是一个由政府主导、多个利益相关主体共同参与构建的持续行为过程。根据访谈资料，我们发现 S 县的布局调整流程包含方案制订、实施、评估、调整等若干阶段，具体流程如图 6-2 所示。

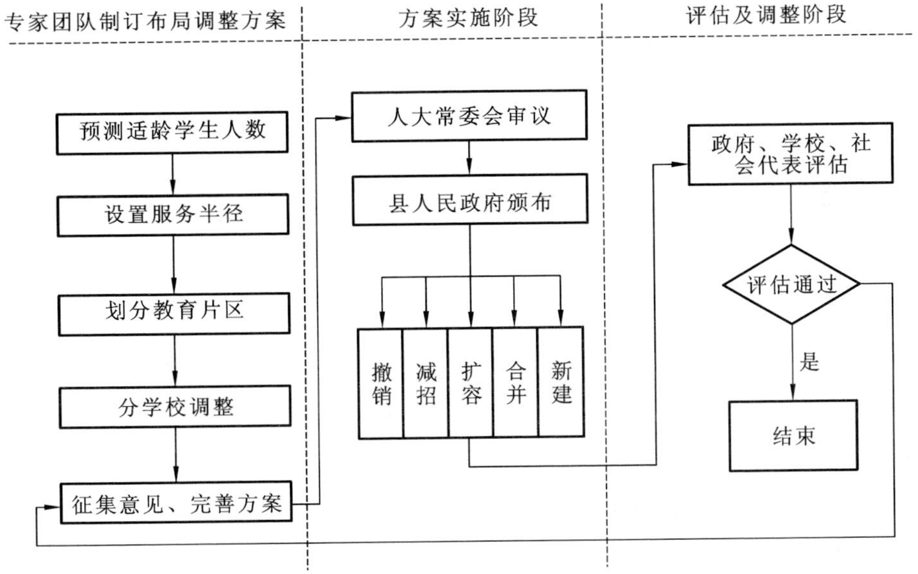

图 6-2　S 县城区学校布局调整流程图

① 叶庆娜.县域内义务教育阶段学校布局的方向选择[J].教育研究与实验,2016(4):72-76.

1. 方案制订

学校布局调整是一项复杂的系统性工程，涉及教育发展、资源整合、空间调整以及利益的重新分配，不得不面临诸多问题和挑战①。此外，城镇义务教育学校布局调整解决的核心问题并不仅仅是提供充足学位使城镇地区的学生能够“有学上”，更是要让这些学生能够“上好学”，亦即能够就近接受高质量义务教育，布局调整的过程面临社会效用、经济效用和教育效用之间的冲突和协调②。因此，顺利推进布局调整工作不仅需要政府教育部门、学校和社会各界的积极参与和支持，还须科学合理地制订规划方案。

S 县的城区学校布局调整规划由县委、县政府组织编制。在规划前期，S 县成立规划修编领导小组以协调由城建、教育、交通等部门组成的编制组，同时委托第三方机构形成专家论证组。规划中期，编制组全面收集相关信息资料，开展实地调查；结合城区人口分布及年龄结构预测适龄学生人数；综合考虑城市发展格局与交通因素，设置中小学校的服务半径，划分教育片区；最后根据原有学校规模及城市用地情况进行分学校调整。规划后期，小组制订布局调整规划草案，交由规划修编领导小组多方征求意见、组织专家论证和实施听证程序，进一步完善规划方案。

2. 方案实施

规划方案制订并完善后，由县政府提交至人大常委会审议，审议通过即产生法律效应，由政府颁布实施。按照“科学合理布局，优先消除隐患，逐步实现均衡”的思路，S 县学校调整共分为五种类型，分别是：撤销、减招、扩容、合并、新建。针对用地已达标、生均用地面积偏小的学校，进行扩建以达到生均用地标准，因此还须县政府进一步开展招投标工作，监督工程实施及验收。对于拟新建的民办学校，为其制定招商引资的优惠政策，以促进项目的落地与实施。

2016 年，经 S 县委、县政府统筹安排，S 县 YS 小学与 SL 学校联合

① 王晓辉.关于教育治理的理论构思[J].北京师范大学学报(社会科学版),2007(4):5-14.

② 刘善槐.我国城镇义务教育学校布局调整研究[J].教育研究,2015,36(11):103-110.

办学，实现两校招生一体、资源共享、发展共进的目标；将原S县劳动就业局办公楼、培训楼等整体划拨给SF附小，投资新建综合楼、透视围墙及电动校门；将原县直房管所划拨给XH小学，新增校园面积2600平方米，投资新建一栋综合楼，办学规模由原来的25个班增加到36个班。

3. 评估及调整

布局调整是一个动态过程，具有许多不确定的因素①，对其进行评估与完善是一个必要的程序。从事实层面看，S县在布局调整后要对各个学校的办学基本标准情况进行评估，就质量不达标、设置不合理的进一步调整规划。从价值层面看，布局调整牵涉不同主体之间的利益平衡。教育管理部门、学校校长、教师、家长、学生等与学校布局调整相关的利益主体都有其特定的利益诉求，对布局调整的实施及效果有不同的评价。如何兼顾公平、质量、均衡、效率等多元价值目标，是S县在评估及调整阶段要重点解决的问题。

（三）谁承担布局调整成本

农村地区和城镇地区所面对的学校布局调整的问题形态不同，农村地区面对的是教育资源总量有限与学校布点过于分散之间的矛盾，而城镇地区面对的是城市教育资源承载力有限与学龄人口总量增速过快、分布过于集中之间的矛盾②。因此，与以撤并为主要方式的农村学校布局调整不同的是，城区学校布局调整的主要方向是新建与改扩建以增加教育供给③。调整方式的不同也带来了资金需求的巨大差异。S县作为农业县、贫困县，自有财力有限，在教育支出占县财政支出50%以上的情况下，新建、扩建学校所需的巨额资金从哪里来？从现有资料看，2010年至2016年S县学校布局调整资金主要来源有以下几个方面。

1. 财政经费

财政性教育经费中，上级教育转移支付占财政性教育经费比例较高。

① 翁士洪，顾丽梅.治理理论：一种调适的新制度主义理论[J].南京社会科学，2013(7)：49-56.

② 刘善槐.新城镇化、“单独二孩”政策与学校布局调整新走向[J].东北师大学报（哲学社会科学版），2015(4)：187-191.

③ 叶庆娜.县域内义务教育阶段学校布局的方向选择[J].教育研究与实验，2016(4)：72-76.

根据S县政府财政统计数据，2011年至2016年S县利用中央和省级财政保障的“校舍安全工程”“中西部农村初中改造工程”“薄弱学校改造工程”等教育专项资金近6亿元，用于新建、扩建和维修校舍，其中中央和省专项资金约3.8亿元，占比约65%，县本级配套资金约2.2亿元，占比约35%。2011年至2016年间，城区新建公办小学1所，县政府投资0.65亿元，农村学校异地重建4所，另外部分资金用于城区学校扩建、改造等。

2. 社会资金

近五年来，社会资本投入建设的SY（捐赠+财政拨款模式）、HY、YC学校陆续建成，加上城区原有民办学校的扩容，城区学位供求矛盾得到一定缓解。从教育部门提供的数据看，SY、HY、YC三所学校，分别吸收社会资本2000万、6000万和7000万，合计约1.5亿元投资学校建设。原有城区民办学校新增资金资料不详。但随着《中华人民共和国民办教育促进法》的颁布，城区7所原有民办学校均转为非营利学校，所得收入均转为学校发展基金，资金数量整体规模也不小。

此外，S县委、县政府积极落实房地产开发商配套建设中小学校的政策，但由于缺乏相关的制度设计，执行过程不是特别严格。与之相反的是，近年来一些开发商为了促进楼盘销售、提高住宅溢价率，有了投资教育、新建学校的热情。这在一定程度上增加了城区的教育供给，缓解了县级政府的财政压力。

整体来看，学校布局调整资金主要采用“财政资金+社会资金”的方式。政府在教育领域的“招商引资”冲动强烈。然而，在访谈中我们发现，尽管一些民办学校在承担着义务教育的责任，但实际上的成本却转移到了学生和家长身上。一位家长说道：“如果公办学校不能提供足够的学位，我们只能选择（送孩子）去民办学校。但是高额的学杂费完全由我们自己来承担（义务教育免费未普及到民办学校），这显然是不公平的”。

（四）教师从哪里来

学校新建时，教师招聘是学校成立的重中之重。资料显示，S县新建的公办学校教师主要来源于县内教育系统的教师，通过“考核+考试”的模式招聘，而民办学校主要面向社会招聘，同时吸纳部分退休教师、兼职教师等公办教师资源和代课教师。

1. 城市和农村教师选调

以 2014 年新建的公办校 L 小学为例，学校成立之初，面向全县教育系统招聘教师 90 名。招聘范围是全县在职在岗公办教师，但对城区教师、乡镇教师做了指标划分，要求城区教师录取不低于 50%、乡镇教师录取不高于 50%。招聘教师男性 45 周岁以下，女性 40 周岁以下，并对学历、学科、职称等基本条件、年度考核、表彰奖励等做出了量化要求。从招聘综合得分的计算方式，学历高、职称高、荣誉多的教师得分高，更容易被录取。从实际录取角度看，此次招聘报录比约为 3∶1，共招聘到城区教师 58 名、乡镇教师 42 人。

2. 民办学校的社会招聘

新建、扩容的民办学校主要面向社会招聘非编制教师。从课题组调查情况看，S 县民办学校主要按照县教育局对师生比的要求配备教师，教师数量随着招生规模的扩张而相应增长，在一定程度上缓解了城区教育资源供需矛盾。例如，2013 年 ML 小学成立时，面向社会招聘了教师 30 多名。教师来源主要有三类，一是退休的公办教师，占教师总量的 15%；二是在职的公办教师任兼职教师，占 20%；其他教师为社会招聘。但是，通过调查，我们发现，一方面民办学校教师流动率要明显高于公办学校，部分教师通过报考本地的教师、公务员等方式离开民办学校，近三年的流失率超过 30%。

3. 代课教师

为应对教师不足问题，各学校还通过招聘代课教师的方式缓解供需矛盾。一位公办学校的校长说：“受制于经费短缺，加上编制的约束与控制，我们县都比较偏好聘用一些年轻的代课教师。这些代课教师虽然都没有编制，但普遍年轻有活力，文凭也至少是本科及以上，而且很大一部分都在考编的过程中，连续考几年也就考上了。”相较于农村代课教师，城区代课教师的整体素质更高，但由于不受编制的限制，流动性高，在调研的过程中不方便统计。

（五）学生从哪里来

城区学校布局调整后，招生格局随之发生改变，学生入学问题成为社会各界关注的焦点问题，特别是在义务教育的“幼升小”和“小升初”阶段。根据对S县近年来的入学政策分析，我们将城区义务教育学校招生按学校性质归纳为两类。

一是公办学校招生。公办学校招生采取直接录取与摇号录取相结合的方式按类别分批次进行，原则上类别先后顺序为：在城区拥有户籍和房产的城区居民子女；现役军人、烈士、公安英模、援外人员等特殊对象子女；非城区户籍但在城区购置房产的居民子女；经商、务工人员等随迁子女（招商引资企业高管的随迁子女不在此类，归属第2类）。其中，第1与第2类按照划片就近入学直接录取；在学位有空缺的情况下，再继续招收第3、4类学生，若学位紧张，则对第3、4类学生采取电脑随机派位，未被录取的初中新生统筹到JC中学、SL学校（初中部）就读；小学新生统筹到SY小学、SF小学、XH小学、SL（小学部）就读。对于第4类随迁子女，按照“两稳定、两为主”（稳定的职业、稳定的居所，以流入地政府为主、以公办学校为主）和“统筹安排，定点就读”的原则，实行定点学校就读。其中，小学和初中定点就读学校分别有4所和2所。

二是民办学校招生。民办学校可在遵守教育部、省教育厅关于招生相关政策的前提下更灵活地进行自主招生。当报名人数大于招生计划数时，通过摇号和选拔等方式录取学生，未被录取且未按时登记到所属片区公办学校的则统筹到SL学校就读，不属于城区公办义务教育学校服务范围内的，则回户籍所在地义务教育学校就读。

四、教育治理视角下城区学校布局调整反思

（一）“破而不立”：行政命令效果不佳

第一，城乡生源结构不合理。在城镇化背景下，作为流动人口“入口端”的城镇地区学龄人口密度不断增大；作为流动人口“出口端”的

农村地区学龄人口密度则逐年降低①。《中国农村教育发展报告2017》数据显示，城镇学校的数量在缓慢增加，义务教育学龄人口持续向城镇集中，义务教育城镇化率从2001年的38.20%增长到2016年的75.01%②。S县教育部门2014年统计数据显示，S县现有初中（含九年一贯制学校）42所，学生规模为32722人，中心城区初中学校4所，学生规模12752人。中心城区初中数量占全县的9%，学生数占全县的39%。全县完全小学119所（含九年一贯制学校），教学点94个，在校学生91053人。中心城区学校为4所，学生18433人，学校数在全县占比约为3.4%，学生规模在全县占比约为20%。

此外，从人口角度看，中心城区人口约16万，占S全县人口的9.87%，而初中、小学学生占到了全县学生数的39%和20%，城区学生数量占比远大于城区人口占比。数据还显示出城区义务教育学生的集中程度要远高于人口集中程度，初中学生集中程度明显高于小学生集中程度。这种“学生-人口”比例失调的状态使城区教育资源紧张，无法达到基本办学标准，并造成其他乡镇教育资源的闲置和浪费。也就是说，过度的教育城镇化会导致城区教育资源紧张和农村教育资源短缺并存的结构性浪费③。此外，从宏观层面讲，教育资源的配置和城乡学校布局的调整相对于人口流动总有一个滞后的过程；从微观技术上看，学龄人口的流动有其相对的随意性，在一个较短的周期内，很难做出非常精准的预测并建构一套理想的学校布局方案④。

第二，城区小学-初中生源结构不合理。从小学、初中生源对比看，2014年小学招生计划为3470人（其中公办学校2770人，民办学校700人），初中招生计划为3680人（其中公办初中1580人，民办初中2100

① 杜文静，葛新斌.统筹城乡义务教育发展面临的困境与战略选择[J].教育发展研究，2016，36(18)：18-24.

② 中国教育新闻网.《中国农村教育发展报告2017》发布[A/OL].[2017-12-13].http://www.jyb.cn/zcg/xwy/wzxw/201712/t20171223_900288.html.

③ 万明钢，白亮.“规模效益”抑或“公平正义”：农村学校布局调整中“巨型学校”现象思考[J].教育研究，2010，31(4)：34-39.

④ 金志峰，庞丽娟，杨小敏.乡村振兴战略背景下城乡义务教育学校布局：现实问题与路径思考[J].北京师范大学学报(社会科学版)，2019(5)：5-12.

人），这反映出城区公办小学、初中招生存在着不匹配、结构不合理的情况。这种现象的直接后果是小学与初中资源的不匹配。同时，2014 年公办小学毕业生 2211 人，民办小学毕业生 694 人，而公办初中的招生计划仅为 1580 人，中间存在较大的缺口，这些学生若想继续留在城区就读，只能选择民办初中就读。

（二）"熟人社会"：择校行为仍然普遍

义务教育"择校热"是当前我国城市义务教育中存在的突出问题之一，凸显了教育领域市场调节的局限性以及公平与效率之间的固有矛盾①。S 县也同样存在"择校热"的情况。在调研中课题组发现，S 县学生家长对优质教育资源的需求极其强烈，"择校热"持续高温；与此同时，城区部分学校还存在诸多招生行为不规范的问题。

已有研究表明，基础教育学校布局调整要注重公平性，即保护基础教育受教育者同等地享有受教育的权利、接受优质教育的权利、安全健康成长的权利、一定范围内的选择教育的权利等②。但据 S 县教育部门提供的资料，"2013 年，城区 4 所初中通过'打招呼'进的学生超过 1000 人；4 所小学通过'打招呼'进的学生几乎一半"。以上数据表明 S 县城区义务教育择校问题十分严重，而该现象不仅影响正常的招生工作秩序，还极大地损害了义务教育公平。

此外，由于土地供应受到限制，人口又不断涌入，致使房价飙涨、学校的入学门槛提高，部分城市还会更加倾向于实施调控型的教育扩容政策，严格控制进城务工人员与随迁子女③。S 县教育部门就对城区非户籍中小学生入学作出了明确的要求。S 县 2015 年义务教育学校招生工作实施方案明确规定了符合条件的新居民子女、具有正当职业的外籍人员子女的入学条件。

调研发现，S 县教育部门曾多次出台文件，试图通过行政控制手段

---

① 陆韵.义务教育阶段"民办择校热"背后教育不公平的生成与治理[J].中国教育学刊，2020(12)：35-41.

② 范先佐，郭清扬.我国农村中小学布局调整的成效、问题及对策：基于中西部地区 6 省区的调查与分析[J].教育研究，2009(1)：31-38.

③ 秦玉友.中国城镇教育扩容压力传递机制与应对策略研究[J].教育研究，2017，38(1)：30-38.

来规范城区中小学招生秩序，但效果均不理想。究其原因，一方面，学生家长对优质教育资源的需求强烈，想尽办法“拉关系、找门路”，送孩子进入城区的“好学校”；另一方面，在按学生数量拨付公用经费的政策下，城区学校没有控制学校规模的动力，利用各种手段打政策“擦边球”。根据教育局反映的情况，有的城区学校在招生中甚至出现“抢生源、有偿招生、发布虚假广告、诱导班主任和任课教师帮助吸引生源”等不规范的行为。

（三）“二次抽离”：农村教师、生源流失

办好义务教育，必须抓好教师这个关键①。然而，长期以来，师资总量不足、结构不合理、学科不能全覆盖的问题限制了农村教育的发展②。为此，S县委、县政府建立健全教师补充机制。2012年至今，共招聘新机制教师1020名，地方农村义务教育教师353名，这些教师的引进，给农村教师队伍注入了新的活力，优化了教师队伍结构。但是，在教师资源二次配置的过程中，进一步通过“奖励业绩优秀者”和“县镇学校公开选拔”等方式，让乡村学校优质师资向城区流动，乡村学校陷入优质师资“成熟即走”“二次抽离”的师资队伍建设困境③。总之，受到多方面原因的影响，农村学校教师留不住成为一个十分普遍的现象。此外，随着城镇化进程加快和流动人口持续大规模转移，义务教育学校教师流动现象越来越普遍④。

与此同时，在城区学校的布局调整过程中，新建和扩招对师资的需求量激增，不得不通过招考的方式向农村学校选聘优秀教师。这一举措，让我们看到农村学校教师的逆向流动成为更加普遍的现象，进一步造成城镇地区对农村教师的“二次抽离”。例如，朱雪峰等的研究发现，西

① 吴俊清.凝心聚力 狠抓落实 扎实推进城乡义务教育一体化改革发展[J].教育理论与实践，2017，37(19)：3-5.

② 秦玉友.新时期学校治理的现实挑战与积极应对[J].东北师大学报(哲学社会科学版)，2018(5)：18-23.

③ 白亮，王瑶.县域义务教育学校布局优化：挑战、逻辑方向与策略[J].教育科学研究，2022(2)：34-39.

④ 石兰月.城镇化进程中我国基础教育体制改革面临的挑战及其对策[J].中州学刊，2017(5)：74-79.

部欠发达地区中小学教师逆向流动问题突出，从薄弱学校或一般学校流动到重点学校的教师比例达到了54.6%[①]。此外，调研发现，流动的农村教师当中，有60%是骨干教师，其中包括学校的中层领导、学科教学带头人；年龄层次方面，也以青年教师流动居多，部分学校已出现教师年龄老化、结构性断层的现象。

教师流失不仅给农村师资队伍带来震荡，也对其他方面产生影响。一位农村学校的家长介绍，孩子对班主任的“弃他们而去”感到伤心，学习兴趣和动力都有所下降。通过访谈也发现，一些家长对农村学校的师资感到失望，干脆把孩子送到城区学校就读。这种生源流失，一定程度上与教师的“二次抽离”相关，农村师资的贫乏与家长对优质教育资源的渴求不相匹配。总的来说，农村生源萎缩、优秀师资流失和教育质量低下，三者互为因果，呈现恶性循环之态[②]。

（四）“权力失调”：教育部门对城区规划参与不足

目前，我国已建立起统一的中央和地方分项目、按比例分担的城乡义务教育经费保障机制[③]。其中，涉及学校日常运转、校舍安全、学生学习生活等经常性事项，所需经费根据国家基础标准，中央与地方财政分档按比例分担；涉及阶段性任务和专项性工作的事项，所需经费由地方财政统筹安排，中央财政通过转移支付统筹支持。然而，在具体的实施过程中，一些县级政府由于财政的压力，在经济理性的驱使下，往往有选择地执行布局调整政策，对于有利于节约教育资源投入、提高教育管理效率的“撤点并校”迅速、严格地执行，而对于教育质量的提高、教师培训、相关配套政策执行等则变通式、拖延式地执行[④]。此外，受分税制财税体制影响，我国县级财政资金普遍比较紧张，贫困地区尤为

① 朱雪峰，滕晓.西北欠发达地区县域内城乡教师流动机制的构建：以甘肃省Y县为例[J].西北师大学报（社会科学版），2013，50（1）：80-85.

② 杜文静，葛新斌.统筹城乡义务教育发展面临的困境与战略选择[J].教育发展研究，2016，36（18）：18-24.

③ 翁士洪，顾丽梅.治理理论：一种调适的新制度主义理论[J].南京社会科学，2013（7）：49-56.

④ 曹晶.农村学校布局调整政策执行偏差及改进对策研究：以县级政府为执行主体的视角[J].教育理论与实践，2015，35（19）：27-31.

突出。S县县级政府作为城区学校布局调整的实施者和主要推进者，囿于财力有限，还不能完全做到按法定的标准配套投入，也难以承担城区学校新建和扩建的高额费用，导致城区公办学校建成后，又面临新的师资经费缺乏、日常运转与维护经费缺乏等状况，从而打乱县级财政的预算安排，造成项目实施困难。

此外，在城区学校布局调整实践中，事权与财权的不一致影响了流入地政府的积极性①。而且教育部门因事权有限，难以参与规划和土地管理工作，基本被排除在土地规划决策之外②。同时，由于缺乏相关的技术手段，也难以深度参与硬件设施建设过程。即使在教师招聘环节，教师的任职资格、选拔标准、考评方式、编制数额等也均由人社和编制部门制定，教育部门通常只是配合考核，基本处于被动接受的地位。相较于财政、编制、人社、城建等部门，教育部门的资源统筹能力相对较弱，话语权非常有限。

五、研究结论与政策建议

（一）建立动态数据采集系统，合理预测变化趋势

学校布局调整是一个动态的过程，根据城镇化与人口流动趋势推进义务教育学校布局调整是大势所趋，人口出生率、人口流动等因素对学校布局调整具有决定性的影响③。结合现实状况，城区学校布局调整既要解决当下的“大校额”“大班额”问题，还要面对未来人口变化的不确定性。尤其是当“全面二孩”政策放开后，新增人口数量将发生显著变化④。此外，作为城乡生源结构不合理的原因之一，人口迁移带来的随迁子女数量较难预测。与此同时，地区当前的生育水平和预期发展，

---

① 柯春晖，褚宏启，张雪，等.城镇化进程中的教育管理体制改革问题[J].人民教育，2014(23)：10-13.

② 张建.教育治理体系的现代化：标准、困境及路径[J].教育发展研究，2014，34(9)：27-33.

③ 雷万鹏，王浩文.70年义务教育学校布局调整回顾与反思[J].华中师范大学学报(人文社会科学版)，2019，58(6)：12-24.

④ 刘善槐.新城镇化、“单独二孩”政策与学校布局调整新走向[J].东北师大学报(哲学社会科学版)，2015(4)：187-191.

影响着区域内出生人口和未来一段时期内学龄人口的数量变动，而区域经济社会的发展又直接导致区域内人口数量和年龄结构的变化，引起学龄人口空间分布的变动①。

优化义务教育学校布局的首要目标是解决学龄人口分布和教育资源分布不匹配的问题②。如果只按照以往的政策和人口态势进行人口预测，将有很大可能低估学龄人口数量，陷入学位空前紧张的被动局面。因此，地方政府应紧密结合本地经济社会发展情况，以县级为单位，建立学龄儿童变化的动态数据采集系统，根据育龄妇女人数、生育意愿情况、人口迁移等信息，对全县人口数量、结构及空间分布的变化趋势进行科学预测，从而得到学龄人口预测结果，进一步对城乡义务教育需求趋势作出分析研判，为新增人口预留足够学位，同时也避免教育资源的闲置和浪费。

（二）扩大话语权，提升布局调整实施效能

在城区义务教育布局调整规划中，应把发展教育事业作为根本出发点，明确各级政府的经费支出责任，除加强统筹外，同级政府不同职能部门之间的协作与联动也须大力加强③。同时，各个部门应重新审视自身的使命和职责，重新确立教育部门的管辖“领地”。确切地讲，要使学校布局政策回归教育本位，回应教育需求，尊重教育发展规律④，就应该扩大县级教育主管部门在城镇规划中的话语权，确保教育优先发展战略⑤。具体来看，县级政府层面要基于本地人口分布、城镇化进程和学龄人口变化趋势、地理特征以及交通资源，统筹县域教育资源⑥。

---

① 金志峰，庞丽娟，杨小敏.乡村振兴战略背景下城乡义务教育学校布局：现实问题与路径思考[J].北京师范大学学报（社会科学版），2019（5）：5-12.

② 白亮，万明钢.城乡义务教育一体化发展中县域学校布局优化的原则与路径[J].教育研究，2018，39（5）：36-41.

③ 褚宏启.新型城镇化与教育行政职能转变：城镇化进程中的教育行政改革[J].教育学报，2015，11（6）：32-41.

④ 雷万鹏，张婧梅.学校布局调整应回归教育本位：对学校撤并标准的实证分析[J].教育研究与实验，2010（3）：6-10.

⑤ 周洪宇.深化教育领域“放管服”改革，加快推进教育治理现代化[J].教育研究，2019，40（3）：15-19.

⑥ 薛二勇，李健，单成蔚，等.实现基本公共教育服务均等化：《中国教育现代化 2035》的战略与政策[J].中国电化教育，2019（10）：1-7.

此外，城区布局调整政策执行本质上是各利益相关主体运用各种策略相互角逐的过程。政策的变通执行与寻租执行都极大地损害了教育公平[①]。为保证布局调整政策的公平性和有效性，应对当前的考核和监督机制加以完善，通过制度创新提升布局调整实施效能。与此同时，为防止因中央和省级政府介入，县级政府搞“上进下退”，产生挤出效应[②]，应加大中央和省级政府教育经费监管和审计力度，完善教育督导评估与政府问责的体制机制，加强均衡发展的督导评估，夯实地方政府的教育责任，逐步转变督导评估与地方政府在推进义务教育均衡中的着力点[③]。

（三）建立城乡教育融合发展、共同繁荣之路，养好农村教育“蓄水池”

建立城乡一体化义务教育发展机制是当前教育发展的重要任务，但是长期以来“重城抑乡”的国家发展战略导致了严重的城乡二元分化[④]。此外，优化义务教育学校布局空间结构，从根本上来说就是要坚持“统筹配置城乡教育资源，方便学生接受优质教育”的原则[⑤]。因此，在县域内的学校布局调整过程中，我们既要适应城镇化趋势大力推进教育的城镇化，也要考虑社会发展阶段性以及社会弱势群体独特的教育需求，认识到教育城镇化不等于将学校全部建于城镇地区，不等于让农村学校消失[⑥]。为避免“城市兴、乡村衰”的结果，我们应坚持走城乡教育融合发展、共同繁荣之路，即城乡教育一体化。一方面，增加教育投入，在城镇地区新建学校以满足城镇化及流动儿童就学需求；另一方面，在

---

① 姚松.农村中小学布局调整政策执行阻滞现象成因及对策探讨:基于政策主客体非对称博弈的视角[J].当代教育科学,2012(20):3-6.

② 习近平.摆脱贫困[M].福州:福建人民出版社,2014:129.

③ 薛二勇,李健,单成蔚,等.实现基本公共教育服务均等化:《中国教育现代化 2035》的战略与政策[J].中国电化教育,2019(10):1-7.

④ 叶庆娜.县域内义务教育阶段学校布局的方向选择[J].教育研究与实验,2016(4):72-76.

⑤ 白亮,万明钢.城乡义务教育一体化发展中县域学校布局优化的原则与路径[J].教育研究,2018,39(5):36-41.

⑥ 雷万鹏.家庭教育需求的差异化与学校布局调整政策转型[J].华中师范大学学报(人文社会科学版),2012,51(6):147-152.

农村地区，特别是山高路远区域，应当适当保留小规模学校以保证儿童就近入学的需求①。

尽管学术界从问题形态、评价标准、变革策略等不同方面对城乡义务教育一体化进行了充分的讨论，但是对具体概念仍缺乏深入的认识。城乡不是两个极端，是梯度的连续体；一体不是城市为本，也不是乡村为本，而是强调内在关联和系统性关系；一体化是尊重城市、县镇与乡村的特点，构建相互包容、相互促进的动态过程。在推进城区学校布局调整过程中，应兼顾农村学校的发展，着力改善农村学校办学条件②，提升教育质量，使位于教育系统末端的农村学校发挥其“蓄水池”功能。与此同时，基本消除区域、城乡、学校之间的差别，充分展示教育公平性，实现高质量的教育发展③。

（四）多渠道筹措教育经费，发挥民办教育的独特功能

多渠道筹资本意是指根据中国特殊的经济状况，以政府为主体广开财源。但研究表明，在义务教育阶段，多渠道筹资一定程度上削弱了政府作为主渠道的作用，导致政府责任的转嫁④。因此，有研究者提出要建立符合教育服务性质和国情的、以政府投入为主、多渠道投入的教育经费投入制度⑤。针对当前县级教育财政资金不足的局面，县级政府应在以政府为主体、规范教育经费支出范围、提高经费使用效率的同时，努力拓宽教育经费来源，积极推进社会力量办学。例如，在办学体制上，鼓励私人办学，满足人口分散地的教育需求；在办学方式上采取寄宿制，

---

① 雷万鹏.义务教育学校布局：影响因素与政策选择[J].华中师范大学学报（人文社会科学版），2010，49（5）：155-160.

② 张冉，张新平.地方基础教育治理的本土化研究：现状与路径选择[J].教育理论与实践，2018，38（16）：16-20.

③ 罗静，沙治慧.均等化视角下义务教育资源空间演化及适配度研究：以重庆市中小学为例[J].重庆社会科学，2022（3）：6-25.

④ 陈玉云，葛大汇.“多渠道筹资”体制在义务教育阶段适用性的反思[J].教育研究与实验，2004（3）：41-44.

⑤ 王善迈，赵婧.教育经费投入体制的改革与展望：纪念改革开放40周年[J].教育研究，2018，39（8）：4-10.

即在保证学校适度规模的前提下，以某些优惠手段吸引学生入学[①]。1995年，全国教育经费总支出中的25%是通过社会集资办学、学杂费、社会团体和公民个人办学等渠道筹措的，其中学杂费所占比重已由4.2%升至10.7%[②]。

民办教育是公办教育的有力补充，也是可持续发展教育体系的重要部分[③]。教育部数据显示，2019年全国共有各级各类民办学校19.15万所，在校生5616.61万人，其中民办普通小学6228所，在校生944.91万人；民办初中5793所，在校生687.40万人[④]。《中华人民共和国民办教育促进法》指出，县级以上各级人民政府可以采取购买服务、助学贷款、奖助学金等多种措施对民办学校予以扶持，对非营利性民办学校可以采取政府补贴、基金奖励、捐资激励等扶持措施。而在县级层面，我们看到民办义务教育学校在缓解学位不足、提供优质教育资源、满足差异化教育需求等方面发挥了正向作用，应鼓励县级政府对民办教育学校提供更多优惠政策，为城区布局调整和教育事业发展增添力量。

第三节　案例三：义务教育专项经费绩效评价问题与对策研究

一、引言

（一）问题陈述

教育经费投入是教育事业改革和发展的物质基础，是实现教育现代化的基本保障。2012年至2019年，我国国家财政性教育经费支出占国

① 吴宏超.我国义务教育供求矛盾的转变与应对[J].教育与经济,2008(1):17-22.

② 杜育红.农村基础教育财政体制发展与改革的走向[J].人民教育,2003(11):2-5.

③ 马晓强,崔吉芳,刘大伟,等.中国教育现代化发展的总体趋势和挑战[J].教育研究,2017,38(11):18-27.

④ 2019年全国教育事业发展统计公报[EB/OL].[2020-05-20].http://www.moe.gov.cn/jyb_sjzl/sjzl_fztjgb/202005/t20200520_456751.html.

内生产总值的比例连续八年保持在4%以上，经费投入机制逐步健全，经费充足性得到了有力保障。从教育财政理论视角看，较为理想的教育经费投入体制是一个涉及多元价值标准的财政投入体系，不仅涉及教育经费充足，还应关注教育公平，更要重视经费使用的效率与效益。当前，如何在保障国家财政性教育经费充足的前提下，进一步优化教育支出结构，用好、管好教育经费，提高教育资源配置效率和使用效益，促进教育公平而有质量地发展，是新时代教育事业发展面临的新的任务和要求。

随着我国公共财政体制的不断完善，为了更好地反映财政支出效益，传统的以注重资源和投入分配为目标的预算思维逐步向注重支出管理和产出效果的绩效预算思维转变。将现代绩效管理理念引入预算管理实践，强化财政支出绩效评价以促进财政投入结构优化和经费效益提升，已成为各界共识。进入21世纪以来，围绕“建立预算绩效评价体系”等目标，各地开启了财政绩效评价的实践探索。2013年，党的十八届三中全会指出财政是国家治理的基础和重要支柱，提出建立现代财政制度、改进预算管理制度等要求。2013年以来，不论是2018年新修订的《中华人民共和国预算法》，还是2016年出台的《国务院关于推进中央与地方财政事权和支出责任划分改革的指导意见》，都十分重视“全面绩效管理”和“财政绩效评价”等改革对建立现代财政制度的基础性作用，并细化了财政绩效管理与评价的方式。

2017年，党的十九大提出要加快建立现代财政制度、建立全面规范透明、标准科学、约束有力的预算制度，全面实施绩效管理，为新时代财政绩效管理指明了方向。2018年，《中共中央国务院关于全面实施预算绩效管理的意见》出台，提出要以全面实施预算绩效管理为关键点和突破口，推动财政资金聚力增效，提高公共服务供给质量，增强政府公信力、执行力。2020年，财政部修订印发了《项目支出绩效评价管理办法》，进一步健全和完善了绩效评价指标体系，增强了绩效评价结果约束力，促进了我国财政预算管理改革的实践和发展。2021年颁布的《关于进一步深化预算管理制度改革的意见》，进一步为提高财政资源统筹力度，增强其可持续性提供了重要手段。

义务教育是教育工作的重点环节，在扎实推进社会主义现代化进程中具有基础性、先导性和全局性的重要作用，不仅是公共服务的重要组成部分，还是公共财政的重点支出内容。统计数据显示，2020 年全国义务教育经费总投入为 24295 亿元，占全国教育经费总投入的 45.8%，比上年增长 6.55%[①]。一直以来，我国致力于完善义务教育财政体制，经费绩效评价是其中一项重要改革内容。2015 年出台的《国务院关于进一步完善城乡义务教育经费保障机制的通知》提出，要将义务教育经费绩效预算贯穿经费使用管理全过程，切实提高经费使用效益。2019 年，《教育部关于全面实施预算绩效管理的意见》提出，要推进绩效评价，提高教育预算管理科学化水平，为教育事业发展提供有力保障。

经过多年探索，我国财政支出绩效评价体系逐步健全，经费使用效益不断提高，但在评价理念、体系、方法等方面仍存在不少有待改进之处。例如，绩效评价中“审计化特征明显”“技术标准缺失和信息化程度不高”“外部主体发育不完善”“指标体系不合理”等问题[②]，在义务教育专项经费[③]绩效评价中尤其突出，亟待予以关注。在实践中，对义务教育专项经费进行评价时，评价主体所使用的评价理念是什么？评价过程存在哪些特征？在评价主体、内容设置和方法使用上存在哪些具体问题？这些问题的回答有助于改进绩效评价实践，提高绩效评价的科学化、民主化水平。

基于此，本研究将在对现有文献进行梳理的基础上，围绕财政支出绩效评价“谁来评、评什么、如何评”三个基本问题[④]，以 C 市财政局 2018 年至 2019 年《财政重点支出绩效评价报告》中关于义务教育阶段学校的 40 份评价文本为案例，对义务教育专项经费绩效评价进行分析，

① 中华人民共和国教育部.教育部发布 2020 年全国教育经费执行情况统计快报[EB/OL].[2021-04-27].http://www.moe.gov.cn/jyb_xwfb/gzdt_gzdt/s5987/202104/t20210427_528760.html.

② 郑方辉，廖逸儿，卢扬帆.财政绩效评价：理念、体系与实践[J].中国社会科学，2017(4)：84-108.

③ 本研究所界定的专项资金是指国家为了扶持、发展某项事业而专门设立的，具有专门来源和专门用途的资金。按照现行的义务教育财政投入体制，义务教育的财政资金投入主要是通过两个途径，即地方政府的财政投入和中央政府的财政转移支付。

④ 郑方辉，廖逸儿.财政专项资金绩效评价的基本问题[J].中国行政管理，2015(6)：46-52.

以期发现评价过程中的问题，并在此基础上提出针对性的改进对策。

（二）文献综述

项目支出绩效评价（以下简称“绩效评价”）是指财政部门、预算部门和单位，依据设定的绩效目标，对项目支出的经济性、效率性、效益性和公平性进行客观、公正的测量、分析和评判①。与西方各国相比，我国的财政支出绩效评价的工作和研究虽然起步较晚，但也进行了一些卓有成效的研究和探索，取得了一些成果，主要体现在理念发展、体系构建和实践探索等方面。

1. 财政支出绩效评价理念发展

从国外财政支出绩效评价理念的发展过程来看，内涵和理念嬗变与公共行政理论的发展、政府财政评估实践有着同步性。学者们认为，政府绩效评价内涵的发展主要经历了三个阶段。如朱立言和张强将美国政府绩效评估的历史划分为三个主要阶段：以效率为核心价值取向的萌芽时期、通过预算控制强化效率的绩效预算时期、加入公平和效益的全面发展时期②。郑方辉等认为，财政绩效评价的理念经历财务评价、绩效评审到绩效评价，这一评价理念是多种因素共同作用的结果，并且具有重叠性③。郑方辉和廖逸儿、连志鑫等从经济学理论的视角出发，认为财政绩效评价的研究经历三个阶段：财务评价、社会费用-效益分析、综合评价④⑤。各阶段的变化，主要反映出了财政绩效评价范式的转换，其背后以评价理念变迁为背景。

随着我国绩效评价实践的深入，许多研究将西方理论与实践经验进

---

① 中华人民共和国财政部.关于印发《项目支出绩效评价管理办法》的通知[EB/OL].[2020-02-25].http://yss.mof.gov.cn/zhuantilanmu/ysjxgl/202003/t20200302_3476430.htm.

② 朱立言，张强.美国政府绩效评估的历史演变[J].湘潭大学学报(哲学社会科学版)，2005(1)：1-7.

③ 郑方辉，廖逸儿，卢扬帆.财政绩效评价：理念、体系与实践[J].中国社会科学，2017(4)：84-108.

④ 郑方辉，廖逸儿.财政专项资金绩效评价的基本问题[J].中国行政管理，2015(6)：46-52.

⑤ 连志鑫，纪效珲，叶赋桂.我国教育财政支出形成性绩效评价的探索：以全面改薄绩效评价为例[J].教育发展研究，2019，39(Z1)：30-36.

行中国化的尝试。一方面，遵循“3E”原则①进行引申和发展，如李金珊和王倩倩重新将“3E”改良为“效率、公平、效果和可持续性”四个方面，兼备主观和客观指标，试图最大程度解决直接引入“3E”理论的不足和问题，建立适用于我国财政支出绩效评价的通用体系②。高娟认为新公共管理运动推动中国政府绩效评价演进，评价导向从“3E”变为了更加注重公平的“4E”，体现中国政府绩效评价“公民本位、政府责任的价值追求”③。基于公共服务的特殊性，缪小林等提出，基本公共服务绩效管理应该包含内外两个方面，要构建内环以“资金投入—公共服务结构产出—充分性获得感”为主线，外环以“政策执行—基本公共服务差距—均衡性获得感”为主线、内外联动的3E绩效管理体系④。

另一方面，我国绩效评价研究存在许多本土化创新和特色，如刘笑霞基于公众对政府的公共委托责任，将我国政府绩效评价的基本价值导向总结为“维护和增进公共利益”，具体表现为“增长、公平、稳定、民主”⑤。孙琳基于“民生取向”构建地方政府综合绩效评价要素体系，在总体指标设置方面，重点考察评价“职能履行”“资金运营”“满意度”三个维度⑥。郑方辉和廖鹏洲提出绩效管理是政府管理创新的基本路径，在价值层面上体现为“民主文化”的基本导向⑦。李军将衡量人民幸福量化指标的幸福指数与衡量政府绩效的政府绩效评价体系紧密关联，试图从源头上重构评价政府的体系与机制，进而推动财政支出绩效评价实践的发展⑧。郑方辉和费睿基于“减税降费”的政策目标，提出

---

① 即经济性（economy）、效率性（efficiency）和效果性（effectiveness）。

② 李金珊，王倩倩.财政支出绩效评价体系刍议：3E维度的引入与改进[J].财政研究，2018（3）：14-23.

③ 高娟.新时代中国政府绩效评价研究[J].中国软科学，2019（12）：62-71.

④ 缪小林，张蓉，于洋航.基本公共服务均等化治理：从“缩小地区间财力差距”到“提升人民群众获得感”[J].中国行政管理，2020（2）：67-71.

⑤ 刘笑霞.论我国政府绩效评价的价值取向[J].北京理工大学学报（社会科学版），2011，13（6）：9-14.

⑥ 孙琳.转型发展和中国地方政府绩效评价：问题、原因和变革选择[J].中国行政管理，2013（9）：38-42.

⑦ 郑方辉，廖鹏洲.政府绩效管理：目标、定位与顶层设计[J].中国行政管理，2013（5）：15-20.

⑧ 李军.以幸福指数为导向的地方政府绩效评估指标体系分析[J].理论学刊，2013（7）：81-84.

将“税负痛感”作为财政绩效评价的关键指标，以凸显公众满意度导向①。

2. 财政支出绩效评价的体系框架与实践

财政支出绩效评价的研究主要围绕“谁来评、评什么、如何评”等评价基本问题展开。厘清财政支出绩效评价中相关主体的权责结构，明确评价的内容范围，构建具有适应性和兼容性的指标体系，使用合理的评价方法，将直接影响到评价结果的科学性、经费使用的效率和效益以及公共财政的公信力。

（1）“谁来评”：财政绩效评价主体是谁

“谁来评”涉及财政支出绩效评价主体的问题，界定评价主体是绩效评价开展的前提条件。纵观国内外政府绩效评价的典型做法，绩效评价由专门部门负责，一般有第三方机构和专家的参与，兼顾政府、学校内部的“实践性内行”和政府外部的“学术性内行”，同时平衡利益相关者与非利益相关者的观点②。在美国，评价主体是由责任总署的专职公务员组织和实施项目绩效评价，第三方专家参与政府委托评估的组织和项目的绩效评价。在德国，地方政府自发、少数国家部委设立绩效评估办公室，评价人员由部委绩效评估办公室人员和第三方专家组成，以国家指导性规定为依据开展绩效评价。英国也要求政府绩效评估工作需要各部门同财政部进行协商，同时引入政府之外的专家、学者以确定本部门公共服务绩效评估方案。同样强调第三方专家参与的还有澳大利亚、日本、韩国等③。我国财政支出绩效评价以国家指导性法律为基础，鼓励地方政府积极探索，形式上表现为政府部门的内部评价，评价主体为财政部门或上级部门。

近年来，随着政府“放管服”改革和政府购买服务政策的颁布，学界也逐渐认识到第三方机构和专家参与政府绩效评价的必要性。如尚虎平和王春婷提出，第三方评估被用于政府绩效评估可以对政府部门进行

---

① 郑方辉，刘国歌.论财政支出绩效评价结构体系[J].中国行政管理，2020(7)：41-48.

② 尚虎平，雷于萱.政府绩效评估：他国启示与引申[J].改革，2015(11)：66-76.

③ 郑方辉，刘国歌.论财政支出绩效评价结构体系[J].中国行政管理，2020(7)：41-48.

更加全面的监督，使政府对群众更负责、对公共资金更加负责[①]。卢扬帆和尚虎平认为，外部参与彰显财政绩效管理的价值理性和工具理性，通过吸收专业外部主体参与绩效管理，能够扩宽评价主体范围，获得更有价值和全面客观的信息，同时在舆论和社会问责上倒逼政府强化绩效管理[②]。赵早早基于自身的追踪和参与地方政府绩效管理的经验，认为政府能力提升的速度与现实需要无法及时匹配，应促使地方政府财政部门购买第三方机构预算绩效评价服务。有效推动地方政府财政部门与第三方机构“合作共治”关系的构建，将有利于实现公共价值认同之上的良性互补机制[③]。

现有研究认为，绩效评价的专家参与和管理部门的专门化，使得评价主体独立性得到了保障，有利于提高评价结果的客观性、公正性和可靠性，发挥绩效评估的工具价值属性以约束政府取得人民满意的绩效，实现相关利益者对绩效监督评价的诉求。然而，一些研究表明，第三方虽然已广泛参与我国财政绩效评价的多个环节和领域，其规模、水平、质量等也已经取得较大进步，但在实践中仍存在一定问题。如吴冬梅等的研究结果表明，绩效评价的第三方组织由于性质各异，其目标逻辑与内、外部结构存在差异，导致评价质量存在极大差异[④]。曹辉发现，由于现行法规制度可操作性存在一定缺陷，县级财政绩效评价的第三方差异存在准入门槛难以统一、职责边界不清晰、工作质量参差不齐等问题[⑤]。因此，如何提高政府绩效评价质量，规范第三方绩效评价行为，仍然是一个亟待解决的问题。

---

① 尚虎平，王春婷.政府绩效评估中“第三方评估”的适用范围与限度：以先行国家为标杆的探索［J］.理论探讨，2016(3)：12-18.

② 卢扬帆，尚虎平.财政领域全面实施绩效管理的权责关系与定位［J］.中国行政管理，2018(4)：27-32.

③ 赵早早.中国地方政府财政部门购买第三方机构预算绩效评价服务研究：模式演进与未来发展［J］.财政研究，2019(10)：23-31.

④ 吴冬梅，刘运国，罗立.组织性质、契约特征与财政绩效第三方评价的关系研究［J］.管理学报，2021，18(6)：833-842.

⑤ 曹辉.第三方机构参与县级预算绩效管理的优化路径［J］.地方财政研究，2022(2)：52-56.

(2)“评什么”:财政绩效评价的内容有哪些

“评什么”涉及财政支出绩效评价内容的问题,主要表现为评价指标体系的设计。评价指标体系作为技术性工具,服务于评价目的,是决定评价结果科学性的重要因素。1993年,克林顿政府成立国家绩效审查委员会,提出财政绩效评价的基本原则,并建立了比较完善的绩效评价体系和绩效管理制度[①]。英国也在21世纪建立了综合绩效评价模式,给不同板块的政府绩效评价提供了参考指标。国外政府绩效评价有着较为固定的指标体系,一般不会在指标体系选择方面下过大的功夫,这是一种以成熟管理工具保障政府体制成果的思路[②]。可见,构建具有适应性和兼容性的财政支出绩效评价指标体系,是各国政府绩效评价实践的共同做法。

随着我国财政支出绩效评价实践的发展,绩效评价指标体系的研究也越来越丰富。李红燕对义务教育财政专项资金进行绩效评价研究时,构建了以义务教育财政专项资金投入的预期目标、社会效益和满意度三个方面为主的绩效评价指标体系。同时指出,理论上的框架必须根据具体的义务教育财政专项内容和重点,作出相应的调整[③]。王雁根据甘肃省地方财政支出情况设计并建立了财政支出绩效评价体系,包括财政支出总量评价、财政支出结构评价和财政支出贡献评价三个一级指标,在此基础上,使用主成分和因子分析法对甘肃省财政支出绩效评价进行了实证检验[④]。高正和唐万宏基于高等教育准公共性的本质属性构建高校财政投入绩效评价指标体系,提出选择评价指标既要坚持效率和公共性的统一,又要结合生产效率和配置效率评价[⑤]。郭旭提出,选取财政绩

① 朱立言,张强.美国政府绩效评估的历史演变[J].湘潭大学学报(哲学社会科学版),2005(1):1-7.

② 尚虎平,雷于萱.政府绩效评估:他国启示与引申[J].改革,2015(11):66-76.

③ 李红燕.义务教育财政专项资金的绩效评价指标体系构建及其实施[J].西北民族大学学报(哲学社会科学版),2011(5):146-151.

④ 王雁.公共财政支出绩效评价体系的构建[J].西北师大学报(社会科学版),2011,48(4):121-126.

⑤ 高正,唐万宏.高校财政投入绩效评价指标的价值取向及体系建构[J].广西社会科学,2019(8):167-172.

效评价指标要遵循全面性、相关性、重要性和可操作性原则，以保证指标体系的有效构建[①]。

从现有研究看，评价内容的研究扩展了我国财政支出绩效评价实践的广度和深度，推动绩效评价向着科学性的方向发展。但同时，保证财政支出绩效评价工作规范化、专业化的指标体系尚未形成，理论构建的评价指标体系与具体实践的执行存在连接矛盾，需要进一步探索符合我国财政支出绩效评价实际的指标体系。

（3）“如何评”：财政绩效评价方法有哪些，怎么用

“如何评”涉及财政支出绩效评价方法选择的问题。使用科学的、合适的绩效评价方法，决定财政资金产出效果和效益评价结果的可靠性与合理性，也是绩效评价工作科学性的重要依据。

政府绩效评价萌芽时期，政府绩效评价表现出财务评价的特征：以古典经济学为基础，注重行政的投入、过程和产出，运用社会调查、市政统计和成本核算等方法和技术；新公共行政学时期，源于帕累托准则[②]的成本-效益分析法成为评价公共项目的重要方法，如 1965 年，约翰逊政府部门实行计划-项目-预算制度，采用成本-效益分析方法评价财政支出目标的完成程度；新公共管理时期以来，财政支出绩效评价以综合评价法为手段，评价方法表现出多样性和实践性的特点。20 世纪 80 年代，俄勒冈进步委员会集中推进标杆管理法；1990 年美国 Robert Kaplan 和 David Norton[③] 开发了平衡计分卡，在传统财务类指标以外，还提出顾客满意、内部业务流程及学习与成长三个类别指标，来弥补财务类指标的不足[④]。

平衡计分卡从战略目标出发，兼顾财务与非财务、结果与驱动、长期与短期、内部与外部的平衡[⑤]，因此借鉴平衡计分卡的四个维度也是

① 郭旭.财政资金绩效审计研讨会综述[J].审计研究,2020(3):36-39,124.

② LITTLE I M D.A critique of welfare economics[M].Oxford:Clarendon Press,1950:84.

③ KAPLAN R S,NORTON D P.Linking the balanced scorecard to strategy[J].California management review,1997,39(1):53-79.

④ 朱立言,张强.美国政府绩效评估的历史演变[J].湘潭大学学报(哲学社会科学版),2005(1):1-7.

⑤ 李天勇.基于平衡计分卡的政府绩效评估研究[J].山东社会科学,2019(9):166-170.

评价财政支出绩效的主要方式①。例如，吴建南和孔晓勇基于平衡计分卡设计乡镇政府的“内外兼具”的绩效评价指标体系，包括政府内部的学习与成长、内部流程、财务指标，以及政府外部的公众指标，体现了政府内部管理能力与为公众提供服务间的逻辑因果关系②。有学者按职能和事务、基于平衡计分卡设计政府绩效评价指标框架，分为投入类、产出和结果类、中心工作、廉政和满意率类，体现“一个部门、一套指标”的思想③。李天勇借鉴平衡计分卡重新设计政府绩效评价模型，将政府绩效评价维度修正为民众、经济发展与环境保护、工作流程、学习与成长④。

从现有研究看，财政支出绩效评价实践的发展促使评价方法的创新，学者在学习国际先进经验知识的基础上，不断内化为符合我国的财政支出绩效评价实际的体系、方法，绩效评价朝着专业化、规范化方向发展，绩效评价方法的使用也日益科学化。

3. 文献述评

综合上述国内外关于财政支出绩效评价的研究，可以看出我国对于财政支出绩效评价理念、体系和实践的研究，已经取得丰富的成果。这些成果促进了我国绩效评价工作的开展，不断推动绩效评价实践创新和理论创新的良性互动，对政府绩效管理改革有着深刻的启发意义，也为本研究奠定了理论基础。但由于起步时间较晚，当前我国的财政支出绩效评价的研究仍存在一定的局限性。

第一，从研究范式看，针对绩效评价的内涵和理念、体系和实践进行研究，理论研究偏多，实证研究偏少；第二，从评价对象看，对教育领域的关注不足，难以回应随着义务教育财政投入的增加，社会关心的教育资金“是否真正发挥了应有的作用、花在了什么地方、绩效怎么

---

① 李金珊，王倩倩.财政支出绩效评价体系刍议：3E维度的引入与改进[J].财政研究，2018(3)：14-23.

② 吴建南，孔晓勇.地方政府绩效评价指标体系的构建：以乡镇政府为例[J].理论与改革，2005(5)：53-57.

③ 上海财经大学公共经济与管理学院“绩效管理与绩效评价”课题组，马国贤，刘国永.推进我国政府绩效管理与评价的五点建议[J].人民论坛・学术前沿，2015(14)：62-71.

④ 李天勇.基于平衡计分卡的政府绩效评估研究[J].山东社会科学，2019(9)：166-170.

样”等问题；第三，从教育财政内部视角看，对高校财政支出绩效评价的实证研究较多，主要关注高校绩效评价特征和存在的问题，对义务教育财政支出绩效评价的研究较少。

当前我国教育财政支出绩效评价实践存在诸多不足，而对这些问题的研究却相对匮乏，亟须予以关注与解决。在此背景下，为应对社会利益群体对义务教育专项资金发出的绩效问责和全面推进国家治理体系现代化，提升公共财政的公信力，研究义务教育专项资金绩效评价工作在具体实践中的特征和问题，将是一个十分有意义的议题。

二、资料来源与分析方法

（一）数据来源

财政重点项目支出资金规模大、受益群体广，是政府绩效评价工作的重点。地方政府发布公开的财政重点支出绩效评价报告是落实相关中央政策文件精神的要求，是政府财政支出绩效评价的理念、内容和方法的具体实践，集中体现了政府财政支出绩效评价工作在义务教育领域中的注意力分布和工作特征。采用文本分析法①研究这些评价报告文本具有较高的价值。

本研究基于C市财政局的重点支出项目绩效评价报告文本，对义务教育专项经费绩效评价的实践进行研究，以期对最后的结论提供现实支撑。通过进入C市财政局官网，检索关键词“财政绩效评价”，笔者获取了C市财政局2018年至2019年有关绩效评价报告的文本。对政府公示的财政重点支出项目绩效评价报告进行仔细阅读后，笔者根据与研究的相关性和时间的相近性，对报告文本进行样本筛选，共选取40篇绩效评价报告文本作为本研究的分析对象。文本基本结构如表6-6所示。

① 文本分析属于无干扰研究的一种，研究者借助书面出版物发现和分析问题，将文本中的文字、图像内容从零碎和定性的形式转换为系统和定量的形式。相较于真实的问卷调查，文本分析采用二手资料，既可保证研究资料的真实性，又能降低成本、节省时间。吴建南，马亮，杨宇谦.中国地方政府创新的动因、特征与绩效：基于“中国地方政府创新奖”的多案例文本分析[J].管理世界，2007(8)：43-51.

表 6-6 文本结构举例

材料来源	发布时间（年）	评价主体	主管单位	资金来源	制表单位	评价项目类型	评价原则	项目名称
M_1	2018	市财政局绩效评价工作组	市教育局	市财政局	市财政局	项目完成结果评价	重要性原则	教学业务费、体育实验综合楼、校园提质改造项目、校园文化建设、就餐充值款
M_2	2018	市财政局绩效评价工作组	市教育局	市财政局	市财政局	项目完成结果评价	综合性原则	置换债券资金、教学业务费、义务教育扩容改造、多媒体设施设备采购
……		……	……	……	……	……	……	……
M_{39}	2019	市财政局绩效评价工作组	市教育局	市财政局	市财政局	项目完成结果评价	重要性原则 综合性原则	教学业务费、市直公办学校编外合同制教职工缺编包干经费
M_{40}	2019	市财政局绩效评价工作组	市教育局	市财政局	市财政局	项目完成结果评价	综合性原则	免学费资金、教育专项资金、教学业务费、学校改造资金

从文本时间范围来看，本研究所选文本的发布时间是 2018 年和 2019 年，其中 2018 年 15 份，2019 年 25 份；从评价权责结构来看，发布机构和制表单位均为市财政局，市财政局绩效评价工作组具体组织和实施项目的绩效评价工作；从评价原则来看，主要采用重要性原则、综合性原则以及两者相结合的原则；从资金来源和拨付方式来看，市财政局拨款是项目资金的主要来源，采用直接划拨的方式；从评价项目类型来看，全部绩效评价报告均为项目完成结果评价。本研究所用数据均来自这 40 份绩效评价报告文本。

（二）研究方法

本研究使用质性分析软件 NVivo 11 对报告文本进行分析，围绕财政支出绩效评价理念和评价基本框架，采用自由编码的方式进行编码。具体操作过程如下：（1）将筛选出的报告文本导入 NVivo 11 软件，根据义务教育财政支出绩效评价的基本框架构建树节点。（2）对评价报告文本中除标题之外的正文部分仔细阅读，进行标注和编码，对文本所体现的绩效评价特征、概念和范畴进行分析，创建子节点（以 M_{37}—M_{40}进行饱和度检验）。（3）对每一份评价报告文本的字词和概念进行分析，将反映子节点的词句作为参考点归入相应的节点，形成“参考点—子节点—树节点”的编码层次。（4）进一步对父子节点进行分析，分析当前 C 市义务教育专项经费绩效评价的特征，分析绩效评价过程中存在的问题和不足。

本研究基于文献综述以及政策文本对绩效评价工作的规范要求，构建研究义务教育专项经费绩效评价的五个分析维度（即文本分析的树节点），分析框架如表 6-7 所示。

表 6-7　义务教育专项经费绩效评价文本分析框架

树节点	子节点	操作化界定
绩效评价理念	绩效目标设定	项目目标设定是否依据充分、符合客观实际，目标设定的绩效指标是否清晰、细化、可衡量等
	经费使用特征	项目经费使用和评价标准是否符合教育行业特征

续表

树节点	子节点	操作化界定
绩效评价主体	评价主体特征	绩效评价主体的构成特征，是否有第三方机构参与
	权责结构配置	绩效评价的评价权、组织权、实施权和评议权的架构状态
绩效评价内容	经费使用合规性	项目经费使用是否符合相关的财务管理制度规定
	满意度调查与反馈	社会公众和相关利益群体对项目实施效果的满意程度
	效益量化评价	项目实施所产生的效益是否清晰、可衡量
绩效评价方法	多样性与合理性	评价方法是否符合教育行业特征，是否科学、合理地评价经费产出
	质量与效益	项目实施的实际产出数和质量达标产出数
绩效评价结果应用	问题的整改	项目实施过程中发现与整改问题是否及时、有效
	结果的激励性	绩效评价结果的激励性

三、财政绩效评价文本分析结果

NVivo 11 对 40 份义务教育专项经费绩效评价报告的文本进行自由编码，结果如表 6-8 所示①。以编码结果为基础，笔者分析了 C 市义务教育专项经费绩效评价的特征及问题。

表 6-8　NVivo 11 编码结果举例

名称	材料来源	参考点数值	覆盖率	材料来源	参考点数值	覆盖率	总参考点数值	总材料来源数
绩效目标设定	M_1	1	1.46%	M_{11}	1	0.74%	35	35
	M_{12}	1	1.56%	M_{13}	1	0.63%		

① 参考点数量是指报告文本中能够体现子节点的数量，覆盖率是指报告文本中已编码文字占整个文本的比率。一般来说，参考点越多、覆盖率越大，支撑度就越高。程波辉，奇飞云.共享单车的政府规制：一个分析框架：基于 15 个城市的政策文本分析[J].学术研究，2018(11)：62-67.

续表

名称	材料来源	参考点数值	覆盖率	材料来源	参考点数值	覆盖率	总参考点数值	总材料来源数
经费使用特征	M_1	2	2.99%	M_{10}	3	2.14%	47	33
	M_{11}	1	0.78%	M_{12}	1	1.14%		
问题的整改	M_1	1	0.79%	M_2	1	1.18%	19	18
	M_{20}	1	1.00%	M_{22}	1	1.08%		
结果的激励性	M_1	1	1.17%	M_{10}	1	0.97%	19	18
	M_{11}	1	0.82%	M_{13}	1	1.53%		

（一）评价目标设定不够明晰，教育行业特征不明显

从整体上看，C市义务教育专项经费绩效评价注重项目立项论述，立项依据充分、程序规范。如财务部门按照中央政策和地方政府指导意见对决策情况、经费管理和使用情况进行评价，根据相关文件精神设立、划拨教育专项经费，项目立项符合政策要求和学校发展规划，项目设立按照规定的程序申请，以结果为导向，强调项目经费的产出效益。M_{20}学校报告文本对产出结果描述的文字超过30%。从现有文本分析结果看，存在的不足主要有以下几点。

第一，财政绩效评价目标设定表述模糊。40份报告文本中，87.5%的项目绩效目标表述模糊、绩效指标难以衡量。例如，M_4学校注重项目经费使用的科学分配，缺少项目绩效目标的设定和论证；M_9学校论述了经费使用的总体目标和具体目标，但如“加强人文关怀”“加强师风道德建设”“改善学校环境设施”的定性表述偏多，缺乏产出可量化、效益可比较的绩效指标。这种模糊表述一方面很可能会导致无法对项目绩效目标的实现程度进行直观的测度，同时也会导致项目绩效目标与教育工作内容的关联性不明显。

从文本分析看，参考点来自35份绩效评价报告文本，总数为35，这表明该评价侧重静态的财务审计，并未将绩效评估“作为一个衡量程序的过程或系统”，而是侧重于评价组织机构目前与以前的业绩，与其

他机构相比做得究竟怎样，并在多大程度上达到了声称的目标①。

第二，教育行业特征不明显。一般来说，项目类型不同，教育经费使用特征、评价标准也应不同。但从具体评价文本看，评价主体对不同学校项目并没有采取有差别的评价指标体系，教育经费绩效评价的行业标准模糊，行业特征不明显。以 M_{37}学校为例，该校经费投入的项目包括：教学业务费、学生宿舍建设经费、教育专项经费、物业管理专项经费、学校维修改造经费等，但评价主体并未对各类经费的使用制订不同的评价方案。评价过程中，对教育行业特征、不同教育支出类别的细分不足，反映出对义务教育产出的特殊性关注不充分等问题。评价对象是学校，而不是生产部门，不能照搬企业评价的理论和方法②。仅从成本效益角度评价教育经费的使用效率，不能对学校的教育质量和学生的身心发展做出客观评价。

C 市义务教育专项经费绩效评价的项目立项科学规范，但预算绩效目标的设定缺乏明确、量化的指标，不能完整评价项目预期产出效益和效果、整体绩效情况，而且模糊的绩效评价指标会导致绩效评价所生成的绩效信息利用率不高，绩效评估流于形式、走过场，使得教育财政绩效评价可持续性较低③。同时，教育经费使用的行业特征不明显的问题，反映了基于政府财政控制的财务审计的评价理念，依然深刻影响着当前的绩效评价实践，也未体现“一个部门、一套指标”的思想。

（二）评价主体以政府为主，评价结构有待完善

从财政支出绩效评价的权力构成看，评价权、组织权、实施权和评议权构成评价的“四权”④⑤。文本研究显示，C 市义务教育专项经费绩效评价的评价主体是该市财政局，并由其成立绩效评价小组组织实施绩效评价工作，采用查看资料与现场抽查相结合的方式进行；评价过程中，项目主管单位和项目使用单位提供完整、准确的资料，配合绩效评价工

① 霍哲，张梦中.公共部门业绩评估与改善[J].中国行政管理，2000(3)：36-40.
② 张男星，王春春，姜朝晖.高校绩效评价：实践探索的理论思考[J].教育研究，2015，36(6)：19-28.
③ 张红春，徐国冲.大数据重塑政府绩效评估精准性的逻辑与进路[J].求实，2022(4)：15-29.
④ 包国宪，曹西安.地方政府绩效评价中的“三权”问题探析[J].中州学刊，2006(6)：44-45.
⑤ 郑方辉，廖逸儿，卢扬帆.财政绩效评价：理念、体系与实践[J].中国社会科学，2017(4)：84-108.

作的开展，外部评价主体缺失；绩效评价只包含财政部门和学校的内部评价，评价结构不完善。

第一，部门综合评价与学校自评相结合，缺乏第三方机构的有效参与。党的十八届三中全会提出，推广政府购买服务，凡属事务性管理服务，原则上都要引入竞争机制向社会购买。实行政府购买服务是深化财税体制改革、建立现代财政制度的应有之义①。按照文件精神，教育经费绩效评价引入第三方机构的参与，是提高政府公共服务水平的应有之义。

从现有文本看，义务教育专项经费绩效评价的实施过程，仍与文件要求有一定差距。例如，40 份评价报告对评价权主体的陈述为："财政局绩效评价工作小组对……专项经费实施了绩效评价"，"评价工作组听取了项目单位对项目情况的汇报"。同时根据表 6-6，从评价主体、资金来源、制表单位、主管单位等来看，义务教育专项经费绩效评价以内部评价为主，评价结构不完善。参考点来自 40 份绩效评价报告文本，总数为 40，这表明 C 市义务教育专项经费绩效评价实践中，第三方机构有效参与的机制尚未形成，深化教育领域的"放管服"改革，还需更多有益的、积极的探索和实践。

第二，财政部门拥有绩效评价的评价权、组织权和实施权，社会公众的评议权缺失。文本显示，市财政局绩效评价工作小组组织和实施了教育经费绩效评价工作，从项目决策、资金使用、财务管理、项目管理、项目绩效等方面对项目进行了综合评价。少数学校召开座谈会，如 M_{11} 学校听取了主管部门和项目单位对项目情况的汇报，项目利益相关者在评价过程中的评议监督作用未得到充分发挥。30% 的报告文本显示，社会公众对教育经费的评议权缺失。参考点来自 12 份绩效评价报告文本，总数为 12，社会公共参与义务教育专项经费绩效评价的程度有待提高，渠道需要扩展，公共评议权需要进一步发挥作用。

政府绩效外部评估是指由新闻媒体、智库、私营企业、公共利益团

① 刘昆.贯彻落实三中全会精神　大力推广政府购买服务[N].人民日报,2014-02-10(016).

体或学术机构等非政府组织发起和实施的政府绩效评估①。外部主体参与财政支出绩效评价摆脱了管理权和组织权对实施权的干扰，也可以说实现了三者的统一②。同时从教育治理的角度看，教育治理现代化是一个“以共治求善治”的过程，是教育主体发挥现代教育价值能动性，以共同促进教育教学的能动作用的过程③，教育经费绩效评价需要多元主体共同参与，以提高教育经费使用效率，促进教育事业向着良好态势发展。但C市教育经费绩效评价以内部评价为主，缺乏外部主体的有效参与，参与评议的组织限定在项目责任和管理主体之内，社会公众监督和评议仍不够充分。

（三）评价内容偏向经费的规范合法，社会满意度权重设置偏低

社会公众满意度是测度教育经费使用效率的重要指标之一。文本研究显示，C市义务教育专项经费绩效评价注重经费使用的合规性，强调经费使用的过程管理。例如，与市教育局、财政局制定的《专项资金使用管理办法》配套，全部学校都建立了相应的项目管理制度，“明确资金审批流程”“完善常规管理制度”“加强专项资金使用流程管理”，使教育经费使用符合相关财务管理制度规定，项目运行和经费使用规范。但绩效评价注重财政结果导向，评价指标体系的满意度指标权重偏低，难以完整反映项目实施所产生的社会效益、经济效益、可持续影响等；同时，部分项目效益指标的设置不明确、细化不到位，实际操作中较难测量。

第一，强调教育经费使用的合规合法性，表现出财政结果导向的特征。如M_{16}学校现场评价项目的评价过程为“听取对项目情况的汇报”“检查、核对项目资金预算资料和项目立项文件”“检查项目收支明细账及原始凭证等财务资料”等。这些评价措施对项目实施效益、满意度、

① HOOD C, DIXON R, BEESTON C. Rating the rankings: assessing international rankings of public service performance[J]. International public management journal, 2008, 11(1): 298-328.

② 卢扬帆，尚虎平. 财政领域全面实施绩效管理的权责关系与定位[J]. 中国行政管理，2018(4): 27-32.

③ 周洪宇. 深化教育领域“放管服”改革，加快推进教育治理现代化[J]. 教育研究，2019, 40(3): 15-19.

教育经费产出的可持续影响等绩效评价指标运用较少，绩效评价与财务审计的区别不明显。参考点来自 33 份绩效评价报告文本，总数为 47，这表明绩效评价的理念践行侧重于项目支出的财务评价，先进的理念与践行的不足在现实中存在矛盾。

第二，缺少项目利益相关者的满意度调查和反馈，或评价不完整。文本研究显示，义务教育学校根据方便性原则，采取问卷调查为主、辅以随机对象的非结构化访谈的方式进行满意度调查。如 M_{36}学校"通过评价小组现场抽样问卷调查，学生对学校校园消费综合满意度为 71.2%"，M_{31}学校"通过问卷调查，学生对食堂、超市的满意度达 94%，满意度较高"。但仍有 50% 的报告文本未对项目利益相关者的满意度进行调查和反馈，或满意度评价不完整。一方面，如 M_{27}学校"对学生宿舍进行了维修，维修工作已于本年完成，得到了学生的好评"，缺乏项目受益对象的满意度评价，绩效评价存在自说自话的局限；另一方面，满意度调查对象主要是家长和学生，以食堂项目为主要评价项目，对教学业务费、校园文化建设经费、教育专项经费等经费投入项目缺乏满意度调查和反馈，项目经费对学生学习质量提升、教师专业成长、学校教育质量改进等服务对象满意程度不可知。参考点来自 20 份绩效评价报告文本，总数为 20，说明绩效评价与反馈没有形成完整的环形回路，满意度调查指标在绩效评价中的实际运用率较低，指标权重偏低，未能得到绩效评价主体和经费使用主体的应有重视。

第三，教育经费产出效益的量化指标有待进一步完善。财政支出绩效评价的产出指标应遵循定量指标与定性指标相结合①、共性指标与个性指标互补的原则②。义务教育以学生为服务对象，教育成果产出最终体现在学生的身心发展，因此，政府财政支出绩效评价的产出效益指标不适用教育领域，即应当构建区别于政府财务评价、企业物质生产的义务教育专项经费绩效评价的个性指标体系。但部分教育经费的产出效益指标设置不明确、操作化定义不清晰，导致效益偏向于定性评价。如文

① 郑方辉，廖逸儿，卢扬帆.财政绩效评价：理念、体系与实践[J].中国社会科学，2017(4)：84-108.

② 廖逸儿.我国教育经费绩效提升法制化路径[J].中国行政管理，2018(7)：31-34.

本中“优化了学生的生活环境，方便了生活老师的管理，消除了安全隐患”，项目的产出结果和效益数量不明确、质量缺乏标准。参考点来自5份绩效评价报告文本，总数为5，这说明此问题在一定范围内客观存在，教育经费绩效评价需要向专业化方向发展，共性指标和个性指标体系需要丰富和拓展。

由于教育不同于物质生产，以财政结果为导向、缺乏满意度调查的绩效评价指标体系不能真实反映教育经费的真实绩效情况；同时，与其他层次教育相比，义务教育极强的公共物品属性使得其产出更具有特殊性，义务教育专项经费绩效评价的实践难度更大。

（四）评价方法侧重成本效益分析法，对教育质量关注不足

财政和部门评价主要包括成本效益分析法、比较法、因素分析法、最低成本法、公众评判法、标杆管理法等多种方法。可以根据评价对象的具体情况采用一种或多种方法。文本研究显示，以 M_7 学校为例，使用定量分析与定性分析相结合的方法，采取查阅资料和实地勘察相结合的方式进行评价，不仅关注“学校设施”“教学条件”等投入产出评价，同时注重教育经费在“校园文化建设”“周边环境整治”等方面的产出效益情况，从而客观、公正、全面地评估教育经费的绩效情况。

有研究指出，综合评价法是我国目前财政支出绩效评价使用最多的方法，但在诸如指标选择、标准值确定等方面较复杂，操作难度较大①。C市义务教育专项经费绩效评价也存在评价方法使用上的矛盾。一方面，文本表示采用定量分析和定性分析相结合的方法综合评价，但实际操作中主要采用成本效益分析法与比较法，评价方法较为单一；另一方面，财政支出绩效评价方法与教育情境不完全匹配，过于强调教育经费投入产出比，质量评价不到位。

第一，评价方法不能完整、真实地反映教育经费绩效的价值追求和全部产出。如成本效益分析法是指将投入-产出效益进行关联性分析的方法；比较法是指将实施情况与绩效目标、历史情况、其他同类支出情况

---

① 王克强，刘红梅，陈玲娣.财政支出绩效评价研究综述[J].开发研究，2006(5)：113-117.

进行比较的方法。这两种方法强调项目经费实际产出的产品或提供的服务数量，倾向于使用量化数据衡量教育产出和效益，对学生、教师和教育发展的关注不够。文本中可以清晰地看出评价方法的使用特征，如M_{10}学校“采购了1800张学生床……单价1442元/张，合同金额259.56万元”。参考点来自11份绩效评价报告文本，总数为11，这说明超过25%的报告文本的评价方法使用存在一定偏差，仅仅关注教育经费投入与产出的物质转换，忽视义务教育“学生本位”的价值追求，不利于教育事业改革和纵深发展。

第二，结构化“数量集群”指标设置简单，忽视教育经费产出的质量内涵。数量与质量之间并非必然矛盾，绩效评价可以通过一定的量化方式反映高校办学质量①。产出指标分为产出数量、产出质量、产出时效和产出成本四个二级指标，分别使用实际完成率、质量达标率、完成及时性和成本节约率进行测量评价。但由于教育行业产出质量标准缺失、质量定性判断模糊，教育经费产出评价实践注重数量，时效和成本次之，缺少质量评价。“数量集群”指标单一、结构化不明显，量化结果不能完全反映教育发展质量。如M_{33}学校以教育经费投入量、产出数量和产出时效进行项目产出评价，关注宏观量化产出，缺乏对教育发展质量的有效评价；M_{24}学校16.5%的文本对学校基建项目购买物资的单价、数量、金额等进行具体描述。参考点来自6份绩效评价报告文本，总数为8，这说明财政部门主导实施的教育经费绩效评价强调资源利用的效率，但不能说明教育资源利用效率的好坏，量化指标和追求质量评价在实践中割裂，教育经费绩效评价没有真正实现“质和量”的统一。

成本效益分析法和比较法关注项目经费在一段时间内的实际产出，缺少教育经费的产出质量评价标准和指标；关注绩效目标设定与项目实施效果，对经费的投入和产出进行纵向对比，缺乏同地区、同类型项目经费的横向对比，不利于教育事业的资源使用效益提升、资源配置的帕累托改进。

---

① 张男星，王春春，姜朝晖.高校绩效评价：实践探索的理论思考[J].教育研究，2015，36(6)：19-28.

（五）评价结果运用时效性不足，约束力有待提高

绩效评价应纳入预算分配和管理的全过程，在专项资金分配中，体现“绩效优先”理念。《国务院关于深化预算管理制度改革的决定》强调健全预算绩效管理体制，指出要将评价结果作为调整支出结构、完善财政政策和科学安排预算的重要依据。文本研究显示，C市义务教育专项经费绩效评价重视评价结果运用，将前期评价结果作为当期经费划拨的重要参考指标。例如，教育经费经由义务教育学校提出申请，市财政局或发改委根据预算法、财政支出绩效评价管理暂行办法、C市财政支出绩效评价结果应用管理办法等中央和地方文件的精神，审核并批复学校经费申请，如按照教育局《关于2017年单位预算的批复》，财政局下拨专项资金。一般来说，评价结果应成为科学安排教育经费预算的依据，但从当前文本看，评价结果的影响力、约束性和激励性仍有待提高。

第一，绩效评价与整改脱节，时效性较差。部分义务教育学校进行自评时，绩效评价意识薄弱，不能及时处理问题或整改结果表述模糊，如“及时地进行了整改”，处理结果形式化。同时，经费使用、制度执行、结果运用等问题反映在绩效评价的全过程，学校对问题的认识与整改的延时存在矛盾。例如，M_{28}学校绩效自评指出，“仅提供了项目经费收支数据”，“项目实施方式进度以及后期如何进行验收与项目管理事项均未提及”，不能完整地反映学校对项目的管理情况；部分项目的组织实施问题在两年评价报告中均有提及，说明此类问题未能得到及时有效的整改，教育经费绩效评价对学校发展的约束规范机制尚不健全。参考点来自18份绩效评价报告文本，总数为19。

第二，评价结果运用的激励性偏弱，约束力有待提高。文本表述，绩效评价结果是“本部门、本单位完善政策和改进管理的重要依据”，是政府经费预算安排支持或调减的参考。如批复M_{14}学校的教育附加专项经费申请，有财政局和发改委审核学校自评报告、批复项目立项申请、发布项目可行性研究报告等表述，但在文本中未见具体的评价结果影响财政预算拨款的机制。部分学校在项目立项决策时，着重回应政策文件、批复文件的要求和指导，论述教育经费具体合理的分配，但绩效评价结

果、项目综合评分、评价等级对经费拨款的支持与核减作用不显著。原则上，对评价等级为优良的，根据情况予以支持，但绩效评价结果的激励性发挥作用的机制不健全，逻辑不清晰，导致评价结果影响力未能得到充分发挥。参考点来自18份绩效评价报告文本，总数为19。

《中华人民共和国预算法》规定，各级预算应当参考上一年预算执行情况、支出绩效的评价结果和本年度的收支预测。财政支出绩效管理日益受到社会各界的关注，C市通过一系列政策、措施规范教育经费的使用和绩效评价工作的开展，注重评价结果的运用和预算安排的论证，但评价结果的影响作用机制不明确、流程的公开透明度较低，缺乏显著的约束性与激励性。

四、研究结论与政策建议

随着政府一系列政策的出台，各地、各校不断探索符合我国发展实际的绩效评价理念和体系，当前义务教育财政支出绩效评价已经取得了很大的成绩。但就义务教育专项经费绩效评价的实践来看，仍然存在一些理念上和实施中的问题。为进一步推进义务教育专项经费绩效评价实践的开展，笔者提出以下五个方面的建议。

（一）关注财政绩效评价的教育目标，促进评价专业化

财政支出绩效评价以社会福利增量、公众满意度为价值追求。在此意义上，义务教育学校受托于家长、社会公众和政府而实施学生教育，是学生接受教育、习惯养成、身心发展的重要场所。因此，义务教育专项经费绩效评价应当树立有利于学生发展的基本价值导向，在教育经费使用、教育质量评价时坚持“办人民满意的教育”的理念。

具体来看，第一，明确义务教育经费绩效目标。教育经费绩效目标设定应当区别于财务绩效目标，在评价目的上，从财政部门的资金结果导向，向教育领域的质量和发展状态导向转变，重视学生的全面发展评价。应当将明确的、可衡量的学生发展等纳入教育经费的绩效目标，并在此基础上对学校项目事前的可行性、实施中的规范性与实施后的结果进行科学论证；第二，尊重教育投入和产出的人本价值，注重教育质量、

学生发展和公平性。为此，绩效评价部门需要对义务教育绩效评价指标体系进行科学、合理的设计，更加注重义务教育公平性和经费产出质量指标的选用和赋权，充分考虑各类指标的权重，指标权重的确定不应采用“一刀切”的模式①。

（二）厘清绩效评价主体的权责结构，引入多元评价主体

绩效评价分为直接组织评价和委托评价两种方式，委托评价包括专家评价和第三方评价。鉴于直接组织评价存在着角色冲突等种种弊端，《财政部关于推进政府购买服务第三方绩效评价工作的指导意见》提出，要扎实有序推进政府购买服务第三方绩效评价工作，逐步扩大绩效评价项目覆盖面，提升财政资金效益和政府公共服务管理水平。政府需要规范和发展第三方绩效评价市场，探索委托第三方评价实施流程的优化②。

基于此，要发展人民代表大会作为财政支出绩效评价主体、财政部门协同组织、第三方机构实施、专家和社会利益群体行使评议权的绩效评价组织模式。第一，人民代表大会及其常委会拥有绩效评价的评价权，对绩效评价进行总体指导，提出绩效评价目标和要求，对评价结果进行监督和审核；第二，财政部门和教育部门协同合作，组织义务教育专项经费绩效评价工作的开展，包括制定义务教育专项经费绩效评价的量化个性指标体系、规范学校教育经费的使用、授权第三方机构实施评价、使用绩效评价结果等；第三，第三方机构承接绩效评价管理部门委托，组建专业团队，制订并实施绩效评价方案，撰写评价报告等；第四，积极引导与义务教育专项经费产出和服务相关的群体，合理行使评议权，对项目实施过程和结果进行监督和评价，并作为绩效评价结果的一部分向社会公开。

（三）健全绩效评价指标体系，提高满意度指标权重

公益价值优先是教育财政偏好的基本信念。教育财政投入偏好的对

---

① 马蔡琛，朱旭阳.从传统绩效预算走向新绩效预算的路径选择[J].经济与管理研究，2019，40(1)：86-96.

② HO A T.From performance budgeting to performance budget management：theory and practice[J].Public administration review，2018，78(5)：748-758.

象是公益性程度高的教育活动和项目，由此决定教育财政偏好的义务教育优先投入战略[①]。基于公益价值优先理念，绩效评价指标体系设计应充分体现义务教育的公益价值信念、社会福利的增加、社会公平正义的提升，提高满意度指标权重。在实际操作中，既要借鉴国内外先进的实践经验，也要探索符合当前项目实际的具体措施。

第一，结合义务教育经费支出项目的实际情况，制定专门的义务教育经费绩效评价指标体系。在财政部门原则性指导和整体管理基础之上，教育主管部门制定更科学的、符合教育经费绩效评价实际的评价标准，构建定量指标与定性指标相结合的项目评价指标体系；第二，指标选取和评价体系设计时应体现社会公众满意度的导向，提高满意度指标的权重。市民参与能够通过激励经理超越传统的产出指标，从而集中于生活质量和社区目标，增加业绩评估的影响[②]。同时，满意度指标设计时应充分考虑利益相关者的诉求，换言之，教育满意度测评的内容应该从人民的角度去寻找，而不应通过目标模式或演绎模式来设计人民群众的期盼[③]，以便更完整、客观地反映教育项目的绩效情况。

（四）明确绩效评价的目标定位，注重教育产出质量评价

财政支出绩效评价，实际上是对财政支出回应社会问题与公众需求的效果与效率的审视，承载着提高国家-社会关系中的政府回应性与问责性功能[④]。从这个意义上说，义务教育专项经费绩效评价，在政治工具上需要回应社会公众对优质教育的需求，在技术工具上需要对教育经费使用效率进行科学、客观的评估。而我国政府绩效评估的制度基础是科层制，主要依靠命令-服从机制，导致政府绩效的评估很大程度上变成了一种计划式绩效评估[⑤]。过去十几年我国各地开展的冠以“政府绩效”

---

① 柯佑祥.教育财政偏好及其规范[J].教育研究,2010,31(3):23-28.

② 霍哲,张梦中.公共部门业绩评估与改善[J].中国行政管理,2000(3):36-40.

③ 吉文昌.教育满意度测评方法与原则[J].教育研究,2015,36(2):82-85.

④ 李艳,林秀玉.国家治理体系创新与治理能力提升的新探索:广东省人大委托第三方评财政绩效的现实思考[J].公共管理学报,2016,13(3):147-151.

⑤ 王雅君.政府绩效评估与地方政府管理:基于杭州政府绩效考评的样本[J].行政论坛,2012,19(5):49-52.

的考评实质上为目标性评价，目的在于强化公共财政的执行力，注重过程控制，而对教育经费的产出效益和质量重视不够。

建立绩效评价主管部门、教育经费使用部门和社会公众协调作用机制，可行的措施包括：第一，政策维度。绩效评价部门明确义务教育专项经费绩效评价的目标定位，更新评价理念，对教育经费产出效果和效益的内涵予以规范。第二，指标体系。设计科学的结构化“数量群集”指标，并使用德尔菲法和层次分析法合理确定指标权重。第三，学校层面。学校自评时应当有意识地思考教育质量评价与经济产出的关系，更加注重教学质量提升、教师队伍建设和学生全面发展等。第四，社会公共认同。强化公众参与的绩效评议作用，监督和保障教育经费落到实处，提高教育经费评价的科学性、民主性。第五，专业队伍建设。教育经费绩效评价工作应当有掌握先进教育评价理念、深知教育发展规律、熟悉教育质量和学生发展评价的教育专业人员参与，从而提高评价结果的科学性、可靠性。

（五）保障“以评促建”时效性，强化评价约束力

根据C市政府文件，财政支出绩效评价结果应用，主要有以下四种方式。评价结果反馈和督促整改、评价结果公开、评价结果运用与预算安排相结合、将评价结果纳入绩效考核。刘昆进一步指出，建立全过程预算绩效管理链条，通过自评和外部评价相结合的方式，对预算执行和绩效目标完成情况开展绩效评价，绩效评价结果用于改进管理、完善政策和安排下一年度预算①。

第一，强化绩效评价结果应用，提高评价结果的约束性和激励性。建立更明确、更透明的教育经费绩效评价结果与预算安排的挂钩制度，完善不同评价等级的资金支持制度，对评价得分低、评价等级差的项目，构建相应的问责机制。第二，公开绩效评价结果，提高教育经费绩效评价的影响力。绩效评价结果经主管部门或本级政府同意后，应按政府信息公开条例在一定范围、通过一定途径公开，既包括财政重点支出绩效

① 刘昆.完善推动高质量发展的财政制度体系[N].学习时报,2018-11-12(001).

评价报告文本，也包括学校被检项目的具体评价情况，对不同项目评价时所选取的指标、权重、实施和产出情况、评价得分等信息。第三，构建政府、学校与社会公共沟通交流的信息化平台。如广东省财政厅网站在2011年设立了绩效管理信息公开专题，将所有被评资金信息与专业评价报告向社会公布，以加强对部门财政资金运用和部门行为的监督，增加公共支出评价的公正性和透明度。

本研究存在的不足之处：由于本研究使用NVivo 11软件对绩效评价报告文本进行编码，操作化界定和“参考点-子节点”在不同研究者间存在判断差异，可能存在一定主观性。此外，囿于样本可获得性，未能将更多的义务教育专项经费绩效评价报告纳入分析，研究结果在不同地区的参考价值可能存在差异。未来研究若能深入地方政府财政支出绩效评价实践，对评价活动进行更深刻的描述与分析，将有助于进一步探索义务教育专项经费绩效评价的相关议题。

第七章 结　　语

教育投入是支撑国家长远发展的基础性、战略性投资，是教育事业的物质基础，是公共财政的重要职能。党的十九大提出，要把教育事业放在优先位置，深化教育改革，加快教育现代化，办好人民满意的教育。2018 年 9 月，全国教育大会提出要全面落实教育优先发展战略，优先安排教育、优先保障教育、优先满足教育和人力资源开发需要。这一系列提法具有重要的现实意义和深远的历史意义，在“后 4%”时代如何调动各级政府积极性，保障教育经费可持续增长，推动教育现代化 2035 目标实现，成为摆在各级领导和教育工作者面前的一项重要战略课题。

本研究利用宏观统计数据和微观调查数据，从财政分权理论和政府行为理论出发，对地方政府教育支出行为进行实证研究。主要研究内容包括理论研究、计量研究和案例研究三个部分。

第四章为地方政府教育支出行为理论研究篇，通过对我国财政体制和财政分权背景下地方政府教育支出行为的分析，本章得出以下基本结论。

（1）“经济增长”与“财政增收”是地方政府目标函数中的重要变量，而中央和地方关系、地方利益是理解财政分权对地方政府行为影响的核心要素。

（2）通过对第一代和第二代财政分权理论的梳理，本章探讨了财政分权改革与地方政府教育支出行为问题。研究结果表明，“财政分权、政治集权”的体制导致我国地方政府教育支出存在“重物轻教”“重城轻乡”“重物轻师”等行为偏差，此种状况对教育公平和资源配置效率均带来不利影响。

（3）地方政府利益偏好是理解地方教育支出行为的关键。忽略地方政府行为分析，难以深刻理解政府教育支出行为偏差及其影响机制。因此，以地方政府利益分析为基础，地方教育支出行为受到中央政策以及居民意愿表达等因素的影响，包括中央政府对地方政府的强约束、中央和地方支出责任界限不清、省及省以下政府财力与事权不对等、地方政府对民众需求缺乏有效回应。

第五章为地方政府教育支出行为量化研究篇，从地方政府行为的视角出发，利用2007年至2012年全国282个地级市的面板数据，建立了三个计量模型，通过实证研究主要回答了三个问题：（1）地方政府教育支出努力程度由哪些因素决定。（2）地方政府在三类民生支出中是否更偏好基础教育支出。（3）三类民生支出之间的互动关系。研究结论主要包括以下几点。

（1）地方政府教育支出努力程度的影响机制较为复杂。地方政府在财政支出中存在对“经济性支出”“城市教育支出”的偏向，并且在转移支付中存在对教育资金的挤出效应。

（2）地方政府三类民生支出中不偏好教育支出。计量结果表明，地方政府在获得自有财力增加或上级转移支付时，更加倾向于将（边际量）资金投入医疗卫生，其次是社会保障，最后才是基础教育。如果将民生财政之间的竞争看作政治过程中的力量角逐，上述计量结果还可以被视为教育支出的政治影响力（在统计的时间段内）不如其他两类支出。

（3）在经济社会发展、省内财政分权差异较大的背景下，我国各省的教育财政分权与教育支出结构均存在着较大的不同。现有制度安排下，我国省级政府有确立省内财政体制的权力，因此省内教育财政分权在很大程度上可以看作省级政府的“选择行为”。

第六章通过典型案例探讨地方政府教育支出行为的实践、问题及对策，为理解地方政府行为、落实各级政府教育支出责任、提高教育财政资金使用效率提供实证基础。本章主要分为三个部分。

第一部分，基于湖北省农村教学点的调研信息，从财政政策实施的视角对当前农村教学点教育信息化发展中存在的问题进行了研究。研究表明，在当前政策资源与政策情境之下，教学点存在对政策的“重新解读”，导致教育信息化财政政策实施效果与政策目标仍存在一定差距。研究认为，信息化与教学点发展并非简单的直线关系，利用信息化手段促进教学点发展需要从财政经费投入、信息化资源供给、师资队伍建设和学生信息素养培养等方面构建政策支持系统，这样才能达到较好的政策效果。

第二部分，以中部地区 S 县为个案，对城镇地区义务教育学校布局调整中的动力机制、规划过程、资金来源、师资选择、生源分布等关键问题进行了分析。在此基础上，从地方政府行为的视角出发，对 S 县城镇地区义务教育学校布局调整进行深入剖析。研究发现，城镇学校布局调整中存在“结构矛盾大于数量矛盾”“对农村学校‘二次抽离’”“县本级财政投入不足”“教育供需预测科学性有待提高”“教育部门对城区规划参与不足”等诸多问题。

研究认为，应从教育治理的视角建立县域内学龄儿童的动态数据采集系统，科学预测学龄人口数量和分布的变化趋势，为新增人口预留足够学位；应支持民办教育发展，满足不同学龄人口的差异化教育需求；应扩大县级教育主管部门在城镇规划中的话语权，将教育规划作为重点纳入城镇规划中。

第三部分，基于相关文献的梳理以及政策文本对绩效评价工作的规范性要求，从绩效评价理念、绩效评价主体、绩效评价内容、绩效评价方法、绩效评价结果应用五个维度构建义务教育专项经费绩效评价分析框架。使用 NVivo 11 软件对 C 市 2018 年至 2019 年 40 份财政重点支出评价报告文本进行分析，发现当前义务教育专项经费绩效评价实践中的问题包括：教育的行业特征不明显、外部主体不完善、满意度权重偏低、对教育质量的关注不足、评价结果运用不及时和实际影响力不高。

为进一步推动我国义务教育专项经费绩效评价实践的开展，研究认为，地方政府需要关注财政绩效评价的教育目标，促进评价专业化；厘清绩效评价主体的权责结构，引入多元评价主体；健全绩效评价指标体系，提高满意度指标权重；明确绩效评价的目标定位，注重教育产出质量评价；保障“以评促建”时效性，强化评价约束力。

基于以上研究，本研究对探究地方政府教育支出行为模式、特征，为新常态背景下引导地方政府行为、调动地方政府积极性，保障教育经费可持续增长具有一定的理论和实际意义。本研究的不足之处主要集中于数据和研究视角两个方面。

第一，从数据方面看，受制于数据获得的局限性，本研究存在所使用的数据陈旧的问题。如基于省级面板数据研究影响省内教育财政分权因素时，本研究的时间区间为 1995 年至 2007 年，就进行研究而言已经足够且具有一定的代表性，我们从中可以得到一些有意义的结论。但着眼于中国经济社会的快速发展，使用最新的数据对探讨我国教育财政分权特征具有重要意义。又如对义务教育学校专项经费绩效评价进行研究时，所获得的评价报告仅为 C 市样本，制约了本研究的推广性。希望在后续研究中，随着数据的公开与完善，能够就地方政府教育支出行为进行更深入的探讨。

第二，从研究视角看，本研究从社会、经济、财政等角度考察了地方政府教育支出行为的实践，但并未将各省政治、历史等因素纳入分析范围，也存在一定局限性。未来的研究需要使用政治学、社会学、组织学、历史学等多学科理论和研究方法进行探索，从不同学科视角分析现象和问题，如地方政府教育支出行为背后的政府组织博弈、部门竞争、历史影响等要素，更深入地挖掘影响政府教育支出行为的社会因素、组织管理因素、历史因素等，进一步解释和规范我国地方政府教育支出行为、提高教育财政资金使用效率。